영업의 神

세상의 모든 파는 사람들을 위한 영업 내비게이션

영업의 神

이명로
(상승미소)
지음

문학동네

운명에 우연은 없다.
운명은 만나는 것이 아니라 만드는 것이다.

빌멩

차례

초급
영업은 '파는 것'이 아니라 '사는 것'이다

일러두기

1. 단행본과 잡지 등은 『 』로, 영화 및 TV 프로그램 등은 〈 〉로 표기했다.
2. 인명, 지명 등 외래어는 국립국어원 외래어표기법을 따랐으나, 회사명, 제품명 등은 일반
   적으로 통용되는 표기가 있을 경우 이를 참조했다.
3. 사례로 등장하는 인물의 이름은 모두 가명이다.

추천의 글

주훈

『위대한 세일즈맨의 원칙』 저자

(2022 KB라이프파트너스 MDRT 회장, 2023 한국MDRT 디비전 부회장)

수많은 영업 중에서 가장 어렵고 힘들다는 게 보험 영업이다. 나는 7년 간의 헌병 장교 군복무를 마치고 곧바로 보험 영업에 뛰어들었다. 호기롭게 시작했지만 생각한 것 이상으로 힘든 일이었다.

편견과 싸워야 했고, 나 자신과 싸워야 했다. 하루에도 수십 번 자존심과 자존감이 곤두박질치는 경험을 해야 했다. '이 일을 계속해야 하나? 내가 과연 할 수 있는 일인가?' 내 머릿속에는 이런 생각이 가득했다. 나 역시도 '어떻게 하면 영업을 잘할 수 있을까?'라고 생각하기보다, 항상 미래를 불안해하며 걱정했던 사람 중 한 명이었다.

2012년 10월 어느 날이었다. 그날도 어김없이 고객에게 거절당하고, 아무런 성과 없이 일찍 퇴근하던 참이었다. 그때 모르는 번호로 전화가 왔다.

"안녕하세요, 주훈 LP님. 저는 이명로 LP입니다."

그 당시 '이명로'라는 사람은 회사에서 가장 능력 있는 선배 중 한 명이 었다. 영업 실적은 항상 최고였고, 경제 서적을 쓴 작가이자 경제 칼럼니스트로 이미 유명세를 떨치는 베테랑이었다. '이런 사람이 왜 갑자기 나에게 전화를 했지?' 순간 의문이 들었다.

"네, 선배님. 직접 뵌 적은 없지만 저는 선배님을 잘 알고 있습니다."

"제가 몇몇 동료들과 스터디 모임을 하고 있는데, 이 모임에 주훈 후배도 들어올 의향이 있는지 물어보려고 전화했어요."

그 스터디 모임은 하나같이 일을 잘하는 사람들로 구성되어 있었다. 회사 내에서도 이명로의 유명세와 더불어 모임의 명성이 자자했다. 그런 모임에 나더러 들어오라니. 순간 망설여졌다. 기회가 될 수도 있겠지만, 상대적 박탈감을 느끼게 되는 것은 아닐지 고민되었다. 망설이며 '생각해보겠다'라는 답변을 하려던 찰나, 그가 내게 말했다.

"생각해보겠다는 말은 하지 말고, 들어올지 말지 지금 답해주세요."

자신감과 확신에 찬 그의 말에 더는 다른 말이 필요 없었다.

"선배님. 기회 주셔서 감사합니다. 같이 한번 해보겠습니다."

그렇게 스터디 모임의 일원으로 참가하게 되었고, 이명로와 가깝게 지내며 호형호제하는 사이가 되었다. 나는 어릴 적부터 '난독증'이라고 생각될 정도로 활자에 대해 거부반응이 있었다. 책을 읽어야 할 필요성을 느끼지 못했고, 읽더라도 집중력이 쉽게 흐트러지기 일쑤였다. 책을 읽으면 도움이 될 거라는 막연한 생각은 있었지만, 습관이 되어 있지 않으니 1년에 단 한 권의 책도 읽지 않았다. 그런데 명로 형은 볼 때마다 항상 책을 읽고 있었다. 그의 서류 가방에는 항상 새로운 책들이 있었고, 수시로 책을 읽고 또 읽었다. 내가 감히 범접할 수 없었던 그였기에, 어린아이처럼 질투심과 호기심에 질문했다.

"형님은 영업 성과도 항상 뛰어나고, 책도 집필하고, 바쁜 와중에 강의도 하고 그런 원동력이 대체 어디서 나오는 거예요?"

"훈이야, 책을 많이 읽어라. 너는 책을 많이 읽어야 해."

그는 알고 있었다. 내게 부족한 것이 무엇인지를. 그리고 그 부족한 것을 채우려면 책을 읽어야 한다는 마땅한 사실을 알려주었다. 그날 이후로 나는 매달 다섯 권의 책을 구입하는 것을 목표로 삼았다. 그러다보면 한두 권이라도 읽을 거라는 생각이었다. 그로부터 약 10여 년이라는 시간이 지났다. 내 모습은 어떻게 변화했을까? 잠시 뒤에 설명하겠다.

나는 이명로를 추앙했다. 나뿐 아니라 적어도 같은 회사에서 일하는 많은 동료들이 그를 추앙했다. 그가 쓴 책을 읽으며 눈물을 흘리고 위로를 받았다. 그의 강의를 들으며 일에 대한 신념과 희망을 얻기도 했다. 그런 그가 이제 영업 현장을 떠난다며 연락해왔다.

"형님! 그동안 누구보다 열심히 하셨으니 이제 쉬셔도 되죠"라고 웃으며 얘기했지만, 순간 마음 한편이 텅 비워지는 느낌이었다.

"훈이야. 내가 마지막으로 영업 관련 책을 하나 썼으니까 한번 읽어봐 줘."

초판도 발행되지 않은 원고를 그에게 넘겨받은 후 한 자씩 곱씹으며 읽기 시작했다. 책을 읽으면 읽을수록, 책의 내용과 현재 내 모습이 오버랩되는 느낌을 받았다. 신기했다. 그가 말하고자 하는 영업의 핵심을 내가 이미 그대로 실천하고 있었기 때문이다.

그렇다. 지금 내 모습의 9할이 그의 가르침을 통해 만들어졌다는 사실을 잠시 잊고 있었다. 고객에게 마음을 얻는 방법, 좋은 질문을 하는 방법, 공감과 칭찬을 통한 대화법, 스토리텔링을 통한 상담 기법 등, 현재 내가 사용하는 모든 것들을 그에게서 배웠다.

영업은 고객들의 상황에 따라 다양하게 전개된다. 이런 상황에서는 이렇게, 저런 상황에서는 저렇게, 각 상황마다 대응할 수 있는 매뉴얼이 있으면 좋겠지만 실상은 그렇지 않다. 중구난방으로 상황에 따라 대응하는 사람들이 대부분이다. 영업에 정석이나 정답은 없다. 하지만 정도正道는 있다. 분명 당신은 이 책을 통해 그것을 찾을 수 있을 것이다.

이 책을 한마디로 정의하자면 '영업의 교과서'이자 '비즈니스를 하는 모든 사람의 필독서'이다. 왜냐고? 이 책은 무언가를 '파는 방법'이 아닌 상대방이 '스스로 사고 싶게끔 만드는 모든 과정'을 다루고 있기 때문이다.

나는 지극히 평범했고, 오히려 부족함이 많은 세일즈맨이었다. 이명로를 만나기 전까지는 말이다. 하지만 그의 책을 읽고, 그와 대화를 하고, 그의 생각과 행동을 따라 하면서 나는 서서히 성장하기 시작했다.

나는 결국 2020년 푸르덴셜생명보험(현 KB라이프파트너스) 최고의 커리어이자 명예로운 'Executive Life Planner'를 달성하였다. 또 10년 연속 MDRTMillion Dollar Round Table(보험·재무 설계사들의 명예의 전당)에 올라 MDRT 종신회원 자격을 받았고, MDRT 실적의 세 배인 COTCourt of the Table를 달성했다.

10여 년 전의 나로서는 감히 상상할 수도 없는 결과를 이루었다. 그래서 나는 이명로를 추앙하고, 그가 쓴 책을 자신 있게 권할 수 있다. 마지막으로 내 삶의 가장 중요한 시기에 가장 큰 영향력을 준 그에게 깊은 감사 인사를 전한다. 그의 마지막 선물인 이 책이 오랜 시간 많은 이들에게 사랑받길 바란다.

이 책을 먼저 읽은 사람들의 찬사

세일즈는 상품을 파는 것이 아니라 마음을 사는 것이다. 따라서 세일즈를 잘하려면 상품이 아닌 사람을 공부해야 한다. 공부에는 과학적 공식이 있다. 이 책은 사람의 마음을 얻는 공식들의 모음집이다.

황선찬(생명보험의 달인, 『종신보험 초강력 세일즈 레시피 100』 저자)

이미 투자와 경제에 관한 신선한 프레임으로 우리에게 익숙한 저자가 영업을 바라보는 탁월한 시선을 담은 책을 출간하였다. 수단이나 도구가 아닌 우리가 살아가며 매일 대하는 영업 현장에 대하여, 또 저자가 지난 16년간 영업을 통하여 희망과 행복을 주었던 방향을 보여주고 있다. 생로병사를 포함해 타인의 삶 속에 깊이 관여하는 우리 영업인들이 신뢰와 믿음으로 세상을 바꾸어갈 수 있다는 자신감을, 인문학적 기반을 토대로 설득력 있게 보여준다. 정말로 신선한 자극을 준다. 오늘도 세상과 스스로를 변화시켜나가고 있는 우리 자랑스러운 모든 영업인들에게 일독을 권한다.

김진녕(인카다이렉트 사업단장, 전 한국MDRT협회장)

사람 전문가 상승미소 이명로 작가는 인간에 대한 깊은 이해와 통찰을 갖고 있다. 보험 상품 판매 전문가를 넘어, 사람 내면의 깊숙한 곳을 들여

다보며 공감하고, 고객 스스로 니즈를 찾아내게 만드는 사람 전문가이다. 그가 출간한 이 책은 현업에 있는 나를 무척 설레게 한다. 23년째의 보험인으로서, 이제는 세일즈 외 조직 경영을 하는 사람으로서, 피플 비즈니스를 맘껏 꽃피우고 싶다. 나 역시 이명로 작가처럼 사람에게 깊은 애정을 가진 사람 전문가이기 때문이다.

조홍철 (인카금융서비스 VIP 총괄 블레스 본부장)

'1. 영리를 목적으로 하는 행위 2. 다른 사람을 자신의 팬덤으로 영입하기 위한 노력과 활동'. 영업의 사전적 정의다. 영업을 1번의 뜻으로만 생각하는 자들은 100퍼센트 실패한다. 아니, 망한다. 영업을 2번의 뜻으로 받아들이는 이들은 성공할 확률이 100에 가깝다. 영리는 (돈은 말할 것도 없다) 당연히 따라온다. 실로 오랜만에 영업의 본질을 제대로 알려주는 책이 나왔다. 진심으로 반갑고 고마운 일이다. 영업을 제대로 하면 사람이 변한다. 전인격을 갖춘 진짜 '사람'이 된다. 진짜 '사람' 이명로의 진짜 '영업 안내서'가 나왔다.

김종래 (KB라이프파트너스 프리미엄 이그제큐티브 라이프플래너)

저자와 16년의 세월 동안 함께 일하면서, 편견 많은 보험 영업에서 탁월한 결과를 이루는 모습을 지켜봐왔다. 항상 고객과 공감하며 소통하는 영업의 성공 비법들을 잘 정리한 최고의 책이다. 영업의 일선에서 최선을 다하며 최고를 꿈꾸는 이 시대의 모든 세일즈맨들에게 강력한 영감을 줄 거라고 확신한다.

최경호 (KB라이프파트너스 이그제큐티브 라이프플래너)

세일즈 관련 서적들은 차고 넘친다. 30년 가까이 세일즈 현장에서 활동하고 있지만, 세일즈를 과학적으로 접근하고 매뉴얼화해서 구체적인 방법을 제시하는 책은 본 적도 들어본 적도 없었다. 이 책은 영업인에게 사막에서 오아시스를 발견한 것과 같은 탄성과 기쁨을 줄 것이라 확신한다. 영업인이라면 이 보물 같은 책을 놓치지 말아야 한다.

박승용 (2019년 푸르덴셜생명보험 지점장 챔피언, <세일즈명인TV> 대표)

20년 동안 보험 영업을 하며 치열하게 살아왔다. 10년 전부터 상승미소와 친분을 쌓으며 저자의 영업에 대한 강의와 개인적인 대화를 통해 열심히 하는 것만이 해답이 아니라는 걸 알게 되었다. 빠르게 변화하는 현대사회에서도 변치 않는 진리, 즉 사람에 대한 진심과 공감, 인정, 칭찬 등 수많은 관계 형성 방법과 인간 심리에 대한 비밀을 깨달았다. 그 이후 실적 향상은 당연했고 삶에 대한 태도와 행복감도 증가했다. 나만 알기 아쉬웠던 그 비밀을 이 책에서 전부 공개한다니 너무나도 반가운 일이다. 모두에게 축복 같은 선물이 될 책이다.

강동훈 (KB라이프파트너스 제주 지역 TOP 1 라이프플래너)

'당신은 좋은 사람인가?!' 영업이란 내가 좋은 사람이 되어가는 과정임을 고려한다면, 수많은 세일즈 관련 서적과는 비교할 수 없을 만큼 큰 자극과 영감을 받았다. 이 책이 절대적 공감력과 신뢰로 사람의 마음을 사게 하는 '인생지침서'임을 자부한다.

김준영 (마케팅보험서비스 파인네트웍(주) 대표)

세상의 모든 '파는 사람'에게 바친다

"당신 미쳤어? 회사 잘린 거야?"

2006년 10월의 어느 날이었다. 아내 몰래 주식투자를 하다가 큰돈을 날렸다. 당장 어떻게 해야 할지 막막하던 시기, 보험회사에서 영업을 하는 친구에게 돈을 빌리러 갔다. 회사에서 나오는 월급만으로는 감당하기 어려웠기에, 일단은 어떻게든 위기를 모면하자는 생각이었다.

친구는 '이번달은 그렇다 치고, 앞으로는 어떻게 할 것이냐'며 '구조적인 대안이 필요한 것 아니냐'고 물었다. 백번 옳은 말이었다. 그때 친구가 대안으로 제시했던 일이 보험 영업이었다. 나는 원래부터 보험에 긍정적인 사람이었다. 대학 1학년 때 아버지가 돌아가시면서 겪은 고초를 내 자식에게 물려줄 수는 없다는 생각에, 결혼과 동시에 사망보장금 3억 원의 생명보험을 가입했을 정도다. 당연히 그 친구에게도 주변 지인이나 후배들을 여러 명 소개시켜줬다. 그 인연이 나를 보험 영업으로 안내했다.

요즘 경기가 불황에 직면하면서 취업하기가 만만치 않다. 이토록 어려운 시기, 취업에 성공했다는 지인의 소식을 들으면 누구나 축하해준다. 그러나 취업 소식을 듣고도, 반대를 하거나 말리는 직업이 있다. 바로 영업직이다. 보험 영업, 자동차 영업 등 우리 사회에서 뭔가를 판매하는 일은 모두가 말린다. 나도 그랬다. 보험 영업을 해야겠다고 마음먹고도, 실제 출근하기까지 약 7개월이 걸렸다. 아내를 설득하는 시간이 필요했기 때문이다. 하지만 안타깝게도 나는 출근할 때까지 아내의 동의를 구하지 못했다. 7개월 동안 공들여 이야기했지만 'Yes'라는 답을 듣는 데 실패했다. 영업을 해보겠다는 말에 당시 아내는 이렇게 오금을 박았다.

"정 갈 곳이 없을 때, 그때 보험 영업을 하면 되지 않아?"

그렇다. 우리 사회에서 영업은 '막장'이라는 단어를 연상시키는 일이다. 정도에 차이는 있겠으나, 영업에 대한 기피는 한국이나 서양이나 크게 다르지 않을 것이다. 상품이든 제품이든 서비스든 뭔가를 타인에게 판매하는 일은 정말 어렵기 때문이다.

나의 인생은 '영업 전'과 '영업 후'로 나뉜다

사실 우리가 소유하고 있는 거의 모든 것은 어디선가 구매한 것이다. 그렇다면 누군가 우리에게 구매를 제안하는 등의 '영업'을 했다는 뜻이다. 이렇듯 영업은 우리 삶의 전반에 녹아 있다. 그럼에도 불구하고 우리는, 세상 사람들은 영업직을 기피한다. 내 자녀가, 친척이 그리고 친구가 영업을 해보겠다고 하면, 도시락을 싸가지고 따라다니며 말릴 거라고 할 정도다.

"나도 영업이 쉬울 거라고 생각해서, 보험 영업을 하겠다는 게 아니야. 보험회사에서 전화 올 때마다 바쁘고 시간이 없다는 핑계로 만나지 않은 적이 대부분이니까. 그럼에도 영업을 하겠다고 결심한 건 내가 '가장'이기 때문이야."

누군가는 내가 지난 2006년에 했던 고민처럼, 가장의 무게와 피할 수 없는 경제적인 문제를 해결하고자 영업직을 선택했을 것이다. 그리고 이런 고민은 사회가 지속되는 한 계속되리라 생각한다.

나의 인생은 푸르덴셜생명보험(현 KB라이프파트너스)에 입사하기 전과 후로 나뉜다. 친한 친구와 아내를 포함한 가족 모두가 반대했던 영업을 시작한 후, 내 인생은 완전히 달라졌다. 물론 처음부터 영업을 잘했던 것은 아니다. 영업을 시작한 지 얼마 안 되었을 때는 거절당하는 것이 일상이었다. 답답한 마음에 거절을 당할 때마다 헌혈을 하기 시작했다. '누군가를 살리는 헌혈을 하면 하느님이 도와주진 않을까' 하는, 지푸라기라도 잡고 싶은 절박한 심정이었다.

이후 보험 영업을 잘하기 위해 많은 책을 읽었고, 그 과정에서 습득한 인문학적 결과물들을 고민하고 실천하면서 마침내 성공할 수 있었다. 2007년 7월 1일 입사 후, 만 7년 동안의 영업 활동에 대해 영광스러운 상을 받기도 했다. 2015년, 푸르덴셜생명보험에서 일하는 사람이라면 누구나 받고 싶어하는 훈장 같은 '기요 사카구치 골든하트 메모리얼 어워드'의 한국 수상자로 선정된 것이다. 나는 이 상이 제정된 이후, 입사 기간을 기준으로 따졌을 때 최단 기간 내에 상을 받은 사람이었다.

2023년, 나는 16년간 몸담았던 보험 영업 현장을 떠날 생각이다. 이 책은 내가 그동안 치열하게 고민하면서 얻은 노하우를 한 권으로 정리한, 일종의 '영업 교과서'다. 나처럼 가장의 무게를 짊어지고 모두가 반대하는 영업 현장에 뛰어든 사람들, 이미 그 험난한 여정을 걸어가고 있는 사람들에게 도움을 주기 위해 이 책을 썼다.

지금 하고 있는 영업이 보험 영업이든, 자동차 영업이든, 화장품 영업이든 심지어 자영업이든 상관없다. 타인에게 뭔가를 파는 직업을 가진 사람이라면, 현재보다 영업을 더 잘하고 싶은 사람이라면, 이 책에서 그 해답을 얻을 수 있을 것이다. 지난 16년간 수많은 강의와 동영상 등을 통해 사람들의 영업 능력 향상에 도움을 주었던 나의 모든 것을 담아두었다.

이 책은 보험업계를 떠나기로 결정한 내가 세상의 모든 파는 사람에게 남기는 '마지막 선물'이다. 영업 활동을 통해 나처럼 경제적 성과를 얻길 응원하는 마음을, 이토록 어려운 일을 선택했던 그 결정을 자랑스럽게 만들었으면 하는 바람을, 한 글자 한 글자에 담았다. 책을 읽고 배운 내용대로 따라 한다면, 당신이 파는 제품이나 상품이 무엇이든 성과를 얻게 될 것이다. 꽤 오랜 시간에 걸쳐 검증된 내용이 이 속에 있다.

- -

기요 사카구치 골든하트 메모리얼 어워드란?
'라이프플래너'라는 재정 설계 전문가 모델을 창시한 푸르덴셜국제보험그룹 최고 책임자 고故 기요 사카구치 회장을 기리기 위한 상. 푸르덴셜국제보험그룹이 진출한 국가에서 매년 실적 자격과 윤리 의식, 사회 공헌 활동 등을 다방면으로 평가해, 최고의 라이프플래너십을 실천한 라이프플래너에게 수여했다.

- -

"영업? 웬만하면 다른 일 찾아봐"

"삼촌, 저 푸르덴셜생명에서 보험 영업을 해보려고요."

3년 전쯤이었다. 수원에 사는 누님의 아들, 조카 민호가 전화로 한 말이다. 이직을 고민하던 차에 푸르덴셜생명보험 채용 담당자에게 연락을 받았다고 했다. 지점을 방문해 CIS Career Information Session(보험회사에서 채용 전 직업의 특징 및 이점 등을 소개하는 시간)에 참가한 뒤 영업을 하기로 결심했다는 것이다. 그때 나는 이렇게 말해줬다.

"민호야. 삼촌은 반대한다. 갈 곳이 없는 것이 아니라면, 보험 영업은 안 했으면 좋겠어."

"네? 삼촌도 지금 보험 영업을 하시면서 왜 반대하시는 거죠?"

"남이 하는 일은 쉬워 보이는 법이야. 직접 하는 것과 밖에서 보는 것은 많이 달라. 영업은, 특히 보험 영업은 정말 어렵단다. 추천하고 싶지 않아."

결국 민호는 보험 영업이 아닌 다른 일을 택해 이직했다. 나는 친구든 가족이든 반드시 영업을 해야 하는 절박한 이유가 없다면, 주변 사람 누구에게도 영업을 추천하지 않았다. 내가 보험 영업을 통해 현재 나름의 풍요로운 생활을 누리고 있음에도 불구하고, 영업직을 반대하는 것이다. 영업을 단순하게 물건이나 서비스를 파는 것으로 생각하면, 쉬운 일이라고 오해할 수 있다. 그러나 영업을 오래하기 위해서는 끊임없는 단련과 수련이 필요하다.

판매하는 사람은 의지와 상관없이 '을'이 되어버린다. 내가 판매하는 상품과 서비스가 아무리 좋고, 이를 더 많이 알리려는 긍정적인 의도를 가지고 있다고 하더라도, 영업을 한다고 소개하는 순간부터 부정적인 시각에서 자유로울 수 없다. 그만큼 영업은 어렵고 힘들다. 그렇기 때문에 대가(보수)가 크다는 이점이 있지만, 그것만으로는 추천하기 어렵다. 영업은 자신과의 오랜 싸움과도 같다. 늘 공부하는 것은 물론, 매 순간 긍정적으로 해석하기 위한 매일매일의 자기 결심이 필요하다. '남'을 상대하기 전에 '나'부터 다스려야 하는 것이다.

이 책은 독자에게 영업을 권하는 책이 아니다. 오로지 현재 영업을 하고 있는 사람들을 위한 책이다. 나의 경우에는 어쩔 수 없이, 절박한 마음에, 보험 영업을 택할 수밖에 없는 이유가 있었다. 영업직의 어려움을 모두 감수하고서라도, 영업에 뛰어들 수밖에 없었던 이유 말이다. 다시 한번 말하지만, 이 책은 나처럼 '이유'가 있어 절박하고 간절하게 영업을 하고 있는 사람들을 위해 쓴 것이다. 16년 동안 깨친 영업의 노하우를 모두 공개한다는 게 쉽진 않았다. 하지만 영업을 선택한 사람들에게 도움이 되었으면 하는 바람 하나로 용기를 내 쓰기 시작했다.

핵심은 '사람의 마음'을 얻는 것이다

어떤 영업이든 핵심은 사람의 마음을 얻는 것이다. 누군가의 마음은 '믿어달라'고 읍소한다고 해서 얻을 수 있는 것이 아니다. 신뢰를 얻기 위해서는, 말이든 태도든 나의 외면과 내면을 모두 가꾸고 다듬는 일련의 과정을 거쳐야 한다. 그리고 가장 중요한 것은, 올바른 '대화법'이다. 듣고, 말하고, 질문하는 대화의 과정에 배려심을 담아야만 상대의 마음을 열고 그의 마음을 얻을 수 있다.

이렇게 이야기하면 대부분 인간관계에 대한 전문적인 수업이 필요함을 깨달을 것이다. 그렇다. '좋은 사람'이 되는 것이 바로 영업을 잘하는 길이다. 그러나 한두 권의 책으로, 한두 번의 연습만으로는 좋은 사람이 될 수 없다. 영업을 하면서 매일 매시간 매 순간 끊임없이 고민을 반복해야만 가능한 일이다. 그래서 영업은 어렵다.

2015년 8월 2일, 미국 뉴욕시의 타임스스퀘어 광고판에 만 하루 동안 내 사진이 송출되었다. 한국에서 보험 영업을 하는 보험설계사의 얼굴이 세계경제의 중심이라고 불리는 뉴욕, 그것도 타임스스퀘어 한복판에 올라간 것이다. 가문의 영광이자, 내 평생의 자랑이다.

앞서도 말했듯, 나는 2007년 입사한 이후 만 7년 동안의 영업 활동을 토대로 2015년 '기요 사카구치 골든하트 메모리얼 어워드'의 한국 수상자로 결정됐다. 이전까지 수상자들의 평균 영업 기간은 10년 이상이었는데, 나는 만 7년 만에 이 영광스러운 상을 받은 것이다.

갑자기 글이 이상해졌다고 느끼는 독자가 제법 있을 것이다. 앞에서는 조카에게 보험 영업을 하지 말라고 했다더니, 갑자기 자신이 보험 영업을 잘했다고 자랑하고 있으니 그렇게 느낄 법도 하다. 자랑이 맞다. 그만큼 나는 보험 영업을 잘했다. 2008년부터 2018년까지, 10년 동안 주당 평균 3.8건의 계약을 체결했다. 2005년 이후에 입사한 영업사원 중 가장 빠르게 피보험자 650명, 실효 계약을 제외한 유효 계약 건수 1000건을 달성한 것도 바로 나였다.

흔히 영업을 잘하는 사람을 사회성이 좋고, 유쾌한 성격이라고 생각한다. 그러나 나는 그런 성격이 아니다. 혼자 있는 것을 좋아하며 조용하고 내성적이다. 입사 면접 때 나의 단점을 묻는 질문에 '듣는 능력이 떨어지고, 이기적이다'라고 답했을 정도다. 그런 내가 10년 동안 매주 3.8건에 가까운 계약을 해냈다.

"너는 영업 능력을 타고난 것 아니냐?"

보험 영업을 시작하고, 1호 계약을 해준 친구 재홍이가 던졌던 질문이다. 당연히 '절대 아니다'가 나의 답이었다. 입사 초기, 지인 영업으로 어찌어찌 영업을 해나가던 중 점점 한계가 다가오는 걸 느꼈다. 앞으로 잘해낼 수 있을까 두려웠다. 그때마다 간절한 마음으로 헌혈을 했다. 그러나 헌혈은 심적 위안이 되었을 뿐, 영업 실적을 개선시켜주지는 않았다.

영업을 잘하고 싶었다. 아내도 반대하고, 사람들이 나를 피할 걸 알면서도 용기를 내어 시작한 일이었다. 일생일대의 마지막 승부수로 선택한 보험 영업이었기에, 더이상 물러날 곳도 없었다. 고민에 빠진 나에게 커다란 가르침을 주었던 책이 『데일 카네기 인간관계론』이다. 오래전에 샀다가 '굳이 인간관계에 대해 공부까지 할 필요가 있나?'라는 의문을 품고 구석에 던져둔 책이, 내게 새로운 이정표를 제시해주었다. 『데일 카네기 인간관계론』을 읽은 다음에는 정말 많은 심리학 책을 찾아 읽었다. 인간의 공감론과 진화론, 인지심리학을 섭렵했고, 심지어 뇌과학까지 악착같이 공부했다. 그리고 마침내 어떻게 영업을 해야 하는지, 그 방법론을 찾아냈다.

그렇다. 영업에서 성과를 내기 시작한 기반에는 '인간 본성에 대한 이해'가 있었다. 그 이후 가망고객이 자신 앞에 있는 영업사원을 어떻게 생각하는지를 알게 되었다. 그리고 그들의 마음에 가까이 다가가서 신뢰도를 높이는 방법을 깨달았다. '인문학'에 기반한 방식이 정답이었다.

모든 사람이 처한 처지나 상황이 다름에도 불구하고, 신뢰를 만드는 인간관계의 본질은 비슷하다. 그것이 인문학이다. 인문학이라고 하면 '소크라테스가 어쩌고' 하는 이야기부터 떠오르고, 철학이나 가치관을 따지는 학문이라고 여기며 어렵다는 생각을 한다. 그러나 인문학은 '인간이 본성적으로 하는 생각, 마음 그리고 행동'을 의미한다. 나도 인간이기에 내가 하는 생각이나 행동, 그리고 마음은 다른 사람과 유사하다. '내가 싫어하는 것을 남에게 권하지 말라'라는 『논어』 문구도 어찌 보면 인문학을 이야기하는 것이다.

내가 영업에서 활용한 인문학은, 괜히 아는 척하거나 있는 척하는 인문학이 아니었다. 나는 인문학의 기본 정신, 즉 '내가 생각하는 것과 타인이 생각하는 것이 유사하다'는 확신을 바탕으로 영업에 임했다. 그러자 상담에서 청약까지 이어지는 확률이 높아지기 시작했다. 열 명을 만나면 세 명을 계약하던 내가, 열 명을 만나면 일곱 명 이상을 청약하게 되었다. 그러니 주당 평균 3.8건 가까이 청약에 성공할 수 있었던 것이다.

영업은 과학이다

아래 사진은 푸르덴셜생명보험 인트라넷에 있는 '미디어 플러스 게시판'에 등록된 2015년 강의 동영상이다. 2015년 8월 15일, 나는 '이기는 영업'이라는 제목으로 약 네 시간의 강의를 진행했다. 강의의 핵심은 이 책에서 설명하고 있는 내용이었다. 이 두 개의 동영상은 업로드 이후 8년 연속 '조회 수가 가장 높은 연간 베스트 영상'에 뽑혔다. 2022년 12월 22일 현재까지, 1위 동영상의 누적 조회 수는 1만 1504회다. 2위 동영상도 나의 강의 영상으로 조회 수가 5700여 회다. 이렇게 오랫동안 많은 사람들이, 벌써 수년이나 지났음에도 불구하고 계속 시청하는 데에는 이유가 있다. 바로 '검증'이다. 이미 '검증된 영업 방식'을 다루었기 때문이다.

나는 영업을 '과학'이라고 주장한다. 영업이 재능이나 성격에 따라 좌우되는 것이 아니라는 뜻이다. 과학은 변하지 않는다. 당연히 사람에 따라 달라지지도 않는다. 과학, 즉 정해진 방법이나 매뉴얼대로 상담을 진행하면 어떤 사람이든 성공에 도달할 확률이 높아진다. 객관성을 생명으로 하는 과학은 이론이나 가정을 증명해냄으로써 신뢰를 확보하는데, 영업이라는 과학은 성과와 실적이 곧 '증명의 근거'다. 책에서 소개하는 영업 방식은, 지난 16년간 나의 보험 영업 성과로 증명된 것들이다. 또한 지난 십여 년 동안 나의 수업과 동영상을 통해 배운 후배들이 성과로 증명해준 것들이다.

내 '영업 과학'의 핵심이자 본질은 '대본'이다. 전화를 걸어서 만남을 약속할 확률을 높여주는 'TATelephone Approach 대본', 처음 만나서 어떻게 대화를 시작하는 것이 신뢰를 얻는 데 유리한지 알려주는 '신뢰 확보 대본', 상담하면서 계약하기 싫다는 말이 나오기 전에 아예 처음부터 그런 일이 벌어지지 않도록 하는 '사전 거절 처리 대본'까지, 이 모든 대본은 나와 후배들을 통해 객관성이 검증되었고 효과가 증명되었다.

독자 여러분도 이 책을 읽고 연습해서 그대로 따라 하다보면, 이 말에 동의하게 될 것이다. 아직은 믿기 어렵겠지만, 조금만 인내심을 가지고 끝까지 읽어보시길 간곡하게 당부드린다. 무슨 일이든 처음은 누구나 어렵다. 잘 모르기 때문이다. 제대로 된 방법을 알고, 마치 대본처럼 준비해둔 매뉴얼을 반복해서 연습하면, 처음엔 어렵기만 하던 영업이 익숙해지고 또 쉬워진다. 그렇게 되면 어느새 영업을 잘하게 된다. 그리고 계속 잘하기 위해 노력하다보면 '좋은 사람'이 되어 있는 자신을 만나게 될 것이다.

영업을 잘하는 데 있어 무엇보다 중요한 것은 자신감과 자부심이다. 영업을 하는 당신이 모두에게 희망과 행복을 주는, 당신의 제품이나 상품을 구매한 사람에게도 기쁨을 주는 사람이 될 수 있다는 사실을 명심하고 이 책을 읽기를 부탁드린다. 자, 이제 출발이다!

영업은 '파는 것'이 아니라 '사는 것'이다

당신은 '좋은 사람'인가

인간은 혼자 살 수 없다. 사람은 모여서 살아야만 하는 존재다. 그리고 타인과 함께 살아가기 위해서는, 평판이 좋아야 한다. 오늘날만의 이야기가 아니다. 좋은 사람이라고 인정받는 것은 오랜 세월 인간의 생존에 유리하게 작용했다. 영업에서는 말할 것도 없다.

사람은 누군가를 만나는 짧은 순간에, 상대방이 좋은 사람인지 아닌지를 판단한다. 바로 첫인상이다. 인간은 수백만 년 동안 초원에서 살아오면서 마주치는 대상(사람이든, 짐승이든)이 적인지 친구인지 즉시 판단해왔다. 적이라고 판단된 순간, 도망가거나 싸워서 이겨야 생존할 수 있었다. 이런 진화론적인 이유로, 사람은 누구를 만나든 찰나의 순간에 적(나쁜 사람)인지 친구(좋은 사람)인지 판단한다. 첫인상이 좋으면 일단 좋은 사람으로 간주되고 관계에서 유리한 위치에 놓인다.

그럼 좋은 첫인상을 주려면 무엇이 필요할까? 사람의 첫인상은 그를 만나게 된 배경, 소개자의 평가뿐 아니라 용모, 얼마나 약속 시간을 잘 지키는지 등의 태도에 의해 일차적으로 결정된다. 이는 누구나 아는 이야기다. 여기에 더해 첫인상을 결정하는 데 후각도 매우 중요하다. 인간의 본성을 조금만 공부하면 우리가 왜 '냄새'를 중요시하는지 알 수 있다.

수백만 년 동안 야생에서 살아온 인간의 생존에 특히 중요한 감각은 '시각'과 '후각'이었다. 지금 여러분 앞에 처음 보는 음식이나 과일이 있다고 가정해보자. 최우선적으로 판단해야 하는 것은 이것을 먹어도 되는지의 여부다. 아무 생각 없이 먹었다가 독이라도 있으면, 그걸로 끝이다.

먼저 여러분은 눈을 크게 뜨고 자세히 살펴볼 것이다. '시각'을 활용하는 것이다. 하지만 보기만 해서는 맛을 알 수 없고, 독이 들었는지도 확인할 길이 없다. 이렇게 시각만으로 판단하기 어려운 경우, 두번째로 동원되는 감각이 바로 '후각'이다. 냄새가 이상하면 버려야 한다. 일상생활에서 '냄새나는 인간' 또는 '냄새나는 돈'과 같은 표현이 나쁜 의미로 쓰이는 것도 이 때문이다.

오늘날 향수 산업이 얼마나 발전했는지 생각해보면, 후각의 중요성에 대해 바로 고개가 끄덕여진다. 그렇다. 후각은 그만큼 중요하다. 그러므로 영업사원이라면 담배를 피워서는 안 된다. 땀냄새나 유쾌하지 않은 냄새를 풍기면, 인사도 나누기 전에 영업은 실패다. 만남 전 고기를 구워먹는 것도 안 되고, 불가피하게 악취가 진동하는 곳 등에 노출된 경우에는 고객과 약속을 잡지 않는 편이 좋다. 이처럼 영업을 하려면 신경쓸 것이 한두 개가 아니다. 하지만 정작 중요한 이야기는 다음이다.

공감력, 파는 사람의 진정한 무기

인간이 처음 보는 사람이 적인지 친구인지를 구분하는 기준을 첫인상이라고 했다. 영업사원이 '적'이라는 첫인상을 얻을 때는 바로 '팔아먹으려는 의도'를 보일 때다. 지금 한 영업사원이 여러분 앞에서 제품을 열심히 자랑하고 있다고 가정해보자. 그는 '성분이 좋을 뿐 아니라 기술력은 업계 최고이고 품질도 타사 제품과는 비교할 수 없을 정도로 우수하다'며 설명에 열을 올린다. 이를 듣는 당신의 속마음은 정확하게 아래와 같을 것이다.

'물건 하나 팔아먹으려고 용을 쓰는구나. 당연히 자기네 물건이 최고라고 말하겠지. 그래야 살 거라고 생각할 테니까.'

가망고객이 이런 생각을 하는 순간부터, 영업사원은 즉시 적으로 간주된다. 다시 진화론적 관점에서 보면, 인간은 적에게 자비를 베풀지 않는다. 즉 이미 적이 되어버린 영업사원의 말은 그 무엇도 통하지 않는다. 아무리 공들여 설명해도 가망고객은 좋게 받아들이지 않는다. 구매할지 말지를 결정하지 않은 상황에서 '판매의 대상'이 되고 있다고 느끼면, 고객은 바로 거절한다.

그것이 무엇이든, 영업사원이 제품을 들고 오면 가망고객은 경계부터 한다. 그리고 영업사원이 뭔가를 팔아먹으려는 의도를 내비치면 순식간에 기분이 나빠진다. 그때부터는 '콩으로 메주를 쑨다'고 해도 믿지 않는다. 왜? 가망고객이 '영업사원의 먹이가 되어서는 안 된다'고 결심했기 때문이다.

비단 영업뿐이 아니다. 인간관계를 유지해나가는 사회생활에서도 이와 비슷한 장면을 자주 목격한다. 연락이 끊겼던 친구에게 오랜만에 전화가 왔다고 해보자. 그리 가깝지도 않았던 그가 갑자기 친한 척하며 굳이 찾아오겠다고 한다. 왠지 수상쩍고 경계심부터 생긴다. 아니나다를까 만나자마자 목적을 드러내기 시작한다. 돈을 빌려달라고 하거나, 어려운 부탁을 한다. 그 순간 우리 뇌는 빠르게 회전하며 이렇게 결론을 내버린다.

'간만에 전화하더니, 내 이럴 줄 알았지.'

영업사원의 팔아먹으려는 의도를 파악했을 때처럼, 친구의 진의를 알아낸 순간 그는 적으로 간주된다. 최대한 불쾌하지 않게 말하겠지만, 결국 답은 'No'다. 보고 싶어 찾아왔다던 표면적인 말과 행동 뒤에 숨은 목적이 있었음을 깨달았기 때문이다. 물론 가깝고 좋아하는 사람이라면 어떻게든 도와주려고 하는 것이 인간의 마음이다. 하지만 그렇지 않은 사람에게는 칼같이 냉정해지는 것이 또 인간의 마음이다. 그러므로 인간관계에서 부탁은 함부로 하는 것이 아니다. 쉬운 일이든 어려운 일이든 상관없이, 모든 부탁은 충분한 신뢰 관계가 쌓인 후에야 가능하다.

좋은 첫인상을 만드는 데 실패했다고 해도, 무조건 영업에 실패했다고는 할 수 없다. 왜냐하면 아직 두번째 중요한 가능성이 있기 때문이다. 그것은 바로 '대화 능력'이다. 첫인상은 별로였는데, 시간이 지날수록 호감이 가는 사람이 있다. 이들 대부분은 대화를 통해서 상대방으로 하여금 자신을 좋은 사람이라고 느끼게 만들었을 것이다. 여기서도 인간의 본성에 대한 이해가 필요하다. '인간의 본성'이라고 하면 어렵게만 느끼는 사람들이 많은데, 전혀 어려운 것이 아니다. 내가 어떤 사람과 어떤 대화를 하는 것을 좋아하는지 생각해보면, 아주 쉽다.

대화 능력에서 첫째가는 덕목은 잘 들어주는 것, '경청'이다. 인간은 보통 듣는 것보다 말하는 것을 좋아한다. 그러나 자칫 '말이 너무 많다'거나 '수다스럽다'는 이야기를 들을까봐, 말하는 것을 되도록 조심한다. 그런데 누군가가 잘 들어주면, 경계심이 풀리고 신나게 이야기를 한다. 나아가 자신의 말을 잘 들어주는 상대를 좋은 사람이라고 느끼기 시작한다.

사실 잘 들어주기만 하는 것도 쉬운 일은 아니다. 듣는 일에는 많은 집중력과 에너지가 필요하다. 들을 때 반응하지 않으면 듣지 않는 것과 같다. 말하는 사람으로 하여금 '이 사람이 열심히 듣고 있구나'라고 느끼게 해야 한다. 그것이 '맞장구'다. 상대의 말에 적절한 맞장구를 치는 것은 경청의 필요충분조건이다. 여기서 잠깐, 맞장구치라고 하면 무조건 고개만 끄덕이거나 추임새만 넣는 사람들이 있다. 이런 건 오히려 역효과다. '듣는 척'은 금방 들통나기 마련이다.

이때 필요한 것이 바로 '공감력'이다. 제대로 맞장구치려면, 상대방이 한 말의 의도나 배경을 정확히 파악해야 한다. 그 의도와 배경에 적절히 호응하는 것이 좋은 맞장구다. 많은 사회학자들은 인간이 만물의 영장이 될 수 있었던 핵심적인 이유를 '공감 능력'에서 찾는다. 서로가 서로를 생각해주는 마음이 있기에 인간은 같이 살아갈 수 있다는 것이다. 공감받고 싶어하는 상대의 마음을 헤아리고 채워주는 것이 중요한 이유다.

공감이라는 단어도 어려워하는 사람이 의외로 많다. 하지만 공감은 결코 어려운 일이 아니다. 역지사지할 수 있다면 누구나 공감력을 기를 수 있다. 공감은 '상대방의 생각을 그 자체로 인정하고 존중하는 것'이다. 더 쉽게 풀어 말하면, 공감은 상대방의 처지를 알아주는 것이다. 그가 처한 상황 등을 나의 관점으로 판단하는 것이 아니라, 상대방의 입장에서 바라보며 '그럴 수도 있겠다'라고 인정하는 것이다. 인간관계가 좋은 사람일수록 공감력이 높다. 반대로 친구가 적고 매번 다툼에 휘말리는 사람은 공감력이 부족한 경우가 많다.

공감력은 경험이 많을수록 늘어난다. 의사 주변에는 의사가 많고, 영업사원은 세부적인 업종은 다를지라도 영업하는 사람들과 친한 경우가 많다. 자신들의 처지를 잘 알고 있어, 대화하기가 쉽고 편하기 때문이다. 이들 사이에는 이미 공감대가 형성되어 있는 셈이다. 바꿔 말하자면 경험의 폭을 넓히면 그만큼 공감력도 커질 수 있다.

대화를 잘하는 사람은 대부분 공감력이 뛰어나고, 대체로 어디에 가든 인기가 많다. 당연히 영업도 잘할 수밖에 없다. 가망고객이 대화하는 동안 영업사원을 '좋은 사람'이라고 느꼈다면, 영업사원의 높은 공감력이 발휘된 결과다.

좋은 사람의 필요충분조건

경제학에서 지금껏 제대로 가정하지 못했던 것이 인구 감소다. 특히 소비 인구, 즉 무언가를 살 수 있는 20~60세까지의 인구가 기하급수적으로 감소하고 있다. 출산율이 날로 하락하는 상황에서, 엎친 데 덮친 격으로 급속한 노령화가 진행되는 바람에 경제가 어려워지고 있다. 이런 상황을 우리는 '불황'이라고 말한다. 영업의 관점으로 표현하면, 생산자(기업)가 소비자를 대상으로 제품(상품 포함)을 예상만큼 판매하지 못하는 시기라고 할 수 있다.

불황이 닥치면 기업은 어떻게 해서든 제품을 더 많이 판매하려고 마케팅 활동을 독려한다. 이때 가장 중요한 역할을 하는 사람들이 바로 영업 인력(세일즈맨)이다. 불황일수록 기업은 대부분 내부 인력을 줄이는데, 영업 인력은 오히려 확대한다. 당연히 영업을 잘하는 사람은 기업에 귀한 사람이 될 수밖에 없다. 영업을 잘할수록 대접을 받는다. 문제는 세일즈맨 모두가 좋은 성과를 낼 수 있는 것은 아니라는 사실이다. 자본주의의 기본은 차별화를 통한 경쟁에서의 승리다. 영업 인력 역시 경쟁에서 자유로울 수 없는 것은 당연한 이치다.

이 책은 영업 경쟁에서 이기도록 돕는 내용을 담고 있다. 그런데 내가 아무리 훌륭한 방법을 제시한다 해도, 여러분에게 기본 조건이 갖춰져 있지 않으면 아무런 소용이 없다. 그러므로 먼저 아래의 조건을 스스로 충족해야만 한다.

첫째, 좋은 회사의 좋은 제품을 팔아야 한다

영업은 무언가를 타인에게 권하는 일이다. 권하는 그것이 좋은 것이어야 함은 당연하다. 내가 판매하는 상품이나 서비스에 떳떳하고 자신감이 있어야 당당하게 영업할 수 있다. '좋은 회사의 좋은 제품'이 영업을 잘하기 위해서 반드시 갖춰야 할 첫번째 필요조건인 이유다. 나쁜 회사의 나쁜 제품을 누군가에게 권할 때의 고통은 말로 표현하기 힘들다. 일단 가망고객 앞에서 떳떳하지 못하니 자존감이 바닥난다. 이러면 영업을 오래 지속하기가 어렵다.

그리고 또 한 가지, 무엇보다 '고객에게 좋은' 제품을 팔아야 한다. 영업을 하는 사람이라면 누구나 한 번쯤 겪게 되는 일이 자신과 고객의 이해 상충이다. 예를 들어 A가 고객에게 맞는 상품이지만 B를 팔아야 훨씬 많은 커미션을 받는다고 해보자. 물론 B도 나쁜 상품은 아니지만, A가 고객에게 여러모로 더 좋다. A를 파는 것이 고객을 위한 일임을 알지만, 영업사원도 사람이기에 B를 팔고자 하는 유혹에서 벗어나기 쉽지 않다. 결국 고민 끝에 B를 판매했다고 치자. 문제는 그다음날부터 바로 시작된다. 괜히 심리적으로 위축되고 불안해진다. 고객으로부터 다른 일로 전화가 와도 받기가 겁난다. '혹시 커미션 때문에 B를 판 것이 들키지는 않았나' 마음을 졸이며 지낼 수밖에 없다.

이런 상황이 펼쳐지면 결국 문제가 생긴다. 인터넷과 모바일로 연결된 요즘 사회에서, 진실은 언젠가 반드시 밝혀지게 돼 있다. 그리고 고객이 진실을 알게 되면, 모든 것이 끝난다. 실적도 실적이지만, 그와 관련돼 있는 사람들도 모두 잃기 십상이다. 아무리 하소연하고 변명해도 소용없다. 이미 신뢰를 잃었기 때문이다. 한 사람의 고객을 얻기 위해 열 시간을 투자해야 한다면, 그 사람을 잃는 데는 채 5분이 걸리지 않는다.

영업을 잘하기 위해서는, 고객과의 이해관계가 상충할 때 무조건 고객 입장에서 판단을 내려야 한다. 그 이유는 '자존감'이 걸려 있기 때문이다. '고객에게' 좋은 상품이 아니라 '나에게' 좋은 상품을 팔았다는 양심의 가책은 오래도록 영업사원을 괴롭힌다. 양심에 떳떳하지 못하기 때문에 받는 스트레스는 오랫동안 영혼을 갉아먹기 마련이다.

영업을 하는 사람들이 가장 민감하게 반응하는 단어가 '갑'과 '을'이다. 파는 사람 입장에서 가망고객에게 바라는 것은 한 가지, '그냥 하나 구매해주면 좋겠다'이다. 이 생각에 사로잡히면 파는 사람은 '을'이 되고, 사는 사람은 '갑'의 위치에 서게 된다.

못된 고객을 만났을 때를 생각해보자. 그 가망고객은 자신이 위에 있다고 생각하면서 영업사원을 괴롭힌다. '고객은 왕'이라는 사훈이 있어서도 그렇겠지만, 영업사원은 일단 판매해야 급여를 받을 수 있기 때문에 웬만한 일들은 그저 참아내야 한다. 이런 경험이 쌓이고 쌓이면, 판매하는 사람의 자존감은 회복 불가능한 수준까지 떨어진다. 결국 영업직을 그만두는 경우도 허다하다.

그런데 '갑'으로 군림하지 않는 좋은 고객을 만나도, 나쁜 회사의 나쁜 상품을 팔 때 영업사원의 자존감이 지하실로 들어간다. 앞서 말했듯 요즘 세상엔 비밀이 없다. 고객이 진실을 알면, 컴플레인과 함께 반품을 요청한다. 여기서 끝이 아니다. 영업사원의 평판이 떨어지며, 결국 실적에도 악영향이 미친다. 좋지 않은 식재료로 음식을 만들어 파는 식당 점주가 있다고 해보자. 고객과 눈이 마주칠 때마다 '혹시 알고 있는 것은 아닐까' 괜히 뜨끔한다. 그런 가책을 전혀 느끼지 않는 사람도 있는데, 이런 사람들을 우리는 '소시오패스'라고 한다.

물론 한두 번 정도는 나쁜 제품이라 할지라도 영업에 성공할 수 있다. 하지만 그뿐이다. 마음 한구석에 죄책감이 자리잡고, 그 생각이 날 때마다 자존감이 떨어진다. 인간을 가장 힘들게 하는 일 중 하나가 '자기부정'이다. 자신의 신념을 부정하고 유혹에 넘어가 나쁜 제품임을 알고서도 판매한다면, 계속 괴로울 수밖에 없다. 더이상 자책감을 감당하지 못하는 지경에 이르면, 뇌가 스스로 좋은 일을 했다고 암시를 걸고 당당하게 행동하도록 부추기기 시작한다. 여기에 굴복하면 정말 나쁜 사람이 되어버리고, 실패하는 영업인이 되기 십상이다. 심지어는 사기꾼이라는 욕을 먹으면서 영업계에서 영영 사라지게 된다. 영업으로 성공하고 싶다면, 반드시 좋은 회사에서 좋은 제품을 판매해야 한다.

영업을 잘하기 위해서는 '인기 있는 사람'이 되어야 한다. 여기서 말하는 '인기'는 '좋은 사람이 얻는 기운'을 말한다. 인기 있는 사람은 대부분 배려심이 깊고 타인에게 진실하다. 진실하다는 것은, 자기 자신과 타인을 속이지 않는 것이다. 나를 믿어달라고, 나는 괜찮은 영업사원이라고 말하기보다 고객이 스스로 그렇게 느끼게 해야 한다.

문제는 '그런 척'만 하게 될 때다. 그런데 분명한 사실이 하나 있다. 한 사람을 열 번 속이기는 쉽다. 그러나 아무리 사기꾼이라 하더라도 열 명을 연속해서 속이기는 어렵다. 아니, 거의 불가능하다. 결국 어떻게든 탄로나게 되어 있다. 나는 그 점을 믿기로 했다. 진실함을 무기로 본분과 책임을 다하려는 사람들을 생각하는 일이 내게는 더 중요했다.

둘째, 좋은 동료가 필요하다

좋은 회사에서 좋은 상품을 팔기 시작했다면, 또하나의 중요한 필요조건이 남았다. 바로 좋은 동료다. 사람들은 자신의 정체성을 여러 가지 표현으로 드러낸다. '연봉이 얼마다, 재산이 어느 정도다, 어느 학교를 졸업했다' 등등. 하지만 정체성을 드러내는 것들 중 가장 중요한 것은 따로 있다. 주변 인물들, 즉 자주 만나는 사람이 누구인가다. 내가 교류하는 사람이 곧 나의 정체성이다. 바꾸어 말하면, 좋은 사람들과 교류해야 자신도 좋은 사람이 될 수 있다.

영업은 고독한 일이다. 영업의 세계에는 '숫자가 곧 인격'이라는 말도 있다. 결과를 내지 못하면 존재 가치를 보여줄 수 없는 것이 영업이다. 즉 영업의 세계에서는 존재 가치를 성과로 입증해야만 한다. 당연히 힘들고 외로운 일이다. 영업하는 내내 나 자신과의 싸움을 계속할 수밖에 없다.

초급 영업은 '파는 것'이 아니라 '사는 것'이다

그런 의미에서 영업직은 운동선수와 비슷하다. 매일 매 순간 항상성을 유지해야 한다. 만약 슬럼프에 빠지면, 영업 성과를 다시 정상 궤도로 올려놓기가 쉽지 않다. 오랜 노력과 시간이 필요하며, 그렇게 공들여도 제자리를 찾기란 무척 어렵다. 이때 필요한 것이 바로 '좋은 동료'다. 같은 영업을 하는 사람의 입장에서 공감해주고 조언해줄 수 있기 때문이다. 특히 같은 길을 앞장서 가며 후배들을 격려해주거나 귀감이 되는 선배의 존재는, 영업사원에게 아주아주 중요하다. 좋은 회사가 영업사원의 자존감을 지켜주는 수호자라면, 좋은 동료는 영업사원을 외롭지 않게 해주는 든든한 버팀목 역할을 한다. 그리고 좋은 회사, 좋은 동료가 있는 조직을 찾는 일은 오로지 자신의 몫이다.

무엇보다 중요한 한 가지, 나에게 좋은 동료가 필요하듯이 동료에게도 좋은 '나'가 필요하다. 좋은 동료 역시 내가 좋은 사람일 때 만날 확률이 높은 것은 말할 것도 없다. 당신은 고객을 위해서, 동료를 위해서, 무엇보다 스스로를 위해서 좋은 사람이 되어야 한다. '좋은 사람'은 '좋은 영업' '좋은 성공'의 필요충분조건이다.

음식점이 잘되기 위해서 가장 기본이 되는 것은 맛이다. 맛이 없으면 제아무리 서비스가 좋아도 장사가 잘될 리 없다. 영업도 마찬가지다. 영업사원이 좋은 실적을 내려면, 좋은 회사의 좋은 상품과 더불어 좋은 동료가 함께해야 한다. 좋은 회사의 좋은 제품은 음식점의 맛과 같은 기본 조건이고, 좋은 동료는 서로 좋은 기운을 주고받으며 영업사원의 자존감을 지켜주는 원동력이다.

좋은 동료가 '좋은 회사와 상품'을 뛰어넘는 포인트는, 바로 서로의 처지에 대한 공감을 주고받을 수 있다는 것에 있다. 영업은 사람을 만나는 과정의 연속이다. 가망고객을 만나서 대화하고 그가 구매해야 할 이유를 찾아주면서 납득을 시키는 과정에는 정말 많은 에너지가 필요하다. 귀와 마음를 열고 들으면서 상대방의 말 이면에 있는, 보이지 않는 것을 보기 위해서 엄청난 집중력이 소모되기 때문이다.

영업사원도 한 명의 인간이다. 에너지를 쏟은 후에는 당연히 충전이 필요하다. 그리고 영업사원이 에너지를 충전하는 가장 좋은 수단은 자신의 일에 대한 이해를 바탕으로 공감해주는 사람의 응원과 조언, 지지다. 이를 가장 잘할 수 있는 사람들은 당연히 같은 일을 하는 동료이다. 그래서일까? 영업하는 사람의 친구들은 대부분 세일즈맨이다. 의사 친구들의 대부분 의사이고, 운동선수들의 친구가 대부분 운동하는 사람들인 것과 마찬가지다.

영업은 기차의 궤도와 같다. 자신을 다독이며 나아가는 과정을 끊임없이 반복한다는 점에서 그렇다. 이 지난한 반복을 계속하는 데 동료의 공감력은 큰 원동력이 된다. 전진을 멈추지 않도록 관성의 법칙을 유지하는 데 있어, 동료만큼 힘을 주는 사람은 없다고 해도 과언이 아니다. 안타깝게도 이 경우에는 가족 역시 공감해주기가 어렵기 때문이다.

생각해보자. 하루종일 최선을 다해서 고객을 만나 영업을 했던 영업사원은 퇴근 후 집에서 대부분 말수가 줄어든다. 나의 경우에는 거의 말을 하지 않았다. 아니, '말하지 않는 것'이 아니라 '말할 에너지가 없어서 못한다'는 표현이 맞다. 다음날 다시 영업을 해야 하므로 집에 오면 충전의 시간이 필요했다. 처음에 아내는 나의 이런 패턴을 이해하지 못했다. 고객을 만나면 그토록 활발하게 이야기하고 맞장구를 치면서, 집에만 오면 입을 꾹 다물고 말을 안 하니 당연한 일이었다. 하루는 아내가 집에서도 밖

이랑 비슷하게라도 해달라고 말했다. 나는 이렇게 대답했다.

"알았어. 그러면 자기도 내 고객이 되자. 자기 생활비에서 보험 계약을 하나 들면, 앞으로 고객을 대할 때처럼 에너지를 사용하면서 공감력을 발휘하게 될 거야."

아내는 남편의 영업 일이 힘들다는 것을 어렴풋이 예상은 하지만, 에너지 소모가 얼마나 큰지 왜 집에서 반드시 충전이 필요한지에 대해서는 구체적으로 알 방법이 없다. 직접 영업을 해보지 않았으니 어쩔 수 없다. 밖에서나 집에서나 똑같이 잘해야 한다고 말하는 아내의 입장을 부정하는 것은 아니다. 하지만 남은 에너지가 없는데 밖에서와 똑같이 행동하라고 하면 무리다.

몇 번의 다툼 끝에 영업을 쉬는 주말에는 되도록 가정에 최선을 다하는 것으로 합의를 보았다. 가장의 경우 일하는 이유는 대체로 가족을 위해서일 텐데, 경제적인 역할에만 충실해서는 곤란하다는 사실을 알기에 나온 절충안이었다. 일과 가정, 두 가지 역할을 모두 잘해냈을 때 '인정욕구'가 해소된다는 사실도 무시할 수 없었다. (이 인정욕구에 대해서는 뒤에서 더 자세히 이야기하겠다.) 영업사원은 영업사원인 동시에 나 자신을 포함한 누군가의 책임자다. 영업도 잘해야 하지만, 가정에서의 역할도 잘해야 한다는 뜻이다. 만약 가정에 문제가 생기면, 영업마저 꼬이는 경우도 적지 않다. 그렇게 영업이 꼬이기 시작하면, 또다시 가정까지 꼬이는 악순환이 벌어지기도 한다. 즉 집에서도 밖에서도 '좋은 사람'이어야 진정 '좋은 사람'이 될 수 있다.

다시 좋은 동료의 이야기로 돌아가보자. 아무리 영업을 잘한다고 해도 1년 내내 같은 페이스를 유지하기는 힘들다. 대부분은 스스로의 힘으로 빠져나올 수 있겠지만, 혼자 힘으로는 역부족인 경우도 적지 않다. 특히 슬럼프 기간이 길어질 때면 영업을 잘하는, 마음이 맞는 동료의 도움이 꼭 필요하다. 동료의 위로나 노하우를 통해서 슬럼프에서 빠르게 벗어날 수 있기 때문이다. 이처럼 좋은 동료는 에너지를 충전하고 재도약하는 데 중요한 역할을 한다. 현재 영업을 하고 있는 독자라면 나에게 좋은 동료가 있는지, 반대로 나는 누군가에게 좋은 동료가 되고 있는지 생각해보자.

초급 영업은 '파는 것'이 아니라 '사는 것'이다

영업 성공의 비밀, 인정욕구

이제 본격적으로 영업에 대해 이야기해보자. '영업營業'이란 무엇일까? 한자로 써놓으니 여간 어려운 것이 아니다. 그래서 영어 단어를 찾아봤다. 'sales', 유형이든 무형이든 형태에 상관없이 누군가에게 제품이나 상품을 판매한다는 뜻이다. 그래서 영업사원을 판매사원이라고 부르기도 한다. 단어만 보면 쉽다. 그런데 이 단어를 제대로 이해하기 위해서는 조금 더 깊게 들어가야 한다. 이론적으로만 따지면 물건의 값이 싸고 품질만 좋다면 '판매'는 자연스럽게 이루어진다고 생각하기 쉽다. 안타깝지만 실제는 다르다.

인간이 어떤 제품이나 상품을 구매할 때는 감정이 그 여부를 좌우한다. 논리나 이성으로 사고 싶은 제품의 가격이나 특징을 조사할 것 같지만, 실은 감정에 따른 아주 단순한 이유로 구매를 결정한다. 우리는 예상외로 매장의 인테리어가 깔끔하거나, 점원이 호감이거나, 아니면 그냥 사고 싶은 기분이 든다는 등의 사유로 구매를 결정하곤 한다. 가격이나 품질 등의 조건을 철두철미하게 비교 분석하며 구매하는 사람은 생각보다 많지 않다. 그렇게 감정이 결정한 것에 대해 누군가 이유를 물으면, 그제야 여러 근거를 들며 합리화한다. 그러나 인간의 행동 대부분은 이성이나 논리가 아닌 감정에 의해 결정되는 법이다.

'나는 판매의 대상이 되기 싫어요'

지금은 그리 많지 않지만, 과거 항구나 포구의 횟집에서는 점원들이 자주 호객 행위를 했다. 가게 앞에서 호객에 열심인 직원들의 모습은, 점포의 사장 입장에서 보면 '열심히 영업'을 하고 있는 셈이다. 직원들은 최대한 목소리를 크게 내면서 가게에 손님을 유치하기 위해 노력한다.

반대로 호객 행위를 하는 직원과 만나는 가망고객의 입장에서 생각해보자. 여러분이 그 앞을 지나간다고 가정하면, 과연 음식점에 들어가고 싶은 마음이 생기겠는가? 아니, 한 번이라도 호객에 넘어간 적이 있는가? 단언컨대 없을 것이다. 오히려 반대였을 가능성이 높다. 호객 행위를 하지 않는 곳에 '자발적으로' 들어가서 식사한 사람들이 많을 것이다.

여기서 중요한 질문을 하나 해보자. 왜 우리는 이렇게 열심히 영업하는 곳은 피하고, 오히려 나서서 영업하지 않는 곳을 선택할까?

호객 행위가 벌어지는 포구에서 음식점을 찾은 경험이 없는 사람이라면, 잘 모를 수도 있겠다. 더 쉽게 공감할 수 있는 상황으로 예를 들어보

초급 영업은 '파는 것'이 아니라 '사는 것'이다

자. 자주 쓰는 기능성 화장품이 있는데 거의 떨어져간다. 마침 오늘 백화점에 갈 일이 있으니 해당 브랜드의 매장에 들러서 사려고 한다. 이미 구매를 결정하고 매장에 들어갔는데, 나를 본 점원이 이렇게 묻는다.

"뭐 찾으시는 물건 있으세요?"

이 말에 우리는 뭐라고 대답할까? 기능성 화장품은 브랜드 충성도가 높은 제품이다. 보통 쓰던 제품을 계속 쓴다. 그러니 사용하던 화장품명을 말하면 되지만, 저 질문을 받은 사람 열 명 중 여덟아홉 명은 대부분 이런 답을 한다.

"음, 그냥 둘러보면서 구경 좀 하려고요."

이상하다. 분명 백화점에 들어가 해당 매장에 도착하기 직전까지 이미 구매할 제품을 결정해놓았다. 그런데 점원이 나에게 질문하는 순간 마음에도 없는(?) 대답을 한다. 그리고 한 바퀴 돌아본 후 괜히 다른 곳도 둘러본다. 왜 나는 그리고 여러분은 이미 정해둔 상품을 달라고 하는 대신에 '둘러보겠다'라고 대답했을까? 그 이유를 아는 것에서부터, 영업에 대한 올바른 접근이 시작된다.

우리가 갖고 있거나 사용하는 것들은 직접 만들지 않았다면 대부분 구매한 것이다. 구매했다는 것은 누군가가 나에게 판매했다는 이야기다. 즉, 우리 삶은 영업과 분리해 생각하기 어렵다는 뜻이다. 그럼에도 영업직이나 판매직 사원이라고 하면 일단 기피한다. 왜? 대체 왜 우리는 이미 구매를 결정해두고도 점원의 말을 '거절'하는 걸까? 이것만 놓고 봐도 타인에게 무엇인가를 판매하는 일은 정말 어렵다는 사실을 알 수 있다. 이미 화장품을 구매하기로 결정한 사람조차도 점원의 말에는 일단 거절부터 한다는 걸 생각해보면 분명 영업은 어려운 일이 맞다.

우리가 영업을 기피하는 이유는, 바로 우리 모두가 '판매의 대상'이 되는 것을 싫어하기 때문이다. 구매는 하지만 판매의 대상이 되고 싶진 않은 것이다.

이런 현상은 가정에서도 자주 목격된다. 등교를 앞둔 아이가 게으름을 피우다가 늦겠다 싶어 양치질을 하러 헐레벌떡 욕실로 간다. 그때 엄마가 한마디를 한다.

"빨리 양치질하자, 어서!"

이 순간 답은 정해져 있다. 엄마의 말을 들은 아이는 화장실로 가다 말고 오히려 더 게으름을 피우거나, 하려고 했는데 왜 잔소리를 하느냐며 신경질을 낸다. 알아서 욕실로 가고 있는 와중에 엄마의 잔소리를 들으면 그 순간부터 짜증이 난다. 내가 스스로 결정해서 양치하려는 순간에 엄마가 강제하려고 했기 때문에 딴지를 놓는 것이다. 인간은 '하고 싶은 행동'을 스스로 선택하고 결정하길 원한다. 누구나 자신의 행동에 대한 자율성을 보장받길 원한다. 반대로 다른 누군가의 강요로 무언가를 해야 하는 상황이 오면, 일단 하기 싫다. 내가 스스로 해야 그 행동에 인정과 칭찬을 받을 수 있는데, 누가 시켜서 하면 다른 사람이 그 공을 가져가기 때문이다. 우리는 '시켜서'가 아니라 '알아서' 하기를 원한다.

구매 행위도 마찬가지다. 이미 어떤 제품을 구매할지 정해두고 방문한

초급 영업은 '파는 것'이 아니라 '사는 것'이다

화장품 가게에서, 점원의 말에 잠깐 구경할 뿐이라고 답한 이유도 여기에 있다. 우리는 스스로 결정해서 구매하길 원한다. 누군가 나에게 팔려고 하면, 사려던 제품도 사기 싫어진다.

인간은 누구나 구매를 한다. 하지만 그 구매 행위에 앞서 자신이 판매의 대상이 되었다고 느끼면, 그 순간 거절부터 한다. 판매의 대상이 되는 것은, 누군가가 나에게 구매를 강요하는 것이다. 이것이 핵심이다. 영업은 제품이나 상품을 '판매'하는 것으로 정의해서는 안 된다. 판매로 정의하면 어느 포구의 횟집 사장님처럼 성과가 나오지 않는 호객 행위를 하게 된다.

영업은 판매하는 것이 아니다. 영업은 '나를 통해 고객이 구매하게 만드는 일'이다. 판매하는 것은 파는 사람의 입장이고, 구매하는 것은 소비자의 입장이다. 이 차이가 중요하다. 고객의 마음을 살 때 비로소 영업이 시작된다.

'판매할' 것인가, '구매하게 할' 것인가

우리는 타인의 입장을 고려하지 않고, 자신의 입장에서 말하는 사람을 싫어한다. 반대로 상대방의 입장을 고려해주는 사람을 좋아한다. 상대방의 입장을 헤아리고 이해해주는 것, 그것이 배려다. 그리고 세상이 영업사원을 기피하는 이유도 바로 여기에 있다. 자꾸 나에게 '자율'이 아닌 '타율'로 물건을 팔려고 강요하기 때문이다. 그럼 해답은 간단하다. '어떻게 하면 가망고객이 스스로 결정해, 나에게서 구매하게 만들 것인가?' 영업을 잘하는 사람의 비밀은 여기에 있다.

영업을 잘하는 사람은 누군가에게 제품을 잘 파는 사람이 아니다. 훌륭한 영업사원은 고객으로 하여금 스스로 구매하게 만드는 사람이다. 그렇다면 구매자들은 어떤 사람에게서 제품을 사는가?

얼마 전 직장 동료와 점심을 같이했다. 무엇을 먹을까 고민하는 중에 동료가 한 식당을 추천했다. 그 식당을 자주 권하기에 이유를 물었더니 그는 이렇게 답했다.

"맛도 있는데 그 식당 사장님, 사람이 참 좋은 것 같아."

그렇다. 가족이라서, 친한 친구라서 도와주는 것이 아니다. 우리는 자연스럽게 좋은 사람에게 끌리기 마련이다. 여기서 '좋은 사람에게 끌린다는 것'은 성별이나 연령, 조건을 초월하는 감정이다. 동료가 말한 '좋은 사람'이란 '착해 보인다' '배려심이 깊다' '남을 속일 것 같지 않다' '좋은 식재료를 사용하는 느낌이다' 등등을 한마디로 표현한 것이다. 이왕 살 거라면 우리는 좋은 사람에게서 사고 싶어한다. 좋은 사람은 나에게 '강제로 하나 팔아먹을 것'이라는 인상을 주지 않는다. 오히려 내가 필요한 것을, 나에게 맞는 무엇인가를 찾아서 알려준다는 느낌을 준다.

"나, 믿지?" 옛날 영화에 자주 등장하는 대사다. 흔히 긍정적인 상황에서는 쓰이지 않는다. 뭔가 좋지 않은 일을 꾸미거나 할 때, 꼭 이런 말을 하곤 한다. 그런데 영업사원도 이 같은 이야기를 자주 한다. '저를 믿어주세요. 저는 다른 영업사원과 다르답니다' 하며, 자신이 좋은 사람이라고 강조한다. 문제는 오랫동안 만난 사이가 아닌 이상, 가망고객은 그가 좋은 사람인지 아닌지를 알 수 없다는 데 있다.

친구와 지인은 나와 오랜 시간을 함께했기 때문에, 그동안의 경험을 통해서 내가 괜찮은 사람인지 아닌지 판단할 수 있다. 그러나 영업사원이 만나는 사람은 자신을 오래 보아온 사람이 아니다. 영업사원은 단 한 번의 만남, 약 한 시간도 안 되는 동안에 자기가 좋은 사람임을 상대에게 보여줘야 한다.

이때 '믿어달라'라는 말은 아무 소용이 없다. 상대가 스스로 나를 믿는 것이 중요하다. 믿어달라는 말 없이, 믿게 만들어야 한다. 상대가 자연스레 내가 좋은 사람이라고 느낄 수 있도록 해야 한다. 그래서 영업은 외모가 뛰어난 사람이, 유머 감각이 탁월한 사람이 조금은 유리하다. 물론 타고난 조건이 불리하다고 해서 포기하기는 이르다. 영업사원이 짧은 시간에 좋은 사람이라는 인상을 주기 위해서 사용할 수 있는 무기가 있으니 말이다. 가장 큰 무기는 바로 '대화' 능력이다. 잠깐의 시간이지만 대화를 어떻게 유도하는지가 영업의 성패를 결정짓는 중요한 역할을 한다. 내가 좋은 사람인지 아닌지는 대화 과정에서 풍기는 인상을 기준으로 판단된다.

대화 능력은 '말을 잘하는 것'만을 기준으로 삼지 않는다. 내가 아무리 유머 감각이 좋고 언변이 뛰어나다고 해도, 영업에서는 이를 절제해야 한다. 듣고, 질문하고, 그리고 또 듣고, 자신의 이야기는 최소화하는 것이 중요하다. 동시에 상대방으로 하여금 계속 말하고 싶게 만들어야 한다. 맞장구도 적당히 치면서, 대화에 리듬을 넣을 줄 알아야 한다. 상대가 편하게, 그리고 신나서 말하도록 만드는 것, 이것이 영업사원에게 요구되는 대화 능력이다.

이런 방법이 어렵다면, 좋은 사람이 되는 데 포커스를 맞추어보자. 좋은 사람은 상대방을 편안하게 해준다. 좋은 사람은 대화하는 동안 잘 듣고 맞장구도 잘 치며 상대방이 계속 말하고 싶게 만드는, 편안한 분위기를 조성하는 사람이다. 누차 강조하지만, 영업을 잘하기 위해서는 먼저 좋은 사람이 되어야 한다. 만약 아직 좋은 사람이 되지 못했다고 느끼더라도, 진짜 좋은 사람이 될 때까지 좋은 사람인 척하면 된다. 좋은 사람인 척하면서 나쁜 물건을 파는 것은 사기꾼이지만, 좋은 사람이 되고자 애쓰는 과정에서 좋은 사람인 척하는 것은 사기가 아니라 노력이다. 그리고 좋은 사람인 척하기 위해서 필요한 것 역시 대화 능력이다.

결국 영업을 잘하는 과정은, 내가 좋은 사람이 되는 여정이다. 가망고객으로 하여금 좋은 사람이라고 느끼게 만들 수 있는 영업사원이라면, 그는 이미 좋은 영업사원이다.

마음의 문을 여는 열쇠

내가 좋은 사람임을 어떻게 보여줄 수 있을까? 고객이 나를 좋은 사람이라고 느끼게 만들려면 어떻게 해야 할까?

최고의 방법은 상대방의 인정욕구를 해소해주는 것이다. 인간의 가장 큰 욕구 중 하나가 '칭찬받고 존중받고 싶어하는' 인정욕구다. 사실 우리가 말을 하는 것은 '내 말을 들어줘' '나를 칭찬하고 인정해줘'라고 외치는 것과 다르지 않은 경우가 많다. 상대가 하소연을 하고 있다면, 힘들겠다는 '공감'을 받고 싶은 것이다. 상대가 자랑을 하고 있다면 잘했다는 '칭찬'을 받고 싶은 것이다. 이러한 인정욕구는 상대방이 아는 사람이든 모르는 사람이든 구분하지 않고 작용한다.

인간이 집단을 이루며 살아가면서부터 평판은 중요한 생존 수단이었다. 평판은 반드시 상대와의 관계가 있어야만 존재하는 것이며, 좋은 평판은 좋은 관계를 유지하는 데 필수적인 요소다. 그래서 사람은 누구나 좋은 평판을 얻고 싶어한다. 심지어 영업하기 위해 찾아온 상대에게도 좋은 평판을 유지하고 싶어하는 것이 사람이다.

앞에서 이미 화장품을 구매하기로 결정한 사람조차도 점원의 말에는 일단 거절부터 한다고 했지만, 사실 인간은 태생적으로 거절에 취약하다. 내가 '판매의 대상'이 되려는 기미가 보일 때는 단호하게 거절하지만, 처음부터 거절이 쉽고 편한 사람은 없다. 그렇다. 인간은 거절하는 것이 어렵다. 누군가가 만나자고 할 때나 상품을 권유할 때도 마찬가지다. 그 순간에도 상대방에게 좋게 보이려고, 그래서 좋은 평판을 얻으려고 노력하는 것이 인간의 본성이다. 이런 인간의 본성을 기억하고 있어야 한다. 인정욕구에 대해서는 이 책을 읽는 내내 이야기가 나올 것이다. 그만큼 중요하기 때문이다.

내가 강남 우성아파트 사거리 사무실에서 근무할 때의 이야기다. 우연히 방문한 식당에서 돈가스를 먹었는데 정말 맛있었다. 가격도 강남이라고는 믿기지 않을 정도로 저렴했다. 평소 돈가스를 좋아했기에, 그때부터 일주일에 적어도 두세 번은 찾아갔다. 이런 식당은 많이 알려져야 한다고 주변에 소문을 내며, 후배나 동료와 함께 여러 번 다시 찾았다. 이상한 점은 그렇게 맛있고 가격이 저렴한데도 늘 손님이 적었다는 것이다. 왜 이렇게 손님이 없을까? 그 이유를 알기까지는 오랜 시간이 걸리지 않았다. 사장님께 왜 손님이 적은지 알려드리고 싶었다. 그래서 마지막으로 갔던 날 이야기를 꺼냈다.

"사장님. 제가 한 달 사이에 열 번 정도 왔잖아요. 그런데 한 번도 저를 알은체 안 해주셨어요."

사장님이 한 번이라도 '또 오셨어요?' '자주 오시는 분이니 서비스로 달 걀프라이 하나 더 드릴게요' '매번 와주셔서 고맙습니다' 등의 한마디만 건넸어도 달라졌을 것이다. 하지만 그 간단한 한마디를 사장님은 단 한 번도 하지 않았고, 나는 손님으로서의 인정욕구가 해소되지 않았기에 음식 맛이나 가격과 상관없이 앞으로는 가지 않기로 결정했다. 이런 말들이 그저 인사치레로 여겨질 수도 있다. 진심을 담지 않은 말이라면 당연히 그럴 것이다. 하지만 진심어린 말로 상대방의 인정욕구를 충족시켜줄 수만 있다면, 고객의 마음을 여는 가장 확실한 열쇠가 된다.

인정욕구는 인간의 본성이다

매해 마지막날, 나는 의식적인 하루를 보낸다. 한 해를 정리하고 내년에 어떻게 살아갈지 고민한 후에 스스로 한 가지의 캐치프레이즈를 정한다. 아래는 내가 2021년에 목표로 했던 캐치프레이즈다. 2020년 한 해를 반성하면서, 새로운 삶을 살기로 결심하고 목표했던 것은 바로 '다른 사람을 흉보지 말자'는 것이었다.

'이제는 타인의 뒷담화를 하지 않는 사람이 된다.'

이렇게 결심하게 된 배경이 있다. 어느 날 지인과 대화를 하는데 누군가를 욕하는 내 모습을 발견한 것이다. 문제는 그때만 그런 것이 아니었다는 데 있었다. 찬찬히 내 삶을 돌아보다보니 자주 그랬던 것이 떠올랐다. 남이 먼저 뒷담화를 시작했을 때도 있지만, 누가 먼저 시작했느냐는 중요하지 않았다. 중요한 것은 '왜 나는 타인에게 관대하지 못하고 자주 뒷담화를 하는가'였다. '열등감' 때문이었다.

남을 나쁘게 말하거나 비방할 때는 은연중에 그보다 '내가 더 나은 사람'이라는 생각이 깔려 있다. 누군가를 이기고 싶다는 생각과 타인에게 자존심을 내세우는 일에는, 지기 싫어하는 감정과 함께 그를 시기하는 마음이 담겨 있다. 타인을 깎아내리면서 욕하는 것은, 자신은 그와 다르게 훨씬 나은 사람이라고 주장하는 일과 같다. 내가 인정받고 싶어하는 욕구를 타인을 헐뜯으면서 우회적으로 해소하는 것이다.

요즘 심각한 사회문제로 인식되는 '층간 소음'도 본질은 인정욕구에 의한 분노라고 해석할 수 있다. 한국사회에서 주거 문화의 중심은 아파트이고, 아파트는 천장과 바닥이 맞대고 있는 구조상 층간 소음이 존재할 수밖에 없다. 특정 세대만 재수없게 시끄러운 이웃을 만나는 것이 아니라 누구나 다 비슷한 상황이라는 의미다. 그럼에도 불구하고 어떤 사람은 층간 소음을 이유로 유독 심각한 스트레스를 받는다. 대부분은 상대가 알아주지 않기 때문이다. 층간 소음으로 인한 문제도, 아래층에 사는 사람이 소음에 스트레스를 받으며 살아간다는 사실을 알아달라고 하는 인정욕구에서 비롯되는 경우가 많은 것이다. 이를 토대로 생각해보면, 위층 사람은 아래층 사람의 마음을 헤아리는 것으로 층간 소음 문제를 보다 부드럽고 원만하게 해결할 수 있다.

"저희 아이들이 가끔 뛸 때마다 아래층에 크게 들릴 것 같아요. 소음 때문에 많이 힘드시죠? 죄송합니다. 제가 항상 주의를 시키고 있습니다."

엘리베이터에서 아래층 부부를 만날 때마다 내가 인사를 건네며 하는 말이다. 이사 다음날 조그만 선물을 사서, 가장 먼저 인사드렸던 이웃도 아래층이다. '조심하며 지내겠지만 아이들이 유별나서 시끄러울 수 있다고, 그때마다 알려주면 바로 조치하겠다'고 다짐도 했다. 아래층에 사는 사람의 고충을 내가 먼저 생각하고 말한 것이다. 그 덕분인지, 우리는 지금껏 층간 소음 문제로 얼굴을 붉힌 적이 없다. 내가 그들의 스트레스를 먼저 인정하고 조심하겠다고 약속함으로써, 아래층 사람은 소음이 있더라도 많이 봐주면서 살고 있는 듯하다.

대한민국에서 아들이라면 한 번쯤 경험하는 내 어머니와 아내의 다툼, '고부 갈등'도 대부분 인정욕구에서 비롯되는 경우가 많다. 인간관계에서는 정도의 차이만 있을 뿐 누구나 다툼과 갈등을 일으키며 살아간다. 그것을 해소하기 전까지 당사자들은 물론 주변 인물들도 스트레스의 소용돌이에 빠지는데, 고부 갈등에서 중요한 것은 아들의 스탠스다. 아래는 흔히 발생하는 시어머니와의 갈등 상황에서 나올 수 있는 부부의 대화 내용이다.

"당신 어머님은 왜 그렇게 까칠하셔? 어제도 그렇고, 눈치보는 것이 너무 힘들어."

"무슨 소리야? 당신이 잘못한 것이 있으니 혼내셨겠지. 왜 어머니를 나쁜 사람으로 만들어?"

남편이 어머니 편을 드는 뉘앙스의 대답을 한다. 아내의 의도를 제대로 파악하지 못한 것이다. 더 나아가 '어머니께 전화해서 확인해보겠다'와 같은 악수를 두기도 한다. 하지만 지금 아내가 남편에게 불만을 말하는 의도는 시어머니를 욕하자는 것이 아니다. '내가 참았다. 내 마음 좀 알아줘'라고 전하고 있는 것이다.

다시 한번 강조한다. 사람이 하는 거의 모든 말의 목적은 '내 말을 좀 들어줘'라고 암기하자. 이런 상황에서 시시비비를 가리려고 하면, 문제를 더욱 악화시킬 뿐이다. 고부 갈등은 드라마에서 나오듯이 누구 한 명의 잘못 때문에 벌어지는 것이 아니다. 아내의 경우를 예로 들면, 거의 대부분은 시어머니와의 관계에서 받는 스트레스보다, 그 스트레스를 남편이 인정해주지 않기 때문에 서운함이 쌓인 데서 갈등이 생겼다. 아내의 마음을 알아주는 것은, 아내의 생각에 무조건적으로 동의하는 것이 아니다. 단지 먼저 헤아리고 표현하기만 해도 속상했던 마음이 풀린다. 인정욕구를 해소해주면 된다는 뜻이다. 딱 이 정도만 말해도 아내의 인정욕구는 채워질 수 있다.

"자기, 오늘 힘들었구나. 내가 봐도 자기가 힘들겠다 싶더라."

심지어 인정욕구는 운전할 때도 자주 표출된다. 앞차가 느리게 가면 답답하다. 나를 앞질러 빨리 갈 때는 바보라고 욕하기도 한다. 내가 앞사람보다, 아니 그 어떤 사람보다 운전을 잘한다는 인정욕구에서 나오는 행동이라고 할 수 있다. 만약 앞차 때문에 스트레스를 받으며 화내는 운전자 옆 조수석에 앉아 있다면, 이렇게 말해주자. 인정욕구를 채워주는 한마디로 남은 이동 시간을 즐겁게 만들 수 있다.

"앞차 진짜 답답하다. 운전 잘하는 네가 그냥 참아."

인정욕구는 시대와 관계없이 영원히 사라지지 않을 인간의 본성이다. 현대사회에서는 더 심해지고 있다. 바로 '노출' 때문이다. 타인의 삶에 대해서 속속들이 알 수 없던 과거와는 달리, 요즈음에는 소셜 미디어를 통해 실시간으로 일상이 중계된다. 대부분이 자신의 실제 삶보다 더 과장해서 보여주지만, 보는 사람은 그것을 일상이라고 여긴다. 이렇게 실시간으로 타인의 삶과 자신의 삶을 비교하다보니, 상대적으로 인정욕구가 과거보다 더 커져버렸다. 그래서 오늘날에는 더더욱 인정욕구가 상대의 마음을 여는 열쇠인 것이다. 아는 사람에게 말하기 껄끄러운 문제를 대신 말해주는 것만으로도, 상대방의 마음은 더 쉽게 열릴 수 있다. 친구들 사이에서 인기가 좋은 사람은 대개 상대방의 인정욕구를 먼저 알아내서 표현해준다.

이 강한 인정욕구를 영업사원이 해소해줄 수만 있다면, 신뢰감을 얻는 데 아주 큰 도움이 된다. 처음 만나는 가망고객과의 거리가 짧은 시간 안에 좁혀질 수 있으니 영업사원의 말에 힘이 실리는 것은 당연한 수순이다. 가족이나 친구 등 지인에게 영업할 때도 마찬가지다. 그들도 인정욕구를 가지고 있다. 가깝고 막역한 나머지 무심코 지나칠 수 있지만, 지인에게 영업할 때도 핵심은 인정욕구다.

"삼촌, 아빠 전화 받았지? 나 결혼 날짜 잡았어. 남자친구가 서울에 있으니까 이왕이면 삼촌에게 보험을 들라고, 아빠가 종신보험 견적을 받아두라고 하셨어. 이름이랑 생년월일만 알려주면 되지?"

10년 전에 있었던 일이다. 다 큰 조카가 결혼한다며 보험을 가입하겠다고 했다. 그런데 다른 사람도 아니고 친형이 보험 영업을 하는 나한테 견적을 받으라고 했단다. 지레 서운한 동시에 불쾌한 마음마저 들었다. 조카에게는 알았다고만 답하고, 바로 형에게 전화를 걸었다.

"형님. 조카사위 종신보험 가입한다고 견적을 달라는 전화를 받았습니다. 내가 은정이에게 최저가 견적을 내주면 되는 거야? 나, 형 동생이야. 정말 서운하게 왜 그래?"

영업을 하는 사람이라면, 내가 형에게 느꼈던 서운함이 무엇인지 알 것이다. 보험이든 자동차든 카드든 아니면 화장품이든, 어떤 제품이 되었어도 다르지 않을 것이다. 사이가 나쁜 집안이 아닌 이상 가족이 영업직에

초급 영업은 '파는 것'이 아니라 '사는 것'이다

종사하면, 대부분 도와준다는 느낌으로 청약을 하거나 제품을 구입한다. 문제는 그때부터 시작된다. 영업을 하는 사람은 당연히 최선의 제품을 설계해서 제시할 것이고, 그 노력과 마음을 알아줄 거라고 기대한다. 그런데 이것저것 꼬치꼬치 캐묻는 질문을 받으면, 순간 서운함이 몰려온다. '나를 그렇게 못 믿는 것인가' 하는 생각부터 든다. 친구나 친한 직장 동료도 마찬가지다. 지인들은 도와주려는 마음에 전화해서 궁금한 내용을 묻는 것이겠지만, 영업사원은 속상하다는 생각을 하게 될 때가 많다. 자존심도 상하고 서운한 마음이 들면서 가끔은 화도 난다.

나중에 심리학을 공부하면서 깨달았다. 가족도 지인도 나와 같이 인정욕구를 가지고 있었다. 가족이나 지인일지라도 무의식적으로 인정욕구를 채우고 싶어한다는 사실을 알게 된 이후에는 완전히 다른 방식으로 대하게 되었다. 지인은 자신이 필요해서 가입하거나 구매한다고 생각하지 않는다. 그보다는 영업하는 사람을 도와주기 위해 보험을 하나 '들어준다' 또는 제품을 '사준다'라는 인식을 갖고 있다. 그런데 도와주려는 마음을 상대가 알아주지 않으면, 제시한 상품에 대해 무의식적으로 이것저것 묻게 된다. 인정욕구를 해소하는 과정에서 자신도 모르게 그렇게 따질 수 있다는 말이다. 이를 알게 된 이후 가족이든 친구든 직장 동료든 간에, 지인의 범주 안에 있는 사람이 보험에 대해 문의해오면 무조건 이 말부터 먼저 꺼냈다.

"고마워. 나를 도와주고 싶어서 보험 가입하려고 하는구나? 그 마음 잊지 않고 더 열심히 할게."

이 한마디로 모든 것이 정리되었다. 이전까지는 지인이 전화해서 보험에 대해 물어보면, 당연히 가입한다는 가정을 한 채로 대화하곤 했다. 뭔가 물어볼 것 같으면 '그냥 이렇게 하면 돼'라며 거의 윽박지르듯이, 마치 강권하듯이 목소리를 높였다. 지인의 입장에서 생각해보면 황당할 수밖에 없었을 행동이다. 그의 입장에서는 내가 아니더라도 주변에 두세 명 정도 보험 영업을 하는 사람이 있지만, 이왕이면 나를 도와주려고 전화한 것이다. 그런데 '그냥 시키는 대로 해'라는 말이 돌아오니, 아무리 가족이고 지인이라도 서운했을 수밖에 없다. 그렇다고 전화하자마자 지인이 먼저 '내가 너 도와주려고 전화한 것 알지?'라고 말하기는 쉽지 않다. 생색을 내는 순간, 매너가 없는 사람이 되기 때문이다. 그런 상황을 내가 먼저 알아채고 전화가 오자마자 고맙다며, '나를 도와주려는 고마운 마음'으로 인정하기 시작하면서 일이 순탄히 풀리기 시작했다.

지인의 인정욕구가 채워지면서 많은 계약이 비교적 수월하게 진행되었다. 정말 단순하게 궁금해서 전화했던 사람에게도 '가입하려고 하는구나?'라는 문구를 넣어서 고맙다는 말로 오금을 박아 퇴로를 막아버렸다. 이후에는 진실하게 이야기를 들어주고, 지인이 원하는 필요만 제대로 충족해주면 계약까지 순조롭게 진행할 수 있었다.

가족이기 때문에, 친하기 때문에 오히려 서로 상처를 주고받을 때가 많다. 잘못을 해놓고도 사과하지 않고 스리슬쩍 넘어가거나, 선의를 베푸는데 고맙다고 하지 않을 때 사람들은 상처받는다. 친하지 않거나 조금 거리가 있는 사람이 베푸는 호의에는, 누구나 고맙다고 표현하면서 이를 갚으려고 한다. 하지만 가족이나 친구에게는 그러지 못할 때가 많다. 아무리 가까운 가족이나 지인이더라도, 그의 인정욕구가 채워지지 못하면 언젠가는 결국 사달이 난다는 사실을 기억하자.

가깝고 먼 정도와 상관없이 '고맙습니다'와 '죄송합니다'라는 말을 더 열심히, 자주 해야 한다. 이런 문구는 사용하면 할수록 서로의 마음을 확인하게 되어 관계가 가까워지는 윤활유가 된다. 그래서 나는 지인과 계약하게 된 다음에도 반드시 이렇게 이야기했다.

"○○아, 고맙다. 주변에 영업하는 사람도 많을 텐데 친구라고 도와주려는 마음, 소중히 간직할게. 지금 날 위해 가입해준 이 상품이, 미래에는 너에게 더 도움되는 거라는 사실을 느끼게 될 거야. 그때가 되면 반대로 나에게 꼭 고맙다고 해줘야 해. 알았지?"

지금은 나를 위해 계약해줬지만 나중에는 상대방 자신을 위해 계약한 것임을 알게 될 거라고, 즉 이 계약이 상대방에게 꼭 필요한 것이라는 인식을 심어줬다. 시작할 때의 인정욕구를 다시 한번 충족해주면서, 좋은 상품이라는 사실을 은연중에 강조해둔 것이다. 그래야 누군가 딴지를 걸 때도 보험 계약을 안전하게 지켜나갈 거라고 생각했다.

인간의 강력한 본성인 인정욕구를 더 챙겨야 하는 대상이 지인이다. 가깝다고 당연하게 받아들이면 안 된다. 지인들도 자신의 선의를 인정받고 싶어하는 한 명의 인간임을 반드시 기억하자.

'YES'를 부르는 긍정의 힘

대부분의 사람이 '나를 위해 에너지를 써주는 사람'을 좋은 사람이라 생각한다. 인간은 에너지를 절약하는 쪽으로 진화해왔다. 에너지를 축적하고 있어야 짐승이나 적을 만났을 때 싸워 이길 확률을 높일 수 있다는 사실을 수백만 년 동안 학습했기 때문이다. 그래서 인간은 끊임없이 더 편한 상황을 갈구한다. 편하게 있어야 에너지를 되도록 적게 사용하는 까닭이다. 그런데 누군가가 나를 위해 에너지를 써준다면? 당연히 그 사람을 좋은 사람이라고 여기게 된다.

여기서 에너지는 시간, 노동, 돈, 경청, 배려 등을 포괄하는 말이다. 내가 아플 때 문자를 보내기보다 전화하는 친구를, 전화만 하기보다 직접 찾아와서 위로하는 친구를 우리는 더 좋아한다. 문자보다 전화가, 전화보다 방문이 에너지를 더 많이 쓰는 행동임을 알기 때문이다. 애경사도 마찬가

초급 영업은 '파는 것'이 아니라 '사는 것'이다

지다. 부조금을 안 보내는 사람보다 지인 편에라도 보내는 사람이, 이왕이면 직접 찾아오는 사람이 더 고마울 수밖에 없다. 나를 위해 귀한 에너지를 사용해줬다는 느낌을 받기 때문이다.

내가 어려운 일이 있을 때 도와주려는 사람을, 내가 힘들어할 때 위로라도 한마디해주는 사람을 우리는 좋아하게 되어 있다. 이를 영업에 대입해보자. 오직 자신을 위해 뭔가를 팔려는 사람, 자기 이익을 취하고자 판매하는 사람은 좋은 영업사원이 될 수 없다. 내가 아닌 고객의 관점에서 그를 도와주려는 행동을 해야, 영업도 잘하게 되는 것이다. 당연히 이런 사람은 영업뿐 아니라 사회생활도 잘한다.

또한 우리는 긍정적인 사람을 좋은 사람이라고 생각한다. 기분이 좋아지는 단어를 생각해보면 '긍정, 웃음, 유쾌, 즐거움, 유머' 등등의 단어가 떠오른다. 반대로 기분이 나빠지는 용어를 떠올려보면 '슬픔, 부정, 짜증, 반대, 비난' 등등이 나온다. 누구나 슬픈 것보다 즐겁고 기쁜 것을 좋아한다. 슬프고 짜증나는 것에는 더 많은 에너지가 소모되기 때문이다. 화를 내고, 속상해하고, 스트레스를 받는 것은 당연히 힘든 일이다. 그러니 만나면 즐겁고 기분이 좋아지는 사람을 좋은 사람이라고 생각하게 되는 것이다. 유머 감각이 있고, 매번 긍정적인 생각이나 행동을 하는 사람이 어디서든 인기가 많은 이유다.

설사 비관, 좌절, 어려움을 이야기해야 할 때에도, 용기와 희망과 가능성을 함께 말하는 사람을 우리는 좋아한다. 좋은 이야기를 잘하는 사람만 긍정적인 사람이 아니다. 나에게 '예'라는 답을 할 수 있는 질문을 하는 사람도 긍정적이라고 할 수 있다. 이를 쉽게 이해할 수 있도록 예를 들어보자.

오늘은 명절이다. 간만에 아내와 함께 부모님 댁을 방문했다. 주방에서는 일이 많다. 요즘은 많이 달라졌지만 여전히 남자들은 주로 먹고 대화를 나누는 가운데, 여자들은 바삐 움직이는 풍경을 쉽게 접할 수 있다. 특히 며느리는 쉴 시간이 별로 없다. 요리를 만들어 차리고, 다 먹으면 후식까지 준비한다. 그리고 이제 마지막 설거지 시간이다. 밥을 먹고 나면 누구나 쉬고 싶다. 그러나 며느리는 시부모님 눈치도 봐야 하니 그러기가 어렵다. 무거운 몸을 이끌고 설거지를 시작한다. 이를 본 남편은 미안해진다. 그렇다고 설거지를 대신해주기도 애매하다. 미안한 마음에 다가간 남편이 이렇게 질문한다.

"여보, 괜찮지?"

이 질문에 아내는 어떤 표정을 지을까? 공감력이 있는 독자라면 바로 알 것이다. 아내는 남편의 말을 듣자마자 표정이 굳는다. 시부모님 앞이라 차마 큰소리를 낼 수 없지만, 분명 속으로 이렇게 외치고 있을 것이다.

'당신 눈 없어? 내가 얼마나 많은 일을 하고 있는지 안 보여?'

센스 있는 남편이라면 아내가 '응'이라고 답할 수 있는 질문을 했을 것이다.

"여보 힘들지? 하루종일 일하는데 못 도와줘서 미안해."

이렇게 아내의 힘든 상황을 잘 알고 있다는 뜻을 담아 질문하면, 아내의 답도 한결 부드러워진다.

"응. 힘들긴 한데 괜찮아. 내가 해야 할 일이잖아."

영업사원도 마찬가지다. 누군가를 만나서 대화할 때 상대방의 입에서 '아니요'라는 부정적인 대답이 나오게 해서는 안 된다. '네'라는 대답이 돌아올 만한 질문을 해야 한다. 그런 질문을 받은 상대방은 대부분 다음과

초급 영업은 '파는 것'이 아니라 '사는 것'이다

같은 생각을 하게 된다.

'이 사람이 나의 마음을 알고 있구나.'

누구나 내 처지를 알아주는, 내 마음을 이해해주는 사람을 좋아하기 마련이다. 그런 사람에게는 마음을 열고 속내를 이야기할 수 있다. 또 상대를 좋은 사람이라고 느끼기 시작하며, 그에 대해 신뢰를 갖게 된다. 결국 좋은 사람이 되면 영업 실적은 자연스레 좋아진다.

상황을 좋게 해석하는 습관

고객에게 긍정적인 사람으로 다가가는 일만큼, 스스로 긍정적으로 생각하는 것 또한 중요하다. 오랜 시간 영업을 하면서 깨달은 바 중 하나다. 영업사원은 언제나 상황을 좋은 쪽으로 해석할 수 있어야 한다. 지나간 일은 되돌릴 수 없지만 다가오는 미래는 바꿀 수 있다. 그렇게 하기 위해서는 현재 벌어진 일에 대해서 좋게 해석하는 연습이 필요하다.

거절을 당했다면, 그 이유를 나에게서 찾으며 '발전의 기회'로 삼아야 한다. 실수를 했다면, 가르침을 얻기 위한 기회라고 생각해야 한다. 어떤 일이 벌어지든, 신이 나에게 깨달음을 주기 위해 일어난 일이라고 여기도록 해보자. 이미 벌어진 일에서 '좋은 이유'를 찾으려고 하는 것이, 상황을 긍정적으로 해석하는 방법이다. 눈앞에 벌어진 일을 어떻게든 긍정적으로 받아들이고 앞으로 생길 일을 기대하면서 살아가는 습관, 영업을 하는 내내 끊임없이 노력했던 부분이다.

기온은 계절에 따라 일정 수준을 유지한다. 여름에는 덥고, 겨울에는 춥다. 간혹 이상 기온이 발생하더라도, 결국은 평균 범위 안으로 돌아온다. 이는 인간의 성격과 유사하다. 성격은 유전적 형질로, 특정 범위에서 크게 벗어나지 않는다. 하지만 기분이나 감정은 다르다. 오히려 자연의 날씨와 비슷하다. 때론 구름이 끼고, 폭풍우가 치기도 하며, 폭설이 내리기도 한다. 우박은 농사를 망치고, 폭염은 사람을 지치게 한다. 예측할 수 없는 날씨가 여러 피해를 입히듯, 날마다 혹은 시간마다 달라지는 예측 불가능한 인간의 기분과 감정도 피해를 야기하기 마련이다.

날씨는 인간의 힘으로는 어쩔 도리가 없다. 우리는 자연에 순응하고 적응하면서 살아갈 수밖에 없다. 하지만 기분과 감정은 다르다. 우리는 타인의 기분과 감정에 순응하고 적응할 이유도, 마음도 없다. 그래서 감정과 기분의 변동 폭이 크면 자신도, 타인도 힘들어진다. 다행인 것은 날씨는 우리가 어쩔 도리가 없지만 감정과 기분은 우리의 노력과 의지에 달려 있다는 사실이다. 스스로 감정과 기분을 어떻게 다스리느냐에 따라 인간관계가 달라진다.

영업사원에게는 가망고객의 거절을 비롯한 다양한 상황들이 예측 불가능하다. 중요한 것은 그런 상황이 발생한 다음이다. 빨리 자신을 다독이고 정상으로 되돌려서 에너지를 보전해야, 다음 영업이 정상화된다. 이를 위해서 가장 필요한 것이 바로 상황을 좋게 해석하는 습관이다.

인간은 사회를 이루어 살아간다. 인정을 받고 좋은 평판을 들어야, 어려울 때 주변의 도움을 받을 수 있다. 타인과 비교해서 더 잘하고 싶고, 그와 경쟁에서 이기고 싶어하는 것도 이러한 인간의 본성 때문이다. 거절을 당할 때도 영업사원은 이런 인정욕구에서 자유롭지 못하다. 내가 잘못한 것이 아니라 가망고객이 어리석어서 거절했다고 믿어야 자존감이 훼손되지 않는다. 그래서 자신의 실수나 잘못을 점검하기보다, 고객만 탓하기 일쑤다. 하지만 이래서는 발전이 없다. 무조건 자신이 잘못했다고 자책하라는 말이 아니다. 실수를 했다면 고쳐야 할 점을 찾아 개선해나가야 발전이 있다는 이야기다. 이렇게 자신과 상황을 엄격히 바라보는 것이 좋다는 사실을 다들 알고 있지만, 이를 행하는 것은 인간의 본성에 반하는 행위다. 그래서 힘들다.

그러나 본능대로 행동하며 남 탓만 하면 발전이 없다. 자책만 해도 마찬가지다. 남 탓이든 내 탓이든, 모두 부정적인 해석이기 때문이다. '이번 실수가, 이번에 발생한 어려운 점이 나에게 좋은 일을 만들기 위한 신호가 아닐까'라고 긍정적으로 해석할 수 있어야 한다. 사고가 났거나 실수로 엉뚱한 상황이 발생했을 때, 잘못을 반성하고 반면교사로 삼을 줄 알아야 발전이 있다. 후회와 자책에만 사로잡히면 회복이 어렵다. 또 타인에게 책임을 전가하면, 당장 마음은 편할 수 있지만 앞으로 나아가지는 못한다. 발전하고 전진하기 위해서는 자신이 통제할 수 있는 조건 안에서 문제를 찾고, 외부 상황에서는 좋은 의미를 생각해낼 수 있어야 한다.

내게 '긍정'이라는 단어는 '낙관'이라는 말과 구별된다. 사전적 의미와는 별개다. '긍정'은 '좋게 해석하는 것'이지만, '낙관'은 '아무것도 하지 않는 게으름'의 다른 말일 뿐이다. 긍정은 이미 벌어진 나쁜 일에 대해서 배울 점을 찾아내고 앞으로 고치겠다는 적극적 자세다. 상황을 좋게 해석한다는 것은 개선점을 찾아 바로 수정하고, 그렇게 수정한 바를 계속 행하는 긍정적 실천을 의미한다. 그래서 긍정은 '발전을 부르는 마법의 단어'다. 반대로 낙관은 그저 좋게만 보는 것이다. 고치고 수정하고 바꾸면서 성장하는 것이 아니라, 아무 노력 없이 막연하게 잘될 거라며 합리화하는 것이다. 그래서 긍정의 반대말은 '부정'이 아니다. 긍정의 반대말은 막연한 낙관에 따른 '무행동'이고 '게으름'이다.

좋게 해석하는 것은 긍정의 시작이고, 결국 좋은 사람이 되어가는 출발점이다. 그래서 영업사원이라면, 아니 좋은 사람이 되고 싶다면 상황을 좋게 해석하는 사람이 먼저 되어야 한다. 나는 영업을 하는 기간 동안 출근길에 항상 '좋게 해석하는 사람이 되겠다'는 다짐을 했다. 한 번의 기도로, 한 번의 시도로 이것을 해내는 사람은 없다. 나 역시 이 일을 시작한 지 16년이 지났지만 아직도 이런 다짐을 매일 아침 계속하고 있다. 긍정적인 자세를 가질 때까지 계속하는 것 외에 다른 방도가 없기 때문이다. 그래서 오늘도 나는 다짐한다.

"오늘 하루도 벌어진 일을 받아들이고, 그 일을 좋게 해석하는 사람이 되겠다."

어떻게 믿게 할 것인가?

지금껏 어째서 좋은 사람이 되어야 하는지 그 이유를 살펴봤다. 이제부터는 어떻게 하면 고객이 나를 좋은 사람이라고 느끼는지 이야기해보려 한다.

말하지 않으면 내가 무슨 생각을 하는지 아무도 알 수 없다. 마찬가지로 보여주지 않으면 타인은 내가 어떤 사람인지 알 방법이 없다. 사람들은 스스로를 평가할 때는, 자신이 뭔가를 할 수 있다는 생각만으로도 높은 점수

초급 영업은 '파는 것'이 아니라 '사는 것'이다

를 준다. 그러나 타인은 다르다. 상대방은 내가 한 행동의 결과를 놓고, 내가 어떤 사람인지를 평가한다. 그렇기에 '결과'를 토대로, 타인이 나를 좋은 사람이라고 느끼게 해줘야 한다.

한 가지 예를 들어보자. 대부분의 식당에 가면 '우리 식당은 좋은 국산 농산물만 사용합니다'라고 안내하는 문구가 붙어 있다. 하지만 그 말을 곧이곧대로 믿는 사람은 식당 주인과 친한 지인을 빼고는 거의 없다. 그냥 뻔한 요식으로 치부하기 마련이다. 식당을 찾아오는 손님이 이를 실제로 믿게 만드는 것이 중요하다. 만약 손님이 그 문구가 진짜임을 깨닫는 '경험'을 한다면, 그때부터 그는 자발적인 영업사원이 되어 식당을 광고하고 다닐 것이다.

몇 년 전 있었던 일이다. 지인이 칼국숫집을 개업했다. 자신이 직접 칼국수를 만들지는 않지만, 비교적 비싼 단가를 주고 '생면'을 조달하여 장사를 시작했다. 맛도 있고, 냉동 면보다 식감도 좋아서 잘될 것이라는 기대를 품었다. 하지만 매출은 기대만큼 나오지 않았다. 인사차 들렀다가 그 이야기를 들으니 안타까웠다. 식당 안 잘 보이는 곳에 '우리 식당은 생면만을 사용합니다'라는 문구를 붙여두었지만, 매출에는 별 영향이 없었다. 그는 차라리 단가가 싼 냉동 면으로 바꿔 매출원가라도 낮출까 고민중이었다. 그때 내가 이런 조언을 했다.

"손님들이 진짜 생면만을 사용한다고 믿게 만들어보세요."

손님은 식당의 주방을 볼 수 없다. 마찬가지로 지금 먹는 칼국수가 진짜 생면인지 냉동 면인지 알아낼 방도가 없다. 식당 주인이 아무리 열심히 주장하고 강조해도 손님 입장에서는 믿을 근거가 없다. 사람들은 자신이 직접 보고 경험한 것만 믿는다. 그러므로 진짜 생면임을 손님이 직접 보고 경험해 믿게 만드는 것이 중요했다. 당시 그는 칼국수를 팔고 남은 생면을 푸드뱅크에 기부하고 있었다. 나는 그 점에 착안해서 이렇게 제안했다.

"마감 시간 직전에, 필요한 손님들이 생면을 가져갈 수 있도록 해보시죠."

가령 '요리하지 않은 생면입니다. 먹을 수는 있지만 당일 개봉한 생면은 추후 사용하지 않기에 무료로 드립니다'라는 문구를 크게 적어두라고 했다. 설사 개봉한 생면이 없다면 일부러라도 뜯어서 매일 몇 개씩 손님이 무료로 가져가게 해야 한다고 이야기했다. 결과는 당연히 좋았다. 그것을 본 손님들이 '이 식당은 다르다'라고 말하기 시작했다. '좋은 사람'은 나를 믿어달라고 애원하거나 주장하지 않는다. 대신 내가 좋은 사람임을 타인이 스스로 느끼고 믿게 만든다. 이를 위해서는 '행동으로 보여주는 것'이 제일이다.

좋은 상품은 언젠가는 소비자가 알아주게 되어 있다. 문제는 그 '언젠가'를 기다리다가, 그전에 지치거나 포기하게 된다는 것이다. 마냥 '언젠가'를 기다리는 대신, 적극적으로 나서 가망고객이 내가 판매하는 제품이, 내가 제공하는 서비스가 좋다고 느끼도록 만드는 것이 중요하다.

영업사원이나 사장이 나서서 우리 제품이 좋다고 백날 주장해도 소용없다. 소비자 입장에서 그런 주장은 '하나 팔아먹으려는' 행동에 불과할 뿐이다.

내가 사는 곳은 수락산역 근처 상계동이다. 우리 동네에는 횟집이 많다. 지인이 놀러와 회를 먹고 싶다고 하면 직접 식당을 선택하게 한다. 몇 군데 횟집을 보여주고 어느 곳에 갈 거냐고 물으면, 누구나 매번 같은 선택

A   B

을 한다. 맛만 놓고 보면 동네의 다른 횟집과 큰 차이가 느껴지지 않는다. 솔직히 말하면 더 맛있는 횟집도 있다. 그런데 대부분은 그 집을 선택한다. 위 사진을 보면 사람들이 왜 그 집을 선택하는지, 굳이 설명하지 않아도 알 수 있다. 사람들이 택하는 횟집은 당연히 A다. 왜 A를 선택했는가 물으면 십중팔구 이렇게 답한다.

"수조의 물이 깨끗해서 고기가 신선할 것 같아요."

그렇다. 그렇게 보이는 것이다. 그런데 사실 물은 다른 횟집과 같은 물이다. 이곳은 물이 깨끗하게 보이도록, 수조 뒤에 파란색으로 칠한 철판을 두었을 뿐이다. B의 수조는 뒤를 막아두지 않았기에, 빛이 통과되면서 상대적으로 물이 더럽게 보인다. 맛을 보기도 전에 우리 뇌는 깨끗한 횟집이 더 맛있으리라는 확신을 내렸고, 그곳을 선택하게 만든 것이다.

좋지 않은 상품을 보기에만 좋게 만드는 것은 사기다. 하지만 좋은 상품을 보기에도 좋게 만드는 것은 노력이고 마케팅이다. 좋은 상품을 제대로 포장하거나 좋아 보이게끔 만들지 않으면, 고객은 알 방법이 없다. 그러므로 파는 사람이라면 자신의 좋은 상품을 어떻게 해야 가망고객이 실제로 좋다고 느끼게 할 수 있을지에 대해 끊임없이 고민해야 한다. 이는 '보이지 않는 서비스'를 판매할 때도 마찬가지다.

나는 골프를 좋아한다. 잘하기 위해서 정말 많은 시간과 에너지를 투입한다. 그러나 결과는 늘 신통치 않다. 골프가 워낙 섬세한 운동이다보니 제대로 하지 않는다면 연습이 오히려 독이 되기도 한다. 그래서 많은 사람들이 프로 골퍼에게 레슨을 받는다. 나도 마찬가지다. 레슨을 받은 지 햇수로만 따지면 벌써 6년인데, 레슨 프로가 자주 바뀌어 고민이다. 바뀔 때마다 지도 방식이 달라져서 내가 손해를 보지만, 서비스에 만족하지 못하니 계속 다른 사람을 찾게 된다.

레슨 프로가 바뀔 때마다 수강생만 손해를 입는 것은 아니다. 레슨을 해주는 프로들도 손해를 본다. 만족하지 못하고 떠나는 수강생이 좋은 이야기를 할 리는 없기 때문이다. 즉 평판이 나빠지면서 수강생이 줄어드는 피해를 입는다. 1년 전 일이다. 이런 고민을 하고 있던 프로 골퍼를 만나서 이야기를 나눈 적이 있다. 그때 내가 이런 말을 했다.

"레슨을 오래 받고 있지만 지금까지 한 번도 프로가 날 위해 정말 최선을 다한다는 느낌을 받은 적이 없어요. 대충 시간만 때우거나 지난 시간에 가르쳐주었던 내용과는 정반대의 이야기를 하는 등 실망의 연속이었어요."

이 말에 그 프로는 자신은 다르다고 강조했다. 자신은 정말 최선을 다한다고, 레슨도 자신이 편한 대로 진행하는 게 아니라 수강생에 맞춘다며 '수강생 맞춤형 레슨'을 하고 있다고 주장했다. 그는 골프가 레슨을 받는다고 해서 곧바로 실력이 향상되는 운동이 아니다보니, 수강생들이 자기 수업의 진정성을 믿어줄 시간이 부족하다며 아쉬워했다. 그래서 진심을 어떻게 보여줄 것인지에 대해서 물었더니, 아무 말도 하지 못했다. 보여줄

초급 영업은 '파는 것'이 아니라 '사는 것'이다

방법이 없다는 것이었다. 나는 이렇게 조언을 해줬다.

"수강생별 작은 수첩을 만들어 활용하세요. 수업 시간에 알려준 내용과 함께, 다음 레슨까지 연습해야 할 과제를 몇 가지 제시하는 것도 좋겠습니다."

단지 최선을 다한다고 주장하는 것을 넘어서, 수강생인 고객이 코치의 진심을 느낄 수 있는 '눈에 보이는 무언가'를 준비해보라는 조언이었다. 지금 그 코치는 수강생이 너무 늘어나는 바람에 더이상 새로운 수강생을 받을 수 없을 정도로 바빠졌다. 진심이 충분하다면, 그것을 느끼게 할 수 있는 무엇인가가 반드시 필요하다는 사실을 기억하자.

어떻게 느끼게 할 것인가?

경기도 외곽에서 세차장을 크게 운영하고 있는 지인에게 조언을 한 적이 있다. 셀프 세차 코너와 함께 직원을 고용하여 손 세차 코너도 운영하던 그에게는 한 가지 고민이 있었다. 셀프 세차를 하는 과정을 옆에서 지켜보면 너무나 허술해 보이는데 고객 스스로는 상당히 만족해한다는 것이다. 반대로 손 세차는 금액이 비싼 만큼 정말 깨끗하게 서비스를 제공하지만, 가격에 비해서는 별로라는 표정으로 떠난다는 것이다. 문제는 간단했다. 정말로 열심히 세차를 하지만, 그 과정을 고객에게 직접 보여줄 수 없다는 점이었다.

셀프 세차는 깨끗해지는 정도에 관계없이, 내가 힘들게 했기 때문에 만족하는 것이다. 반면 손 세차에 만족하지 못하는 이유는 직원이 아무리 열심히 해도 고객의 눈으로는 그 깨끗해진 정도를 정확히 측정하기 어렵다는 점에 있었다. 그래서 지인에게 이렇게 조언을 드렸다.

"세차를 한 다음에 마무리로 상쾌한 향기가 나게 하시죠. 고객이 차를 인수하고 차문을 여는 순간, 상쾌한 향을 맡으면 깨끗하다는 느낌을 단번에 가질 수 있지 않을까요."

눈으로 보는 것은 정확하지가 않다. 특히 차 안은 조명이 약하기 때문에 육안으로는 얼마나 깨끗해졌는지 알기 힘들다. 그러니 당연히 만족하기도 어렵다. 나의 제안은 세차하는 과정을 보여줄 수 없으니, 향기를 통해 깨끗해졌다고 느끼게 만들어주자는 것이었다. 결과는 놀라웠다. 일단 고객의 표정부터 달라졌다고 한다. 최근에는 살균 세차를 도입했고, 마지막에 인삼향을 추가한다고 했다. 바람직한 전략이다. 물론 세차는 대충 하고 향기로 착각하게 만들면 그것은 사기다. 그 지인은 그런 사람이 아니라는 사실을 알고 있기에 조언했던 것이다.

몇 해 전, 미국에 이민 간 지 10년 만에 귀국한 친구를 만나서 들은 이야기다. 그는 최근 3년간 부동산 중개업을 하고 있는데, 회사에서 항상 실적 1등을 기록하고 있다고 했다. 영업을 잘하는 데는 분명 비법이 있을 테니, 그 방법을 배우고 싶었다. 그리고 그의 이야기를 다 들었을 땐 무릎을 절로 쳤다. 보험과는 전혀 다른 업종에서 새로운 방법을 배우게 된 것이다.

"판매할 집에 한두 시간 전에 미리 가서 두 가지를 꼭 챙겨. 하나는 화장실에 휴지를 걸어두는 거고, 또하나는 화병에 꽃을 담아서 테이블에 올려놓는 거야."

"그게 정말 효과가 있어?"

"내가 생각하기에 판매할 집의 시설은 거의 다 비슷비슷해. 빈집에서 볼 수 있는 것도 한계가 있고. 그래서 꽃을 생각한 거야. 집을 구매할 때 단란한 가정을 상상할 수 있다면, 그게 구매욕을 더 높일 것 같았거든."

깜짝 놀랐다. 친구가 승승장구했던 이유는, 고객의 마음을 주택의 가격 으로부터 격리시키고 꽃을 볼 때 상상되는 행복한 가정의 이미지로 돌린 데 있었다. 역시 잘하는 사람에게는 비결이 있었다. 화장실의 두루마리 휴 지는 배려받는다는 느낌을, 테이블 위의 꽃은 그 집에서 살면 행복할 수 있다는 느낌을 주는 장치였다. 그 방법을 사용한 이후부터, 아무것도 없는 빈집을 소개할 때보다 고객의 구매욕이 훨씬 효과적으로 높아졌다는 것이 다. 특히 부부가 함께 집을 보러 오면, 꽃을 바라볼 때의 표정이 사뭇 달랐 다고 한다. 탁월한 아이디어가 고객의 감성을 어떻게 움직이는지 보여주 는 사례다.

온라인에서 어떤 상품이나 제품을 소개할 때도 마찬가지다. 온라인은 주로 사진이나 동영상 등을 통해 정보를 제공한다. 하지만 횟집의 수조처 럼 고객이 직접 눈으로 보는 것과는 분명한 차이가 존재할 수밖에 없다. 이럴 때 상품이 정말 괜찮다고 생각하게 하는 것은 결국 글이다. 불특정 다수가 상품을 소개하는 글을 읽으면서 자연스럽게 '믿을 수 있는 제품, 구매하고 싶은 상품'이라고 느끼도록 만들어야 한다.

다음 글은 지난 2016년 내가 운영했던 인터넷 카페에 올렸던 것으로, 친한 지인이 제주에서 양심적으로 농사짓는 감귤을 소개한 것이다. 글에 담고 싶었던 것은 농부의 양심과 맛(질)이었다. 읽는 사람이 그것을 느낄 수 있었으면 하는 바람으로, 며칠을 고민한 끝에 글을 작성해 올렸다. 결과는 '완판'이었다. 그 이후 더이상 광고를 하지 않는다. 한번 먹어본 사람들이 때가 되면 알아서 재주문을 하기 때문이다.

한국에서는 가짜가 진짜보다 귀한 대접을 받습니다. 특히 과일이 그렇습니다. 예를 들어, 우리가 좋아하는 곶감의 색깔이 그렇습니다. 곶감의 경우 진짜는 검은색을 띠는데, 가짜는 감색(환한 갈색)을 보여줍니다. 감을 깎아 말리면 자연스레 검게 되지만, 사람들은 감이 갈색이니 곶감도 갈색이어야 진짜라고 생각합니다. 그래서 약삭빠른 사람들은 감을 말리기 전 색깔이 변하지 않도록 약품을 강하게 칩니다. 얼마나 강하면 몇 달간 감이 말라 곶감이 될 때까지 색이 변하지 않습니다. 당연히 몸에 좋을 리 없는 약품을 친 곶감을, 우리는 진짜 곶감으로 알고 맛있게 먹습니다.

칡냉면도 그렇습니다. 칡을 말려서 가루를 낸 다음 밀가루와 섞으면 회색을 띠게 됩니다. 그러나 시중에서 우리가 먹는 칡냉면은 갈색을 띱니다. 회색이 진짜인데, 다들 칡은 갈색이라 생각하니 색소를 섞기 때문이죠. 이렇게 시중에 팔고 있는 가짜를 우리는 진짜로 알고 먹게 됩니다. 녹차냉면도 마찬가지죠. 진짜는 회색이지만, 우리가 먹는 가짜는 녹색으로 보이도록 약품

초급 영업은 '파는 것'이 아니라 '사는 것'이다

처리를 합니다. 가짜를 진짜로 알고 더 열심히 먹어주니 진짜는 사라지고 가짜가 판을 치는, 화폐로 말하면 '악화가 양화를 구축'하는 것과 비슷한 상황이 벌어집니다.

감귤도 이와 별반 다르지 않습니다. 진짜 좋은 감귤은 5월(감귤꽃이 떨어지는 시기) 이후 농약을 치지 않습니다. 당도를 위해 제초제도 뿌리지 않고, 거의 일주일에 한 번씩 예초기로 잡초를 제거하는 데 시간을 소진합니다. 농약을 치지 않으니 표면이 거칠어집니다. 사람들은 표면에 광이 나고 쉽게 껍질이 까지는 귤을 진짜로 알고 있어, 진짜 감귤은 가짜 취급을 받습니다. 가짜 귤은 표면에 광을 내기 위해 자라는 기간 동안 농약을 열심히 뿌리고, 수확을 한 후에도 약품 처리를 하고, 열풍을 쐬어 껍질이 쉽게 까지도록 만듭니다. 그런 귤을 진짜로 알고, 표면에 약이 잔뜩 묻은 껍질을 대충 씻어 귤청을 만들거나 귤차로 만드니 안타까운 마음이 가득할 뿐입니다. 거기에 마지막으로 쉽게 썩지 말라고 부패 방지제까지 뿌려두는데 말입니다. 쉽게 까지며, 표면이 맨질맨질하고, 쉽게 썩지 않는 귤을 맛있다고 먹는 것이 우리들입니다.

지난 12월에 조기 매진되었던 대평리 감귤 농장 사장님이 서귀포 월드컵 경기장 위쪽에서도 감귤 농사를 짓고 계십니다. 대평리에서 차로 20분도 안 되는 거리입니다. 당도에서는 대평리 귤보다는 약간 뒤진다고 알려져 있는데, 똑같이 진짜로 과수 농사를 하고 계십니다. 농약은 감귤꽃이 떨어지는 시기인 5월까지만 사용하고, 표면을 광나게 하려는 어떠한 약품 처리나 열풍 처리도 하지 않습니다. 제초제도 사용하지 않다보니 표면이 엉망이고 못생겼습니다. 하지만 당도가 높아 맛있고, 친환경이니 물로 대충 씻어 말려 차로 드셔도 됩니다. 부패 방지제도 뿌리지 않으니 오래 보관할 수는 없지만 먹어보면 놀라는 노지 감귤입니다. 대평리 귤과는 달리 서귀포 감귤은 1월이 되어서야 수확을 합니다. 지난주부터 수확한 '진짜' 감귤을 판매합니다.

여기까지 읽었다면, 영업 이야기가 아니라 인간관계론이 아닌지 헷갈리기 시작할 수도 있다. 그만큼 고객과의 관계가 중요하기에, 양심적이고도 좋은 사람이 되는 일이 필수이기에 강조하는 것이다.

어쩌면 여러분은 이미 '좋은 사람'이 되려고 노력중일 수도 있다. 그런데 이렇게 좋은 사람만 되면 정말 영업은 알아서 된다는 말일까? 물론 아니다.

이제 본격적으로 지금까지 이야기한 것들이 실제 영업 상황에서 어떻게 활용되는지 체험할 시간이다. 내가 직접 사용했던 매뉴얼을 토대로 현장에서 가망고객이 어떻게 반응하는지, 그리고 영업사원은 어떻게 말해야 하는지 등을 자세히 다룰 예정이다. 아마 한 번이라도 가망고객을 만나 영업을 시도했던 영업사원이라면, 고개가 저절로 끄덕여질 것이다. 더욱 깊이 들어가기 앞서 '영업의 성공 노트'라고 할 수 있는 매뉴얼, 즉 대본에 대해 간략히 짚고 넘어가자.

영업의 성공 노트, '대본'이라는 매뉴얼

내가 보험 영업을 하기로 결심하고 가장 먼저 한 일은 서점에서 영업과 관련된 책을 찾는 것이었다. 지금이야 다양한 책이 있지만, 2007년 전후

만 해도 그런 책은 손에 꼽을 정도였다. 몇 권 안 되는 책들 중 영업에 대한 본질적인 의문을 해소해줄 만한 책은 하나도 없었다. 아는 사람에게 보험을 어떻게 권해야 하고, 모르는 사람에게는 무슨 말을 해야 하는지 궁금했지만 어떤 책에서도 답을 찾을 수 없었다. 당시 읽은 책들의 내용을 간추리면 절박해야 성공한다거나, 교회 등 동호회 활동을 다녀야 한다고 강조하거나, 설득하는 기술을 알려주는 것들이 대부분이었다. 영업하는 사람을 만나는 가망고객이 어떤 마음이나 어떤 생각을 갖고 있는지에 대한 내용은 전무했다. 책을 읽은 뒤에 든 생각은, 영업이란 성실하고 절박해야만 성공하는 일이라는 것뿐이었다.

보험 영업을 시작한 후에도 상황은 달라지지 않았다. 입사하면 많은 도움을 주겠다던 매니저가 했던 말도, 앞에 언급했던 책들의 내용과 별반 다르지 않았던 것이다. '어떻게'를 물으면 원리나 인간의 본성과 심리에 대한 설명은 나오지 않았다. 과거에 선배들이 해왔던 문구를 외우라고 알려주거나, 롤플레이를 기반으로 무조건 많이 만나는 연습을 하라는 게 전부였다.

본격적으로 영업을 시작한 후 나를 가장 힘들게 했던 것은 '대수의 법칙'이었다. 이는 처음 열 명을 만나면 한 명과도 계약을 못할 수 있지만, 계속 숫자를 늘리다보면 결국 확률적으로 만나는 사람의 30퍼센트는 청약을 하게 된다는 법칙이다. 다른 말로 하면, 많이 만나면 만날수록 성공하니 힘을 내서 더 만나라는 것이다. 선배들도 그래왔으니 좌절하지 않고 계속 많이 만나면 언젠가는 대수의 법칙을 따르게 된다고 말이다.

하지만 본래 사람이 하는 일은 대부분 이론과 실제가 다르다. 대수의 법칙도 마찬가지였다. 무한정 만나다보면 '양질 전환'이 이루어지면서, 성공할 확률이 높아진다는 말 자체는 맞을 수 있다. 문제는 도대체 언제까지, 얼마나 많이 그 숫자를 늘려야 하는지는 아무도 모른다는 데 있었다. 대수의 법칙을 기준으로 생각하면 '왜why'나 '어떻게how'라는 질문에는 항상 답이 정해져 있었다. 본질에 대한 고민이 없으니 성과를 못 내는 책임을 모두 영업사원에게 전가하기도 쉬웠다.

"더 많이 만나면 해결돼. 영업이 안 되는 것은 네가 게을러서 아직 많은 사람을 만나지 않았기 때문이야. 조금만 더 참고 움직여!"

도대체 얼마나 많이 만나야 해결된다는 말인가? 계속 실패하는데도 무한정 만나는 사람을 늘릴 수도 없었다. 청약을 하지 못하니 소개를 받기도 어려웠고, 소개가 없으니 만난 사람을 또 만나는 것 외에는 답이 없었다. 예를 한번 들어보자. 피부에 반점이 올라오는 것은 '증상'이다. 명의는 증상이 없어지도록 치료함과 동시에, 증상을 유발한 근본적인 원인도 같이 찾아내야 한다. 하지만 대수의 법칙은 단순히 증상만을 이야기한다. 진짜 이유에 대한 고민이 없으니, 잦은 실패라는 결과만 강조된다. 결국 많은 영업사원들이 버티지 못하고 그만두고 만다.

제대로 된 대수의 법칙을 이끌어내기 위해서는, 영업의 진짜 본질을 먼저 파악해야 한다. 본질을 통해서 가망고객에 접근하고, 그들에게 신뢰를 줄 수 있는 방법을 알고 나면 대수의 법칙은 자연스레 증명된다. 막연하게 무조건 많이 만나기만 한다고 능사가 아니라는 뜻이다. 그 이론을 증명하기 위해서라도 계약 성공의 경험이 필요하다. 그냥 어쩌다가 성공한 계약이 아니라, 누군가와 만나기 위해 약속을 잡는 시도부터 만나서 대화를 나누고 계약하기까지 '체계적인 매뉴얼'을 통해 따낸 계약이어야만 한다. 그래야 대수의 법칙까지 다다를 수 있다.

어느 업종이든 업무를 도와주기 위해 매뉴얼을 갖추고 있는 것이 상식이다. 그러나 나는 16년간 보험 영업을 하면서 영업과 관련한 어떤 매뉴얼도 만나보지 못했다. 물론 판매한 상품에 대한 불만 등 민원이 제기되었을 때의 업무 처리와 보험 청약 등과 관련된 매뉴얼은 존재한다. 하지만 안타깝게도 행정 업무 매뉴얼은 영업 성과에 도움이 되지 않는다.

　내가 말하는 매뉴얼은 일이 잘 풀리지 않을 때 영업 활동 전반을 다시 점검해주거나, 성공으로 이끌어줄 '성공 노트'를 의미한다. 구체적인 방법 말이다. 가망고객과 만나기 위해 전화를 걸 때 그대로 따라 읽기만 하면 되는 '대본'이 내가 주장하는 매뉴얼이다. 이런 매뉴얼은 전화를 걸 때, 사람을 만나서 대화를 시작할 때, 상품을 권유할 때, 계약을 시도할 때 등 영업의 모든 단계에서 필요하다.

　물론 이 책에서 공개하는 매뉴얼, 대본은 보험 영업에 한정된 것일 수 있다. 그러나 모든 영업은 본질적으로 '인간' 대 '인간'으로 만나는 일이다. 구매를 결정하는 고객도 인간이고, 팔려고 하는 영업사원도 인간이기 때문이다. 보험 영업에서 얻은 노하우이지만 상품이나 서비스에 상관없이 어떤 영업이든 도움이 될 거라고 자신한다. 일을 좀 했던 사람의 잘난 체라고 생각하는가? 아니다. 끝까지 읽고 나면 생각이 달라질 것이다. 먼저 왜 대본이 필요한지부터, 실제 사례를 통해 알아보자.

　2022년 11월 초에 있었던 일이다. 지방에서 치과를 운영중인 친한 의사 분과 저녁을 같이하게 되었다. 최근 병원을 확장한 것을 알고 있어 성과가 나오는지 물어봤는데, 새로 도입한 마케팅 기법 때문에 오히려 걱정이 생겼다고 했다. 더 많은 환자분들에게 좋은 치료를 착한 가격에 제공하고자 마케팅 회사와 제휴하면서 문제가 발생했다고 했다.

"마케팅 회사가 가망고객(환자)분들을 병원에 오시도록 하고 있습니다. 문제는 그렇게 오시는 분들이 병원에 도착하자마자 불만을 토로하십니다. 쉽게 말하면 병원에 오실 때까지 계속 귀찮게 전화를 한다는 거예요. 비용을 들여서 방문을 유도했는데, 환자가 오자마자 불만 사항을 늘어놓으니 치료가 아니라 민원 처리를 하다가 시간을 다 낭비합니다."

"그분들을 어떻게 상담하고 계시죠?"

"상담은 고사하고 해명하기 급급하죠. 한 분이 오실 때마다 마케팅회사에 지급하는 비용이 만만치 않은데요. 저의 좋은 뜻을 전달해드리지 못하다보니 그만둬야 하나 고민중이에요."

"그렇게 방문하시는 분들이 오시면 상담 직원이 해야 하는 일을 정리해 둔 매뉴얼이 있나요?"

"네. 업무 처리 절차를 여러 번 교육하고 있습니다."

"여기서 매뉴얼은 화가 나서 병원에 방문하시는 분들과 어떻게 대화를 시작하는지에 대한 대본을 말씀드리는 것입니다."

당연히 그런 대본은 갖고 있지 않았다. 환자들이 병원에 와서 전화 좀 그만하라고 화를 내면 상담 직원은 해명하기 급급했다. 치료로 이어지는 확률은 떨어질 수밖에 없었다. 자꾸 귀찮게 전화를 했으니 일단 먼저 사과를 했을 것이다. 가망고객(환자)의 방문 목적은 치료가 아닌 항의였다. 비용을 들였는데, 성과는 고사하고 오히려 직원들을 힘들게 만든 꼴만 되어버렸다. 매뉴얼이 없으니 직원들도 당황하며 그 순간을 모면하는 데만 전력을 다했을 것이다. 이를 개선하기 위해서는 직원이 그렇게 방문하신 분들을 만나자마자 활용할 수 있는 대본이 필요했다. 워낙 환자 중심으로 성

초급 영업은 '파는 것'이 아니라 '사는 것'이다

심을 다해 진료하시는 분이라 돕고 싶었다. 그래서 이렇게 대본을 만들어 드렸다. 결과는 여러분의 상상에 맡긴다.

직원 자꾸 귀찮게 전화를 드려서 많이 짜증나셨죠? 요즘 바쁘실 텐데 마치 스토커처럼 계속 전화를 했으니, 화가 많이 나셨을 것 같아요. 이렇게 오셔서 저희를 혼내시는 것도 당연합니다. 그런데 저희 병원이 혼날 줄 알면서도, 그렇게 전화를 드리는 이유는 오직 환자분을 위해서라는 사실을 알고 계신가요?

환자 뭐? 나를 위해? 그게 무슨 소리야?

직원 요즘 일부 지역에서 치과들이 과잉 진료를 하거나 생각보다 비싼 치료를 해서 지역 주민들이 손해를 많이 보신다고 하더라고요. 그래서 원장님이 우리가 욕을 먹더라도 그분들을 우리 병원에 오시게 해서 제대로 된 정보를 드려야 아까운 돈을 날리시지 않도록 할 수 있다고 하셔서 그렇게 계속 전화를 드렸던 것입니다. 오늘 오셨으니 한번 점검하시고 혹시 당할지 모르는 위험을 예방하고 가셨으면 합니다.

매뉴얼이라 하면 우리는 흔히 방법에 대한 안내를 생각한다. 그러나 영업사원을 위한, 영업 활동에 대한 매뉴얼은 더 구체적이어야 한다. 특정 상황에서 사용할 수 있는 대본이어야만 진정한 매뉴얼이라 할 수 있는 것이다. 앞에 소개한 대본의 내용을 뜯어보면 중요한 두 가지가 들어 있다는 점을 발견할 수 있다.

첫번째는 '이유'다. 어떤 행동을 하게 된 데는 이유가 있다. 이때 그 이유는 상대방, 즉 고객 중심이어야 한다. 만약 영업사원이 중심이 되면, 그것은 이유가 아니라 억지이거나 주장일 뿐이다. 우리 상품이 좋다고, 우리 병원은 치료를 잘한다고 말하는 것은 나의 입장일 뿐이다. 고객 입장에서의 이유가 들어 있는 대본이어야만, 그 대본이 제대로 힘을 발휘할 수 있다. 고객의 입장에서 나오는 이유여야, 고객이 납득할 수 있다. 그리고 고객이 그 이유에 동의하는 순간, 영업이 시작된다.

두번째는 '공감'이다. 상대방이 얼마나 귀찮았는지, 무슨 생각으로 여기에 왔는지 먼저 알아주는 대화가 필요하다. 이것도 역시 상대방의 입장에서 생각하는 '역지사지'에서 출발하는 것이다.

이유와 공감, 이 두 가지만 포함하면 어떤 물건이든 서비스든 상관없다. 영업하는 대상이 자동차든 카드든 보험이든 아니면 은행 예금 상품이든 가리지 않고 효과를 볼 수 있다. '무엇'을 파느냐가 중요한 게 아니라, '누구에게' 파느냐가 중요하기 때문이다. 결국 마음이 움직이는 주체는 영업사원이 아니라 고객이기에, 고객의 입장에서 그의 상황에 공감하고 그가 납득할 이유를 제시하는 것이 필수다. 이처럼 영업 활동에서 대본은 곧 시스템이다. 영업에서 좋은 성과를 내다가 어느 날부터 실적이 나빠지고 있다면, 먼저 대본대로 하고 있는지를 점검해야 한다. 자기 평가 수단으로서도 대본은 반드시 필요하다.

기본적인 영업의 프로세스는 '① 전화를 걸어 약속을 잡는다(전화 걸기) ② 만나서 대화를 한다(신뢰감 확보하기) ③ 구매해야 할 이유를 만들어준다(이유 만들기) ④ 사전 거절 처리를 한다(사전 거절 처리) ⑤ 청약(계약)을 한다'의 다섯 단계로 이루어져 있다. 이대로만 하면 영업은 참 쉽다. 각 단계마다 구체적인 대본이 없기 때문에 힘이 드는 것이다.

대본은 단순히 사실만 나열해서는 안 된다. 고객이 왜 이렇게 생각하는

　　　　　　　　　　　초급 영업은 '파는 것'이 아니라 '사는 것'이다

지, 어떤 마음인지에 대해서도 구체적으로 설명해줘야 한다. 즉 사람이라면 누구나 공감할 수 있는 인문학적 지식과 통찰에 기반해야, 대본을 읽는 영업사원부터 먼저 납득할 수 있다. 그냥 최대한 많은 전화를 돌리고 계속해서 만나면 결국 성공한다는 '대수의 법칙'은 과학이 아니다. 흔히 하는 말로 '무데뽀'일 뿐이다. 고객의 처지를 알아주는 공감과 고객의 입장에서 납득 가능한 이유가 담긴 매뉴얼이 있을 때, 비로소 영업은 과학이 된다.

앞서도 강조했듯, 영업은 과학이다. 사람의 마음을 이해하는 공감력을 발휘하여 구매할 이유를 만들어주면 성공 확률이 높아지는 것이 영업이다. 중급부터는 영업의 다섯 단계 프로세스마다 내가 그동안 활용해왔던 '대본'을 제시할 것이다. 그 대본을 만나면, 내가 지난 2008년부터 2017년까지 10년 동안 주당 평균 3.8건의 청약이라는 놀라운 성과가 가능했던 이유를 알게 될 것이다. 그리고 그 경험을 여러분도 공유하게 될 것이다. 대본을 제시할 때에는 왜 이런 대화가 필요한지에 대해서도 인문학적으로 충분히 설명할 테니, 이해하기 어렵지 않으리라 약속한다.

어떻게 보면 이 설명이 핵심이라고 말하고 싶다. 대화는 영업에만 그치지 않고, 살아가는 데 있어서 매우 중요한 부분을 차지하기 때문이다. 대화야말로 모든 관계의 시작이다. 여러분이 공감력을 바탕으로 한 대화 기술을 배우고 익혀 자신만의 매뉴얼을 만든다면, 영업뿐 아니라 관계의 기술이 향상됐다고 느끼게 될 것이다. 영업에서 더 큰 성과를 내게 될 것이고, 그 성과는 여러분을 다시 열심히 일하게 만들어줄 것이다.

구매를 이끌어내는 ①-②-③ 접근법: '직진'보다 '우회'가 빠르다

공감력을 활용한 진짜 고객 만들기

- -

2007년 7월 1일 나는 아내의 반대를 뒤로하고, 푸르덴셜생명보험에 출근했다. 돈을 벌어야 하는 절박한 이유가 있었기에 굳은 결심을 했다. 내 마음을 아는지 모르는지, 출근하기 하루 전날에도 친한 친구가 찾아와 술을 사주면서 다시 생각해보라고 회유했다. 모두가 반대했지만 내가 선택한 일이었다. 누구보다 잘하고 싶었다. 가족조차 말리는 일을 시작했으니, 보란듯이 성과를 내고 '잘한 선택'이라는 인정을 받길 바랐다. 가장으로서 경제적인 풍요도 달성하고 싶었다. 성공 말고 다른 선택지는 없었다.

더이상 물러날 곳이 없었기에 어쩔 수 없이 택한 보험 영업. 누구나 반대하는 일이었으니 당연히 겁이 나긴 했다. 나처럼 듣는 능력이 부족한 사람이 영업을 잘할 수 있을까? 그래서 먼저 찾은 것이 영업 관련 책이었다. 서점에서 관련 책이라면 모조리 찾아 읽었다. 벌써 17년 전이니 지금과 차이가 있을 수 있지만, 이 책을 쓰기 위해 시장조사차 서점에 들러 살펴보니 안타깝게도 큰 변화가 없었다. 그때나 지금이나 영업과 관련된 책은 크게 세 가지로 분류할 수 있다.

첫째, 실용적인 방법을 제시하지 않고 이론과 논리만 늘어놓은 책. 둘째, 절박하고 절실하게 움직이면 성공한다는 자기계발 성격의 책. 셋째, 강력한 클로징 및 설득력을 길러야 한다는 내용의 책. 이 서적들도 당연히 영업사원에게 도움이 되는 좋은 책이다. 그러나 이것만으론 부족하다. 구매를 결정하는 것은 사람의 마음이다. 대부분의 사람은 이성적이기보다 감정적으로 구매를 결정한다는 이야기다. 감정은 인간의 본성이므로, 그 메커니즘을 제대로 알기 위해서는 사람의 마음에서 방법을 찾아야 한다. 논리나 이론, 설득이나 강요가 아닌 가망고객 스스로 선택하게 하는 이유를 만들어주는 것이 영업이다. 그 이유는 앞에서 말했던 여러 조건이 때로는 홀로, 어떤 때는 통합해서 움직여줘야 힘을 발휘한다. 이제부터 이 조건이 어떻게 실전에서 적용되는지 구체적으로 살펴볼 시간이다.

구매 결정의 세 가지 이유

사람들이 어떤 제품의 구매를 결정하는 이유는 크게 세 가지다.

첫번째는 '필요'다. 사람들은 꼭 필요한 물건이 생길 때 구매를 한다. 밥을 해야 하는데 쌀이 떨어졌거나, 화장실에 갔는데 휴지가 없다면 굳이 영업사원이 구매를 권유할 필요가 없다. 필요한 물건은 고객이 먼저 알아서 구매한다. 문제는 필요한 줄 모르는 물건을 사게 만들 때다. 대부분의 사람은 삶에 꼭 필요한 제품이 아니면 어떤 물건이나 서비스가 자신에게 필요한지를 잘 모른다.

2007년 스티브 잡스가 아이폰을 세상에 처음 공개하기 전까지 스마트폰의 필요성에 대해 이야기하던 대중은 아무도 없었다. 누구도 스마트폰이 필요하다고 잡스에게 요구하지 않았다. 우리가 필요한지조차도 몰랐던 상품에 대해, 스티브 잡스는 그것을 사용해야 할 '이유'를 만들어낸 셈이다. 이처럼 훌륭한 영업사원은 가망고객에게 어떤 제품이나 서비스를 구매해야 할 이유를 만들어주는 데 능하다. 이유가 있다면 영업이 수월해진다. 그리고 누차 강조하지만, 그 이유는 고객의 관점에서 만들어줘야 한다. 판매자 중심의 관점에서 보면 영업의 목적은 단지 '하나 팔아먹으려는 시도'일 뿐이다.

두번째는 '욕구'다. 사람들은 자신의 욕구를 충족하기 위한 수단으로 제품을 구매한다. 고가의 명품 가방은 가방이 부족하거나 없어서 사는 것이 아니다. 자신이 이런 가방을 구매할 능력과 취향이 있음을 보여주고 싶은 경우가 대부분이다. 명품 가방을 통해 인정욕구를 충족시키는 사람이 많은 것이다. 문제는 그 욕구가 모든 사람에게 같은 크기로 내재되어 있진 않다는 점이다. 어떤 사람은 자신이 직접 명품 가방을 구매하러 움직이지만, 그런 욕구를 잘 느끼지 않는 사람도 많다. 영업사원이라면 대화를 통해서 그 욕구를 자극할 수 있어야 한다. 구매할 만한 '이유'를 만들어줘서 '욕구'를 불러일으킬 수 있어야 하는 것이다.

세번째는 '관계'다. 가족이 영업을 시작하거나 장사를 하게 되면 굳이 '필요'하지 않아도, 딱히 '욕구'가 없어도 하나쯤은 사주는 것이 인지상정이다. 우리 모두는 친한 친구가 영업을 시작하면 당연히 도와줘야 한다고 생각하곤 한다. 하지만 지인 영업에만 의존해서는 영업 일을 오래 지속하기 어렵다. 아무리 주변 관리를 잘했어도 지인에게 하는 영업은 많아야 열 명 안팎으로 정해져 있다. 또 단순히 관계로 이루어지는 영업은 한계에 봉착하기 마련이다. 그런 고객은 다른 가망고객을 '소개'해주지 않는 경우가 많다. 자기처럼 '필요나 욕구 없이 사줄 사람'을 찾아야 하는데 그건 어렵기 때문이다. 맨 처음 영업은 관계에서 시작하곤 하지만, 지인에게도 사야 할 이유를 만들어주지 못하고 단지 하나 파는 데 그치면 영업 인생은 생각보다 오래가지 못한다.

영업사원은 이 세 가지 이유를 명심하고 영업에 임해야 한다. 앞서 말했듯 영업은 기본적으로 다섯 단계의 프로세스로 이루어진다. 중요한 내용이니 다시 한번 살펴보자. ① 전화를 걸어 약속을 잡는다(전화 걸기) ② 만나서 대화를 한다(신뢰감 확보하기) ③ 구매해야 할 이유를 만들어준다(이유 만들기) ④ 사전 거절 처리를 한다(사전 거절 처리) ⑤ 청약(계약)을 한다. 이제부터 단계별로 한 가지씩 구체적으로 알아보자.

처음 살펴볼 것은 영업의 시작이라고 할 수 있는 '전화 걸기'다. 전화를 거는 일 자체는 만나는 일보다는 쉽다. 하지만 고객 입장에서도 마찬가지다. 만나서 거절하는 것보다 전화로 거절하는 편이 더 쉽다. 얼굴을 마주 보지 않기에, 거절하는 데 부담이 없는 것이다. 그래서 영업사원 입장에서는 쉬우면서 어려운 일이 전화 걸기다. 직접 얼굴을 보든 안 보든, 일단 거절을 당하면 영업사원은 힘들 수밖에 없다. 전화를 걸었을 때 거절당하는 경우가 영업사원에게 가장 먼저 찾아오는 시련이다. 이런 이유로 때로는 차라리 상대방이 전화를 받지 않을 때 안심이 되기도 한다. 통화가 이루어지지 않으면 거절당할 일도 없기 때문이다.

그러나 영업은 과학이라고 주장했듯이, 매뉴얼과 대본을 준비하면 전화 걸기도 더이상 어려운 일이 아니다. 먼저 전화를 받는 사람의 입장에서 영업사원의 전화를 어떻게 생각하는지, 어떤 말투나 내용을 싫어하는지 아는 것이 중요하다. 원리를 이해해야 대본을 외우기도 쉬워지고, 실수도 줄일 수 있다. 이제부터 원리에 대한 인문학적 근거를 살펴보고, 대본도 직접 작성해보자.

영업의 시작은 전화

무엇인가를 판매하는 일을 영업이라고 한다면, 당연히 영업의 대상은 사람이다. 결국 사람을 만나는 것이 영업의 첫 단계이며, 만날 약속을 잡는 것부터 시작이다. 약속을 잡지 않고 무작정 누군가를 만나러 찾아가는 행동을 '돌방(돌연 방문)'이라고 한다. 전화를 걸어볼 만한 사람이 없는 영업사원들이 가끔 사용하는 방법인데, 성공 확률이 매우 낮다.

누구든지 사람을 처음 만날 때는, 먼저 그가 적인지 친구인지 구별한다고 했다. 그런데 사전 약속 없이 돌연 방문하여 물건을 팔려고 하면, 누구에게든 적으로 간주될 수밖에 없다. 일단 '낯선 사람이라는 점'에서 상대는 경계할 수밖에 없고, 또한 '나를 판매의 대상으로 삼으려고 하는 영업사원의 사냥 행위'에 곧이곧대로 당해줄 가망고객은 어디에도 없다.

그래서 영업 활동을 '전화 걸기'로 시작하는 것이다. 전화 걸기 역시 전혀 모르는 사람에게, 아무 연고도 없이 무턱대고 시도해서는 안 된다. 현대인은 자신의 개인 정보가 누출되었다는 사실 자체만으로도 불쾌함을 느긴다. 거기에 영업사원이라고 소개하면 약속을 잡는 것은 거의 불가능하다. 그래서 전화를 걸 대상은 지인이나 기존 고객에게 소개를 받은 사람이어야 한다. 그래야 만날 약속을 잡을 확률이 높아진다.

영업은 어렵다. 가망고객은 늘 판매의 대상이 되지 않으려고 대비하기 때문이다. 영업사원도 이 점을 알기에 긴장하고 조심한다. 영업의 첫번째 관문인 전화해서 약속을 잡는 일도 마찬가지다. 인간은 누구나 거절당하면 본능적으로 힘들고 지친다. 진화론적 관점으로 보면 인간은 모여 살아야 생존 가능성이 높은데, 누군가 내 부탁을 들어주지 않으면 생존에 위협이 되는 일로 간주되어왔다. 또한 상대가 나를 좋아해야, 내가 위험에 처할 때 도움을 얻을 수 있다고 생각해왔다. 거절당한다는 것은 나를 밀어내는 행위로 해석된다. 거절하는 사람의 입장에서는 단지 어떤 행위에 대한 거절이지만, 거절당하는 사람 입장에선 자신의 존재 자체에 대한 부정과 거절처럼 느껴지기 때문이다.

만나고 싶어하는 마음을 외면하는 상대방과의 통화는 영업사원을 힘들게 한다. 약속을 잡지 못한 것에 대해, 인정받지 못했다고 받아들이며 낙담한다. 낙담은 바로 상처가 된다. 이 때문에 영업사원은 시작부터 거절당할 것이 두려워 전화를 피하고 싶어한다. 그러나 회피한다고 문제가 해결되지 않는다는 사실은 누구나 다 안다. 영업을 선택한 이상 전화 걸기는 반드시 넘어서야 하는 산과 같다. 전화를 걸어 약속을 잡아야 영업이 시작되기 때문이다. 중요한 것은 어렵다고 하더라도, 방법은 존재한다는 사실이다. 상대방도 나와 같은 인간이니 내가 가진 본성을 그대로 갖고 있다. 그 점을 먼저 이해하고 난 후 상대방 입장에 대한 공감력을 발휘하면, 성공 확률은 높아진다. 인간 본성에 기반한 심리적 이해를 바탕으로 적절한 단어를 선택해 대화한다면, 누구나 영업의 첫번째 산을 넘을 수 있다.

'1만 시간의 법칙'이라는 말이 있다. 어떤 일을 하든 성공을 위해서는 1만 시간 동안의 숙련이 필요하다는 이론이다. 철학에서 가끔 등장하는 '양질 전환의 법칙'과 같은 이치다. 1만 시간의 법칙에서는 무조건 많이 하는 것과 함께, 올바른 방식으로 하는 것을 강조한다. 단순하게 오래하는 것만으로는 충분하지 않고 '제대로' 해야 한다는 말이다. '제대로 된 대수의 법칙'이 1만 시간의 법칙이기도 할 것이다. 이는 마치 운동을 잘하는 방식과 비슷하다. 코치 없이 연습 횟수만 늘리다보면, 잘못된 방식이 몸에 배어 역효과를 내기도 한다. 공부도 마찬가지다. 잘하던 선수나 학생이 슬럼프에 빠질 때를 보면, 자신도 모르게 '잘못된 방식'으로 하고 있는 경우가 대부분이다.

그래서 운동을 할 때 필요한 것이 코치이듯, 세일즈맨에게 필요한 것은 제대로 된 '대본'이다. 영업사원이 대본 없이도 좋은 결과를 계속 내고 있다면, 그것은 이미 올바른 방향으로 대화하고 있다는 뜻이다. 반대로 열심히, 제대로 하고 있는 것 같은데 성과가 나오지 않는다면, 잘못된 방향으로 움직이고 있다는 뜻이다. 첫 단추부터 제대로 끼우기 위해서는 꼭 전화기 옆에 제대로 된 대본을 붙여두고 참조해야 한다. 그래야 방향을 잃지 않는다.

전화를 거는 가장 큰 목적은 영업을 하기 위해 만날 약속을 잡는 것이다. 통화는 간단하게 하고 일찍 끊는 것이 포인트다. 전화를 받는 상대방이 숨도 못 쉬게, 정신 차리지 못하게 소개자의 영향력을 활용하여 순식간에 밀어붙이는 것이 중요하다. 전화를 받는 사람은 세일즈맨이 자신을 만나려고 하려는 이유가 '영업' 때문이라고 알고 있다. 그러나 전화를 건 영업사원은 그런 뉘앙스를 풍겨서는 안 된다. 그 순간 적이 되기 때문이다. 내가 전화한 것은 오로지 소개자가 그를 워낙 좋은 사람이라고 말해서 만나고 싶기 때문이다.

혹시 대화를 하는 중간에 대본과 다르게 나오는 말이 있을 때도, 부정적으로 응대해서는 안 된다. 무조건 상대방 말의 내용을 인정하면서 대화를 이끌어야 한다. 전화 또는 만나서 대화할 때 가망고객의 입에서 부정적인 단어가 나오면, 그 대화는 실패할 확률이 높아진다. 자신의 의견과 다르다고 해서 '아니다' '틀렸다' 등의 부정적 표현은 절대 금물이다. 이를 유념하고 대화를 할 때는 먼저 상대방의 의견을 받아주는 지혜가 필요하다. 당일에 어렵다고 하면 일단 받아들이고, 다른 날을 바로 제시하면 된다. 전화를 건 사람이 먼저 양보했기 때문에, 상대방이 두 번 연속해서 약속을 거절하기는 어렵다.

팔려고 하는 순간, 적이 된다

영업사원이 전화를 할 때 반드시 기억해야 하는 것은, 전화의 목적이다. 통화를 하는 이유는 오로지 '만날 약속'을 잡기 위한 것이라는 사실을 염두에 두어야 한다. 영업사원이 어떻게 전화를 하느냐에 따라 만날 수 있느냐 없느냐가 결정되는데, 이때 중요한 것이 '적이 되지 않는 것'이다. 일단 누군가에게 영업사원이라고 밝히는 순간, 전화기 반대편에 있는 가망고객은 긴장한다. 가능하면 만나고 싶지 않은 마음을 감추면서, 조심스럽게 탐색전을 시작한다. 가망고객은 영업사원이 '적'이 되는 행위에 초점을 맞춘다. 영업사원이 적이 되는 가장 빠른 방법은, 상대방에게 팔려는 의도를 보이는 것이다. 사실 영업사원은 전화를 받는 모두에게 가상의 적이다. 그리고 이 가상의 적이 현실의 적이 되는 순간이 바로 '물건 하나 팔아먹으려는' 행동이나 말을 할 때다.

만날 약속을 잡기 위해 전화했다면 '좋은 사람이라는 이야기를 들었기에, 당신을 꼭 만나고 싶습니다'라는 느낌만 주면 그만이다. '좋은 상품이 나왔다' 또는 '판매 행위를 위해 만나고 싶다'라는 말은 절대 해서는 안 된다. 물건을 팔고 싶다는 뉘앙스를 보이는 순간, 스스로 '내가 당신의 적이오'라고 선전포고하는 것과 같다. 전화를 하는 이유는 딱 하나, '좋은 사람을 만나려는 것'에 국한되어야 한다. 그 목적을 잊어서는 안 된다.

회사에서 필요한 서류를 받거나, 또는 고객 확인과 관련한 서명을 받기 위해서 전화했다는 말도 삼가는 것이 좋다. 서명이나 서류를 위해 만나자고 하면 더이상 대화는 진척되지 않는다. '고객이 원하는 것'이 아닌 '영업사원이 원하는 것'을 위해 만나는 게 되기 때문이다. 오해하지 마시라. 물론 영업사원의 모든 만남은 영업을 위한 것이어야 한다. 그러나 전화로 어떤 특정 목적을 이야기하는 순간, 해당 업무 처리 이상은 진행할 수 없다는 이야기를 하는 것이다. 그 이상을 말하는 순간 또다시 적이 될 수 있다는 것이다.

어렵게 전화를 해놓고도 약속에 실패하는 결정적 이유는 결국 '팔려는 의도'를 보일 때다. 이 이야기를 계속 강조하는 까닭은, 그 의도를 들키면 '게임 끝'이기 때문이다. 영업사원이 전화로 판매 이야기를 단 한마디도 하지 않았다고 해도, 전화를 받은 고객은 이미 그것을 염두에 두고 있다. 그런 때에 '당신은 판매의 대상'이라고 알리는 확실한 멘트를 날리면 백이면 백 거절한다. 절대 해서는 안 되는 말이다. 그런 종류의 말은 다음과 같다.

"이번에 좋은 상품이 새로 출시되어서 알려드리고 싶습니다."
"누구든 상담하고 나면 만족하셨습니다."

이런 말을 듣자마자 가망고객은 '그럴 줄 알았다. 그렇게 말해놓고 나한테 팔아먹으려고 하는 거지?'라고 결론을 내린다. 만나고 싶은 바람을 넘어서는 의도의 뉘앙스를 보이는 순간부터, 상대방은 어떻게든 거절할 궁리를 찾기 시작한다. 당장 팔고 싶은 마음은 알겠지만, 영업에서는 상대방의 마음을 얻기 전까지는 절대 판매하려는 의도를 비춰서는 안 된다. 마음을 얻는다는 것은 신뢰를 확보한다는 의미인데, 신뢰는 전화로 얻을 수 없다. 일단 만나야 신뢰를 얻을 수 있는 무언가를 찾아낼 수 있는 것이다.

뒤에 서 있어야 앞서갈 수 있다

"제가 바뀐 담당자인데, 동의 서명을 받아야 해서 전화를 드렸습니다."

이런 말도 약속을 잡는 데 실패할 확률을 높인다. 설사 만나더라도 이미 상대방을 만날 목적이 '서명'이라고 밝혔으니, 서명하고 나면 상황은 종료되고 만다. 서명을 마친 고객은 대부분 '다 됐죠?'라고 묻는다.
세일즈맨이 고객을 찾아가는 것은 서명이 유일한 목적이 아니다. 서명을 매개로 만나서 상담을 해보려 하는 것이다. 그렇게 하기 위해서는 고객의 입장에서 영업사원을 만날 이유를 만들어주어야 한다. 내 입장에서, 내가 원하는 것을 얻기 위해 간다고 하면, 무조건 마이너스다. 설사 서명을 받기 위해 가더라도, 고객을 위해 서명을 받는 것이란 사실을 강조해야 한다. 고객은 서명하는 일을 '자신을 위한 것'이 아닌 '영업사원을 위한 것'으로 간주하는 경우가 많기 때문이다. 기존 고객을 새로 담당하게 되었을 때, 이러한 질문을 통해 고객이 스스로를 위해 서명해야겠다는 생각을 갖게 해야 한다.

A 담당자가 바뀌었을 때 확인해주시지 않으면 불이익을 당할 수 있는 것 알고 계시죠?

B 이제부터 제가 고객님을 담당하게 되었습니다. 그런데 고객님이 바뀐 담당자를 확인해주시지 않으면, 나중에 보험금 청구 등을 하실 때 불이익을 당하시거나 불편을 겪으실 수 있어 미리 연락을 드렸습니다.

만나야 하는 목적을 서명이라고 밝히긴 했지만, 서명을 받는 이유가 영업사원이 아닌 고객을 위한 것이라고 설명했다는 점에서 B는 A와 차이가 있다. 고객이 손해를 보지 않기 위해서 영업사원을 만나는 편이 좋겠다는 생각이 들면, 영업사원은 고객을 배려한 사람이 된다. 사람은 손해에 민감하다. 문제가 생길 상황을 대비해서 보험을 들었는데, 불이익이 생길 수 있다고 하면 당연히 이유를 묻게 된다. 그 이유에 대한 답도 미리 준비해두어야 한다. 실제로 있었던 비슷한 사례를 들려주는 것이 가장 좋다. 이때도 중요한 것은 영업사원이 기준이 아니라, 고객이 기준이 되어야 한다는 사실이다.

　가망고객에게 제공할 수 있는 어떤 선물을 매개로 만나고자 할 때도, '보고픈 마음에 만나고 싶다'는 메시지가 가장 중요한 포인트가 되어야 한다. 연말이면 영업사원은 고객에게 선물하기 위해 캘린더, 다이어리 등을 구매한다. 고객에게 도움이 되고 싶어서도 구매하지만, 그 선물을 전해주었을 때 우호적인 반응이 오길 기대하는 마음도 있다. 영업사원의 선물에 고객이 갖게 될 긍정적인 기분을 매개로, 영업 활동을 전개하고 싶은 의도가 있는 셈이다. 그러나 전화를 걸었을 때 이렇게 표현하는 것은 금물이다.

> **"고객님, 안녕하세요. 이번에 연말 상품으로 다이어리가 나와서 연락드렸습니다."**

　대부분의 사람은 상대가 어떤 목적을 가지고 전화 거는 것을 싫어한다. 특정한 목적 때문이 아니라 나를 만나고 싶고, 보고 싶어서 전화해주길 바란다. 서명을 해야 해서, 다이어리를 드리고 싶어서 전화했다는 것은 '영업사원의 이유'다. 그렇게 전화를 하고 만나면 고객은 '그거 놓고 가세요'라고 말하곤 한다. 그렇다고 내 돈 주고 산 거라고 말을 꺼내기도 난감하다. 그렇게 되면 '이미 있으니 그냥 가져가라'라고 할 수도 있고, 생색을 낸다고 생각할 수도 있기 때문이다. 선물을 주고도 우호적인 대화를 기대할 수 없다면, 시간과 돈을 한꺼번에 낭비한 꼴이 되어버린다.

　영업사원이 직접 샀든 회사에서 제공했든, 고객에게 전해주는 것은 '영업사원의 입장에서 하고 싶은 일'인 셈이다. 그러므로 만나고 싶고, 보고 싶다는 목적 외에는 다른 어떤 것도 마이너스가 된다. 선물을 전해주면서 대화 분위기를 좋게 만들고 싶다면, 아래의 문구대로 말하면 된다. 직접 만났을 때, 고객님이 생각나서 챙겨왔다고 하면 분위기가 좋아진다. 고마운 마음으로 받을 수 있게 되기 때문이다.

"잘 지내셨죠? 오랫동안 못 본 것 같아서 전화를 드렸습니다. 참, 오는 길에 고객님께 도움이 될 것 같아서 선물도 챙겨왔습니다."

운전을 하다보면 유리에 이런 문구가 붙은 차를 마주치곤 한다.
"차 안에 소중한 내 아이가 있습니다."
차에 자녀가 타고 있으니 천천히 가겠다고, 뒤차에 통보하는 것이다. 안타깝게도 앞차 운전자의 본래 의도와는 다르게, 뒤차 운전자에게 불쾌한 느낌만 전해주는 경우가 많다. 타고 있는 자녀가 소중한 것은 앞차 운전자이지, 뒤차 운전자가 아니다. 사람은 누구든 자신을 기준으로 생각하려고 한다. 그런데 배려를 바라면서 자신을 기준으로 이야기하거나 행동하면, 타인을 불편하게 만들 수 있다. 보는 사람 기준에서 글을 써줘야, 뒤에 따라오는 차가 앞차를 배려해줄 수 있는 것이다. 정말 배려를 받고 싶다면 읽는 사람 관점에서 표현을 해줘야 한다.
"아이가 타고 있어 천천히 갑니다. 배려해주셔서 감사드립니다."
실생활에서도 이런데 영업 상황에서는 어떻겠는가. 그래서 영업사원은 더욱 상대방 관점으로 말하는 연습을 해야 하는 것이다. 듣는 사람 기준의 대화법이나 질문법은, 실제 가망고객을 만나서 상담할 때도 아주 요긴한 방법이 된다. 이 대화법이 전화로 약속을 잡을 때 어떻게 활용되는지 구체적으로 살펴보자.

'영업'보다 '관계'가 우선이다

두 가지 상황으로 나누어서 살펴볼 텐데, 먼저 기존 고객에게 전화하는 경우다. 이미 영업사원의 고객이라면 그냥 전화하면 된다. 지인들에게 안부 전화를 하듯이 하면 되는 것이다. 그러나 이미 고객이라고 하더라도 주의해야 할 점이 있다. 역시나 '팔려는 의도'를 보여서는 안 된다는 것이다. '신상품이 나와서' '요즘 같은 금융시장에 고객님께 딱 맞는 정보가 있어서' 뵙고 싶다는 말은 상대를 불쾌하게 만든다. '당신에게 영업하려고 전화했습니다'라고 선언하는 셈이기 때문이다. 이렇게 전화를 하면 '제발 거절해주세요'라고 요구하는 것이나 마찬가지다.

나에게 안부 전화를 한 것이라면 반가운데, '다른 의도'가 있어서 연락한 것이라면 반응은 180도 달라진다. 그 말 때문에 기존고객임에도 불구하고 적으로 만들어버릴 수도 있다. 소개를 받았든 이미 나의 고객이든, 전화하는 이유는 '상대방을 만나고 싶어서'가 되어야 한다. 내가 영업을 계속하고 있는 한, 만나고 싶어하는 이유는 당연히 '영업' 때문이라는 것을 상대방도 이미 알고 있다. 그럼에도 불구하고 영업사원의 전화를 거는 목적은 '보고 싶어서'가 되어야 한다.

> "제가 다음주 수요일과 금요일에 ○○회사 근처에서 약속이 있는데, 잠깐 인사드리고 가고 싶어서 전화드렸습니다. 수요일과 금요일 중 괜찮은 날이 있으신지요?"

두번째 상황은 어정쩡한 지인에게 전화를 해야 할 때다. 영업을 하는 사

중급 구매를 이끌어내는 ①-②-③ 접근법

람에게 가장 어려운 전화 상대가, 멀지도 가깝지도 않은 지인들이다. 이런 지인들은 대부분 과거 내가 어떤 실수를 했거나, 에너지를 쓰지 않아 관계를 제대로 유지하지 못한 사람들이다. 부모·형제 상을 당했을 때 조문을 가지 못했거나, 결혼 소식을 들었음에도 불구하고 축하해주지 않았거나 하는 등의 실수로 인해 사이가 소원해진 경우가 많다. 차라리 그냥 오랫동안 연락이 끊어진 것이라면 전화하기가 쉽다. 하지만 나의 무관심이나 결례로 인해 멀어진 사이라면, 전혀 모르는 사람보다 더 나쁜 상황이므로 연락하기 어렵다.

몇 년 전의 이야기다. 입사한 지 3개월이 지난 후배 영업사원이 고민이 있다고 찾아왔다. 보험 영업을 시작하기 전까지 10년을 한 회사에서 근무했는데, 3개월 동안 전 직장 동료 중 딱 한 명만 보험 계약을 했다고 한다. 같이 입사한 동기들은 벌써 여러 건의 계약을 하는 등 앞서가는 상황에서, 자신의 상담 방법 중 무엇이 잘못된 것인지 궁금해했다. 그 후배에게 나는 이렇게 답을 해줬다.

"영업 초기 3개월의 성과는 자신이 살아온 인생의 대가입니다."

좋은 사람이 영업을 잘한다. 좋은 사람이란 타인의 삶에 관심을 갖고, 이를 표현하고, 배려하는 삶을 살아가는 사람이다. 영업을 시작하면서 처음에 좋은 성과를 보여주는 사람은, 그가 예전에 몸담았던 조직이나 지금껏의 삶에서 그렇게 생활해온 사람이다. 만약 영업하는 사람이 그간 타인에게 무관심하고, 자기만 손해를 보지 않으려고 애쓰며 살아왔다면 사람들은 그를 만나려 하지 않는다. 약속 자체를 거부하는 것으로 복수할지도 모를 일이다.

영업을 잘하기 위해서는 평소에 신뢰를 주는 삶을 살았어야 한다. 신뢰를 주지 못하는 관계로 지내왔다면, 그는 동창이거나 동료였을 뿐 '친한' 사람은 아니었던 것이다. 그냥 아는 사람이었을 뿐이라는 의미다. 알기는 하지만, 거리가 아주 먼 사람들이다. 그런 관계에 있는 사람에게 영업을 위해 전화를 거는 것은 의미가 없다. 차라리 전화하지 않는 편이 더 좋다. 그러므로 이 상황에 대한 대본은 존재하지 않는다. 그렇다면 이런 거리에 있는 지인들에게는 영업의 기회가 영영 없을까?

그건 아니다. 언제나 기회는 있다. 다만 그에게 진심으로 사과하고, 관계를 정상화시키는 과정이 최우선적으로 이루어져야 한다. 내 사과를 상대방이 받아줘야, 영업의 기회가 생긴다. 여기서 주의할 점은 사과를 위해서는 전화부터 해서는 안 된다는 것이다. 우연히 만날 수 있을 때까지 기다려야 한다. 부탁하거나 사과할 때 가장 좋은 방법은, 직접 만나서 하는 것이다. 그런데 영업사원이 된 이후 전화해서 만나자고 하면, 상대는 일단 의심하고 경계한다. 영업하려고 연락했을 거라는 선입견을 가지고 있기 때문에, 어떤 말을 해도 통하지 않는다. 안타깝지만 동창회 같은 자리에서 자연스럽게 만날 때까지 기다려야 한다. 우연히 만났을 때 진심을 담은 사과를 하고 나서야 기회가 만들어질 수 있다.

내가 보험 영업을 시작하고 3개월 정도 지났을 때다. 대학교 때 같은 동아리에서 활동했던 후배를 만날 기회가 있었다. 후배는 대한민국 최고의 벤처캐피털에서 임원으로 재직중이었다. 사실 그 후배에게 내가 큰 실수를 한 적이 있었다. 당시로부터 약 10년 전, 후배의 결혼식에 초대받고 축하해주기 위해 갔지만 축의금을 내지 못했다. 주식으로 전 재산을 날린 상황에서 부조할 돈도 없었던 것이다. 그게 마음에 걸려 영업을 시작한 후에도 연락하지 못하고 있었다. 당장 전화해서 보험 영업을 하고 싶은 마음도 있었지만, 염치가 없어서 차마 그러지 못하고 있다가 우연한 기회에 후배를 만났다.

"형. 소식 들었어요. 푸르덴셜생명에서 영업하신다고요?"

"철호야. 그게 중요한 것이 아니다. 내가 너에게 사과해야 할 부끄러운 이야기가 있단다. 그래서 지금까지 연락도 못하고, 마음의 빚으로 가지고 있었어. 정말 미안하다."

영업이 문제가 아니었다. 실수를 했으니 그것에 대해 진심으로 사과를 해야 했다. 내가 어려워서 그랬다는 것은 변명일 뿐이다. 중요한 것은, 변명이 아니라 진정한 사과였다. 후배는 나를 이해해주며, 말해줘서 고맙다고 이야기했다. 어렵게 말을 꺼냈는데 내 사과를 받아준 것이다. 그리고 어느 정도 시간이 지나서 연락이 왔다.

"형. 친형이 보험 영업을 하고 계셔서, 제가 상담을 받기는 어려워요. 그런데 이번에 친한 후배가 결혼을 한다고 해서, 형님에게 상담을 받아보라고 했으니 연락 부탁드립니다."

결국 영업도 사람이 살아가는 과정 속에 있다. 순리대로 내가 잘못한 것에 대한 사과가 우선이고, 상대가 그것을 받아들여 이해해준 다음에야 비로소 영업이 있는 것이다. 당장 실적이 급해서 관계 복원 과정을 뒤로하고 영업부터 우선하면, 그 실수는 한 사람에게서만 끝나지 않는다. 그와 관계를 맺고 있는 주변 사람에게 나쁜 이야기가 퍼지게 된다. 원래 좋은 이야기보다 나쁜 말들이 더 빨리 흘러가는 법이니 훨씬 곤란한 상황이 만들어진다. 그러므로 나의 잘못으로 멀어진, 아니면 서로 연락이 뜸해서 소원해진 지인이나 친구가 있다면 영업을 하기 전에 관계를 복원하는 것이 우선이다.

'셀프 거절'이라는 함정

여러분이 누군가에게 전화를 건다고 생각해보자. 신호가 가고 상대방이 전화를 받는다. 그럼 자신이 누구인지 밝힌 이후, 대부분은 이렇게 말한다.

"지금 통화 가능하세요?"

안부를 위해 전화를 걸었다면, 이런 시작은 괜찮다. 상대방을 배려해주는 것으로 들릴 수 있기 때문이다. 그런데 영업사원이라면 다르다. 이렇게 대화를 시작하는 것은, 거절을 스스로 부르는 치명적인 실수이다. 만약 이렇게 묻는데 가망고객이 다음처럼 대답하는 경우, 보통 대화는 그것으로 끝이 난다. 그다음에는 할말이 없다.

"아니요. 지금 바빠서 곤란한데요. 다음에 부탁합니다."

한마디로 영업사원의 '셀프 거절'이다. 그렇다면 왜 이렇게 셀프 거절을 만드는 화법을 사용하는 것일까?

가장 큰 이유는 거절당할 것이 두렵기 때문이다. 거절을 당하면 마음에 상처가 남아서 다음 행동이 어렵다. 그런데 상대가 바빠서 통화를 못한다고 하면, 나는 할일을 다했다고 스스로 위안할 수 있다. 더 정확히 말하면, 나는 열심히 했는데 상대방이 바쁘다고 했기 때문에 약속을 잡지 못한 것이라 변명할 수 있다. 안타깝지만 이것은 회피다. 하지만 우리는 회피하려고 어려운 영업의 길을 선택한 것이 아니다. 그것을 넘어서야 영업을 통해 이루고자 하는 목표를 향해 나아갈 수 있다.

쉽게 생각하자. 여러분은 통화하기 곤란한 상황에 걸려오는 전화에 어떻게 대응하는가? 나의 경우는 두 가지다. 아예 전화를 받지 않거나, 설사 받더라도 잠시 후에 연락드리겠다고 짧게 말한 후에 바로 끊는다. 그렇게 말하지 않고 전화를 받았다는 것은, 상대방이 통화할 수 있다는 뜻이다. 그러므로 배려의 말은 필요가 없다. 통화가 가능한 상황이라 받은 것이니, 그냥 원하는 대화를 하면 된다. 스스로 나서서 셀프 거절을 만들지 말자.

셀프 거절을 만들지 않는 일만큼, 상대방의 상황을 인정해주는 것도 중요하다. 가망고객이 전화를 받은 직후 상대가 영업사원이라는 사실을 알면, 그는 어떻게든 전화를 끊고 싶어한다고 앞서 이야기했다. 그러나 소개한 사람과의 관계가 있으니, 일방적으로 전화를 종료할 수 없는 것도 사실이다. 이런 상황에서 전화를 받은 사람이 가장 많이 보여주는 패턴이, 바쁘다는 핑계를 대면서 빨리 대화를 끝내는 방식이다. 이때가 약속을 잡느냐, 잡지 못하느냐의 중요한 분기점이 된다.

"제가 지금 바빠서요. 나중에 통화하면 안 될까요?"

이때 일반적인 영업사원은 이렇게 대꾸할 확률이 높다.

"네. 알겠습니다. 최대한 간단히 말씀드리고 끊겠습니다."

고객이 바쁘다고 말했을 때, 영업사원은 그 말을 최우선적으로 들어줘야 한다. 그런데 예시 속 영업사원은 고객의 상황을 고려하지 않고, 자신의 이야기만 하고 끊겠다며 말을 이어나간다. 짧게라도 계속 말하겠다고 함으로써, 상대방의 상황을 인정하지 않는 대답을 한 셈이다.

안타깝지만 이렇게 답하면, 대부분 약속을 잡지 못한다. 바쁘다고 말하는 고객의 처지를 인정하지 않았기 때문이다. 최대한 간단히 이야기한다고 하더라도, 일단 고객의 상황을 이해하고 배려하는 말부터 하는 것이 우선이다. 그것 없이 그저 자기 용건만 이어가는 말을 들은 고객은 무시당했다고 생각하며, 만나지 않으려고 할 가능성이 높다. 대부분의 사람은 내가 한 말이나 상황에 동의하지 않을 때에, 대화 상대방을 적으로 간주한다. 가망고객이 영업사원을 적으로 느끼는 순간, 통화는 그걸로 끝이다. 어떠한 이야기도 더이상 통하지 않는다. 당연히 만나자는 제안을 여러 핑계를 대면서 계속 거절할 것이다.

이와 비슷한 상황이 일상생활에서도 자주 목격된다. 가령 한여름 땡볕에 학원을 다녀온 자녀가 집에 들어오면서 엄마에게 다음과 같이 말한다고 가정해보자.

"정말 덥다. 더워. 학원도 못 다니겠어."

아이가 이렇게 말하는 것은 '엄마 나 이렇게 더운데도 학원에 다녀왔어. 잘했지?'라며 칭찬을 받고 싶기 때문이다. 그런데 안타깝게도 엄마가 그 마음을 몰라주고, 이렇게 말하면 아이의 반응은 정해져 있다.

"그래도 한겨울 추운 것보다는 낫지."

우리의 대화는 그게 무엇이든 허공에 대고 하는 것이 아니다. 대화한다는 것은 들어줄 상대가 있다는 뜻이다. 그리고 우리가 하는 말은 대부분 상대에게 '내 상황을 알아주세요'라는 의미를 포함하고 있다. 그러니 듣는

중급 구매를 이끌어내는 ①-②-③ 접근법

사람의 대답은, 말한 사람이 전한 내용을 인정해주는 것이어야 한다. 그렇게 해달라는 마음을 말 속에 함께 전달했으니 말이다. 아이가 어떤 마음을 품고 말했으니, 엄마는 그 마음을 알아줘야 한다. 그래야 다음 대화로 이어질 수 있다.

다시 영업 상황으로 돌아와, 바빠서 통화하기 어렵다는 가망고객에게는 이런 식으로 대응해보자. 먼저 바빠서 통화가 곤란하지 않으냐고 물으면 된다. 자신이 하고 싶은 이야기를 영업사원이 먼저 했으니 대답은 '예'라고 정해져 있다.

> "많이 바쁘시죠? 요즘 휴가철이라 더 많이 바쁘실 것 같아요. 바쁘시니 통화를 길게 하기는 곤란하시죠?"
>
> "네, 그렇죠."

이렇게 질문과 대답이 오가면, 고객은 일단 마음이 편해질 것이다. 영업사원이 내가 바쁘다는 사실을 먼저 언급했고, 자기도 인정했으니 안심이 된다. '막무가내로 영업을 진행하지는 않겠구나'라는 생각이 들기 때문이다. 당연히 다음 대화는 한층 부드러워질 가능성이 높다. 이렇듯 상대의 상황을 미리 헤아려 표현한 뒤 긍정적인 대답, '네, 그렇죠'를 이끌어내는 게 중요하다.

> "알겠습니다. 선생님 상황을 고려해서 약속만 잡고 바로 끊겠습니다. 내일 오후에 사무실로 찾아뵙고 인사드리겠습니다. 세시 괜찮으시죠?"

사람은 주고받는 관계에 익숙하다. 정상적인 사람일 경우, 하나를 받으면 하나를 되갚으려고 한다. 바쁘다고 했는데 이를 곧바로 인정해주고 빨리 끊어준다고 했으니, 잠깐 찾아뵙겠다고 하는 말을 거절하기는 어렵다. 영업사원의 배려를 받았으니 이를 되갚기 위해서라도 약속을 잡게 되는 것이다. 가망고객이 바쁘다고 할 때 영업사원이 할 수 있는 두 가지 대답이 있다. 이중 어떤 답을 해야 분위기 좋게 대화를 끌어갈 수 있을까?

A 그래도 잠깐이면 되니, 잠시만 시간 좀 내주시죠.

B 아, 바쁘시군요. 네, 알겠습니다. 선생님의 바쁜 상황을 감안하여 짧게 말씀드리고, 전화 끊겠습니다.

비슷해 보이지만, 대화 분위기를 좋게 만드는 대응은 B다. 상대방이 바쁘다고 말한 것에 '공감'하고 '동의'해줬기 때문이다. 또한 짧게 이야기한다고 했으니, 그것까지 거절하기는 어렵다. 예의가 바르고 공감력이 있는 영업사원이 더 많은 사람과 만날 수 있는 것이다.

거절당했을 때의 멘털 관리

이런 노력에도 불구하고 영업사원은 수없이 많은 거절을 경험한다. 거절당할 때의 멘털 관리는 어떻게 해야 할까?

거절은 당할 때마다 매번 힘들 수밖에 없다. '나를 거절하는 것이 아니라 내가 제안한 상품을 거절했다고 생각하자'라는 말은 너무나 원론적이다. 실제 거절을 당해보면 그런 문장은 생각나지 않는다. 속상하고 허탈한 감정만 밀려온다. 거절을 당하는 순간 드는 감정까지 제어할 수는 없다. 중요한 건 이후의 반응이다. 거절로 생긴 마음의 상처를 제대로 보듬어야 에너지를 보전할 수 있다. 우리는 현재에서 미래로 나아갈 수가 있어야 한다. 현재에 너무 집착하거나 속상해하면, 앞으로 나아갈 힘까지 잃게 된다. 이미 벌어진 일은 내 기분이 어떻든 바뀌지 않는다. 중요한 것은 앞으로 다가올 미래다. 그 미래에 영향을 줄 부정적인 생각을 관리하고자, 나는 아래와 같은 방법으로 마음을 가다듬었다.

첫째, 거절한 사람을 절대 욕하거나 원망하지 않았다

사람을 미워하고 원망하는 것은 부정적인 기운이다. 부정적인 기운은 사람의 움직임을 제약한다. 자연에 빗대어 말하면 응달이나 밤, 겨울과 같은 느낌이다. 그 느낌에 빠지지 않아야, 마음과 몸에 활력이 생긴다. 상대를 원망하는 순간, 내가 아니라 거절한 사람에게 책임을 지우게 된다. 한번 그렇게 합리화하기 시작하면, 그것도 버릇이 되어 내 책임을 계속 내려놓게 된다. 그것을 알기에 의식적으로 '내가 알지 못하는 이유가 있었을 거야'라는 생각으로, 마음을 관리하는 습관을 만들어갔다.

둘째, 나의 상담에서 어떤 점이 문제가 됐을지에 대해서 고민했다

사람은 자신이 통제할 수 없는 일을 마주할 때 스트레스를 받는다. 고객의 마음은 나의 통제 밖에 있다. 내가 통제할 수 있는 것은 오로지 나의 상담 기법뿐이다. 그래서 입사 후 약 1년 동안 녹음기를 들고 다녔다. 고객의 동의하에 상담을 녹음해 고쳐야 할 점을 스스로 모니터링하면서, 나름대로 효과를 보았다.

이렇게 해도 마음이 진정되지 않을 때는 좋아하는 운동을 했다. 평소 테니스와 골프를 즐겨 했기에, 다음 약속을 연기하고서라도 시간을 만들어 땀을 흘렸다. 실외 골프 연습장에서 300개의 공을 때리기도 했고, 테니스장에 들러서 두 꾸러미의 공으로 서브 연습을 하기도 했다. 땀을 흘리면서 몸을 힘들게 하면, 부정적인 생각을 할 여유도 에너지도 없었다. 깨끗하게 샤워를 하고 일찍 잠든 뒤 새벽같이 일하러 다시 집을 나서면, 기분도 아주 깨끗해지곤 했다.

영업사원에게 거절은 피할 수 없는 숙명이다. 좋은 영업사원은 애초부터 거절당하지 않도록 철저하게 준비한다. 그럼에도 거절당한다면 그 이후는 자신과의 싸움이다.

질문은 고객을 춤추게 한다

사람이 처음으로 통화하거나 만났을 때는, 일단 서로를 탐색하는 과정이 반드시 필요하다. 적인지 친구인지를 판단하기 위해서는 상대가 어떤 사람인지 알아야 한다. 직접 만났을 때는 비교적 긴 시간을 갖고 대화할 수 있다. 하지만 전화통화는 다르다. 전화를 너무 길게 하는 것은 상대방에 대한 배려가 아니다. 아주 친한 사람이 아니라면 누구나 전화를 간단하게 종료하고 싶어한다. 영업사원은 이를 반드시 기억해야 한다. 너무 길게 통화하려고 하는 순간, 그때부터 적이 된다. 이미 적이 된 후에는 설사 만난다고 해도 성과를 기대하기 어렵다. 최대한 짧고 굵게 약속만 잡고 신속하게 후

중급 구매를 이끌어내는 ①-②-③ 접근법

퇴를 해줘야, 실제 만났을 때도 도움이 된다.

이때가 공감력을 발휘해야 할 타이밍이다. 전화를 받은 상대방은 내가 어떻게 하든 만나지 않으려고 한다는 점을 기억해야 한다. 그 점을 감안하고, 상대방이 내놓을 핑계나 변명을 먼저 언급해야 한다. 그 말을 영업사원이 알아서 해주면, 상대방은 경계가 풀리면서 자신도 모르게 약속을 하는 방향으로 흘러간다. 가망고객의 상황이나 마음을 헤아려 이를 먼저 질문할 때 유의할 점은 '네'라는 대답이 나오게 만들어야 한다는 것이다. 여기 영업사원이 통화할 때 자주 말하는 문구와 상대방이 만나지 않으려는 마음을 알고 던지는 질문이 있다. 먼저 고객의 입장에서 두 문구의 느낌을 생각해보자.

A 요즘 많이 바쁘시겠지만, 큰 도움이 될 것입니다.
B 많이 바쁘셔서 길게 통화하시기 어려우시죠?

A와 B의 어감은 완전히 다르다. A는 영업사원의 입장에서 말하는 것이고, B는 상대방의 상황을 알아주는 질문이다. 영업사원이 B처럼 질문하면 대부분 '네'라고 답할 것이다. 누군가의 소개로 전화를 했을 때 '(소개한 분에게)전화 못 받으셨죠?'라고 질문하면, 대부분의 가망고객이 크게 '네'라고 답한다. 자신의 상황을 알았으니 전화를 끊어줄 거라고 안심하며 '네'라고 하는 것이다. 이때 영업사원은 이렇게 말하면 된다.

"네, 알겠습니다. 바쁘신 걸 감안해 만날 약속만 잡고 바로 끊겠습니다."

더불어 영업사원에게 질문은 특히 중요하다. 누구와 이야기를 나누든, 질문하는 사람이 대화를 주도하게 되기 때문이다. 다만 이때 피해야 할 질문의 유형이 몇 가지 있다. 첫번째는 '퀴즈'와 같은 질문이다.

"이번에 금융소득종합과세 기준이 변경되었는데, 바뀐 금액에 대해 알고 계시나요?"

이런 질문을 했는데 상대방이 알지 못했을 때 문제가 발생한다. 당연히 알 거라고 생각해 질문했는데, 정작 가망고객은 몰랐다면 그때부터 부정적인 태도를 취할 가능성이 높다. 지식이 없는 듯이 보일까봐, 창피하기도 하면서 마음의 문을 닫는 것이다. 질문은 이렇게 해야 한다.

"이번에 금융소득종합과세 기준이 2000만 원으로 변경된 것 알고 계시죠?"

상대방은 설사 몰랐다고 하더라도, 이미 질문에서 답을 알려줬기 때문에 '네'라고 할 수 있다. 그때 이렇게 말하면 분위기가 부드러워진다.

"역시 과장님은 금융이나 뉴스에 항상 관심이 많으시니 알고 계셨네요."

질문할 때 반드시 피해야 할 또하나의 유형은 경찰서에서나 볼 법한 '취조'하는 듯한 질문이다. 질문을 던졌을 때 상대방이 답하면, 반드시 반응을 해줘야 한다. 반응하지 않는 태도는 '내가 묻는 말에 제대로 답해라'라고 윽박지르는 것과 다르지 않다. 이건 '질문'이 아니라 '공격'이다. 어떤 질문을 했으면 반드시 그 답에 대해 맞장구를 치든 칭찬을 하든 반응을 해줘야, 상대방 마음의 문이 열린다. 꼭 영업이 아니더라도 일반적인 인간관계에서도 적용되는 것이니, 명심하기 바란다.

작용과 반작용의 법칙

영업사원이 만날 약속을 잡기 위해 전화를 거는 대상은 대부분 지인이거나, 지인에게 소개를 받은 사람이다. 영업사원은 가망고객을 소개받는 경우, 소개해준 사람에게 미리 전화를 해둘 것을 부탁한다. 소개자가 먼저 전화해주면 영업사원이 약속을 잡기가 수월하기 때문이다. 그런데 이름과 연락처는 알려주더라도, 미리 연락까지 해주는 사람은 매우 적다. 십중팔구는 대부분 전화를 해주지 않는다. 그 이유는 딱 하나다. 지인에게 전화를 걸어 영업사원에게 소개해줬다고 알려주는 순간, 상대방에게 안 좋은 소리를 듣거나 심한 경우 욕을 먹기 때문이다. 부탁을 받을 당시에는 별생각 없이 알려줬지만, 막상 전화하려고 하니 부담스러워진다. 이 마음을 알기에 나는 소개만 받고 전화는 부탁하지 않는다. 내가 바로 전화했을 때 만날 확률이 더 높았기 때문이다. 이를 알기 전까지는 고객이 전화해줄 때를 기다리다가 만날 기회를 놓쳐버린 경우가 많았다.

이제 와 생각해보면, 전화를 부탁하는 것은 영업사원인 내가 받을 스트레스와 긴장을 소개해준 고객에게 떠넘기는 행위였다. 고객이 전화해주지 않아도, 만날 약속을 쉽게 잡을 방법을 찾아내는 편이 정답이었다. 그 방법은 고객의 반응을 역이용하는 것이다. 문학동네에 근무하는 김과장이 친구 길동을 소개해줬다고 가정하고, 전화를 걸어보겠다.

> **나** 안녕하세요. 길동님. 저는 문학동네 김과장님 소개로 전화 드린 푸르덴셜생명보험 이명로입니다.
>
> **길동** 네, 안녕하세요. (대부분은 전화를 받고 싶지 않은 마음을 감추며, 어정쩡하게 대답한다.)
>
> **나** 길동님, 혹시 문학동네 김과장님께 제가 전화한다는 연락 못 받으셨죠?
>
> **길동** 네, 연락 못 받았는데요! (아주 큰 소리로 대답한다.)

연락을 못 받았다고 대답하는 목소리는 당연히 아주 크다. 이렇게 대답하면, 영업사원이 알아서 전화를 끊을 거라고 기대하기 때문이다. 그때 다음과 같이 말하면 거의 무조건 만날 약속을 잡을 수 있다.

> **나** 네. 그렇지 않아도 김과장님이 바빠서 전화를 못하실 수 있다고 하셨어요. 그런데 김과장님 소개라고 하면, 기꺼이 만나주실 것이라고도 말씀하셨습니다. 이번주 수요일 제가 사무실로 찾아뵙고 싶은데 괜찮으시죠?

'작용'과 '반작용'이다. 길동은 사전에 전화를 못 받았다고 대답하면 쉽게 끊을 거라고 기대했는데, 영업사원은 그걸 알고 있었다며 태연하게 말을 이어간다. 순간적으로 당황할 수밖에 없다. 마치 김과장이 소개했음에도 안 만나려고 했다는 사실을 들킨 기분이다. 더욱이 영업사원이 '김과장이 자신의 소개라면 기꺼이 만나줄 거라고 했다'라고 말했음에도, 만나지 않겠다고 하면 김과장과의 관계를 무시하겠다고 선언하는 것이나 다름없다.

인간은 누구에게나 인정받고 싶어한다. 이는 아는 사람에게도, 그리고 모르는 사람에게도 동일하게 적용된다. 아는 사람을 매개로 전화했으므로, 길동은 만나지 않으려고 했던 마음을 감추면서 약속을 수락하게 된다. 그리고 '네, 연락 못 받았는데요'라고 답한 것은 어쨌든 영업사원이 자신의 처지 또는 상황을 알아주어서 'Yes'라는 긍정의 대답을 한 것이기도 하다.

그럼 만약 전화해달라고 부탁해둔 다음에 통화를 할 경우는 어떨까?

"문학동네 김과장님 연락 받으셨죠?"
"아니요. 못 받았는데요?"

이렇게 대화가 진행되면 결론은 정해져 있다. 내가 무슨 말을 해도 그는 결국 다음과 같이 답하며 전화를 끊을 것이다.

"김과장과 통화한 후에 이 번호로 제가 전화드리겠습니다."

안타깝게도 길동은 김과장에게 전화하지도 않을 것이고, 나에게도 다시 연락을 주지 않을 가능성이 높다. 만약 길동이 문학동네 김과장에게 전화하더라도 귀찮게 왜 소개했느냐고 면박을 줄 것이다. 영업사원을 도와주려고 했던 김과장은 오히려 봉변을 당하는 셈이다.

가망고객을 소개해준 고마운 분에게 전화통화까지 부탁해서, 영업사원

대신 욕먹게 만들지 말자. 이름과 연락처만 받으면 된다. 영업사원이 직접 적절한 대화로 약속을 잡는다면 통화 결과도 좋고, 그럼 소개해준 분도 괜히 연결해줬나 하고 후회할 일이 없어진다. 소개 후 진행이 잘되고 있다는 소식을 들으면, 추후에 다른 가망고객을 더 소개해줄 확률도 높아진다. 소개의 선순환이다.

낯선 사람의, 그것도 자신이 영업사원이라고 밝힌 사람의 전화를 쉽게 끊지 못하는 이유는 딱 한 가지다. 자신을 영업사원에게 소개해준 사람과의 관계 때문이다. '그 사람 안 보면 그만이지'라고 생각한다면 매몰차게 전화를 끊을 것이다. 하지만 좋은 사람이라고 인정받아야 하는 인간의 본성은 쉽게 역행할 수 없다. 그래서 바쁘다는 핑계 말고 다른 변명거리를 생각해낸다. 바쁘다고 했지만 통하지 않으니 그가 준비한 필살기를 내놓는 것이다.

"저는 이미 거래하는 영업사원이 있습니다."

이 말에 대답하기 전에 다시 한번 기억해야 하는 것이 있다. 먼저 그가 말한 내용을 인정해줘야 한다는 사실이다. 두번째는 그를 판매의 대상으로 생각해서 전화한 것이 아니라, 소개자가 추천해준 좋은 사람이기에 만나고 싶어서 전화했다는 뉘앙스를 보이는 것이다. 이를 잊고서 '나는 당신의 적입니다'라고 확인시켜주는 오답은 아래와 같다.

"저는 여느 영업사원과는 다릅니다. 소개해주신 김과장님도 처음에 그렇게

중급 구매를 이끌어내는 ①-②-③ 접근법

말씀하셨지만, 저를 만난 후에는 생각을 바꿨습니다."

이렇게 대답하는 영업사원이라면, 그동안 약속 잡기가 상당히 어려웠을 것이다. 약속을 못 잡았으니 당연히 실적은 말할 필요도 없다. 이런 발언은 고객에게 '나는 당신에게 물건을 팔려고 합니다'라고 공개 선언하는 것과 같다. 여느 영업사원과 다르다는 것은 영업사원 본인의 생각이고, 가망고객의 입장에서는 어차피 다 똑같은 영업사원일 뿐이다.

김과장이 나를 통해 구매했다는 이야기를 했으니, 이 영업사원과 만날 약속을 한다면 어쩔 수 없이 하나 '들어줘야' 하는 상황이 될 수도 있다는 걱정까지 만들어주었다. 또한 이미 거래하고 있는 곳이 있다고 했는데도, 그것을 인정하는 대신 설득하려고 나서니 거부감이 든다. 계속 강조하지만 영업이든 아니든, 좋은 관계를 위해서는 우선 상대방의 말을 인정하고 받아주는 것이 필요하다. 그 말을 '받아들이지' 않고 '받아치는' 것은, 가망고객에게 '한번 싸워봅시다'라고 외치는 셈이다.

"네, 그러셨군요. 사실 저도 이미 거래하는 영업사원이 있을 거라고 예상은 했습니다. 소개해주신 김과장님도 아마 그럴 거라고 말씀해주셨습니다. 길동님은 좋은 회사를 다니고, 평판도 좋은 분이니까요."

상대방의 말을 인정하면서 그의 처지를 고려하는 내용까지 추가해서 답하면, 가망고객은 한결 편안하게 마음먹을 확률이 높다. 나의 상황에 동의했으니 안 만나도 된다고 생각하면서, 대답도 아주 편하게 한다. 그 대답을 듣고 난 후에 바로 '반작용 반응'을 보여주면 만날 기회를 얻을 수 있다.

"제가 길동님을 만나려고 한 것은 영업 때문이 아닙니다. 김과장님이 정말 좋은 분이고 배울 점이 많다고 하셔서, 꼭 한번 뵙고 싶어 전화를 드렸습니다."

영업사원이 전화를 하는 이유는 '만날 약속'을 위한 것이어야지, '영업 약속'을 위한 것이어서는 안 된다. 팔려고 하는 의도가 아주 살짝만 보여도, 가망고객은 마음의 문을 닫고 적을 대하듯이 영업사원을 대한다.

약속을 잡을 때 영업 이야기를 못하면 아무 의미가 없다고 걱정하지 마라. 내가 영업사원이라고 말했기 때문에, 가망고객은 결국 자신에게 영업하리란 사실을 이미 알고 있다. 그럼에도 약속을 잡는 것은 소개자의 영향력 때문이다. 또 자신이 거래하는 영업사원이 있다고 밝혔고 이를 상대가 인정했으니, 만난다고 해도 '판매의 대상'이 될 가능성은 적다고 예상했기 때문이다. 이 점이 중요하다. 전화를 했으면 일단 만나는 것을 목적으로 약속을 잡아야 한다. 만난 후에야 영업이든 판매든 진행되는 것이다. 만나서 자연스럽게 대화를 진행하다보면, 영업의 기회는 얼마든지 만들어낼 수가 있다고 믿어야 한다. 지인의 소개로 전화를 걸 때 내가 활용하는 대본을 함께 살펴보자.

영업사원 안녕하세요. 저는 A전자 홍길동 부장님 소개로 전화드린 ○○회사의 아무개입니다. 혹시 홍길동 부장님 전화 못 받으셨죠?

가망고객 홍부장 전화 못 받았는데요?

영업사원 네. 그렇지 않아도 홍부장님이 바빠서 전화를 못하실 수 있다고 하셨어요. 그런데 홍부장님 소개라고 말하면 기꺼이 만나주실 것이라고 말

씀하셨거든요

가망고객 네……

영업사원 요즘 많이 바쁘셔서 전화 길게 하시기 어려우시죠? ○○님 상황을 감안하여 용건만 말씀드리고 바로 끊겠습니다. 홍부장님이 ○○님을 정말 좋은 분이라고 소개해주셔서 꼭 한번 뵙고 싶습니다. 혹시 다음주 수요일 오후 두시 괜찮으신지요?

가망고객 제가 요즘 바빠서 만나기도 어려운데…… 다음에 다시 전화하시면 안 될까요?

영업사원 네. 홍부장님도 ○○님이 많이 바쁘셔서 시간 내기 어려울 수 있다고 하셨는데, 정말 그러시군요. 네, 알겠습니다. 바쁘신 상황을 감안해서 귀찮게 해드리지 않고 수요일에 잠깐 인사만 드리고 가겠습니다. 마침 근무하시는 곳 근처에서 다른 약속이 있거든요. 그 정도는 괜찮으시죠?

가망고객 제가 수요일에는 정말 바빠서 그래요. 다음에 전화 주세요.

영업사원 알겠습니다. 수요일에 바쁘다고 하시니 그렇게 하겠습니다. 그럼 제가 그다음주 화요일에도 근처에서 약속이 있는데 그때는 괜찮으실까요?

기억하자. 전화통화는 약속을 잡기 위한 수단일 뿐이다. 통화에서부터 팔려는 의도를 드러내지 말자. 소개자의 영향력을 최대한 활용해서 만날 기회를 만드는 것에 집중하라. 그럼 소개를 받지 못하는 사람에게는 어떤 대본을 써야 하는지 궁금한 독자들이 있을 테다. 미안한 말이지만 그런 대본은 존재하지 않는다.

이제 막 영업을 시작하는 사람들이 갖는 가장 잘못된 생각 중 하나가, 아는 사람이 아닌 모르는 사람에게 영업하는 게 더 나을 거라는 생각이다.

한국에서는 지인에게 자신이 영업한다고 알리면 부담을 준다고 여기기 때문이다. 나 또한 영업을 시작하기 전에 그런 생각을 갖고 있었다. 입사하기 전부터 어떻게 하면 모르는 사람에게 영업을 잘할 수 있을까를 고민했다. 이미 영업 일을 하는 지인들에게 묻고 다니기도 했다. 100퍼센트 잘못된 생각이었다.

생각해보면 나 역시 낯선 사람을 만나지 않으려고 했고, 설사 만난다고 하더라도 경계의 눈빛을 보냈다. 우리가 상대할 가망고객도 마찬가지다. 일단 경계부터 하는 것이 사람인데, 거기에 더해 영업사원이라고 하면 그걸로 끝이다. 무조건 피하고 본다. 모르는 번호로 전화가 오면 여러분이 그렇듯 상대방도 받으려 하지 않는다. 그러므로 모르는 사람에게 전화하는 대본은 존재하지 않는다. 전화를 해도 실패할 확률이 너무 높기 때문이다.

결국은 소개가 답이다

"알았어. 자기 마음대로 해. 하지만 그것만 약속해. 보험 영업한다고 처갓집 식구들에게 자꾸 들어달라고 하면, 그건 내가 절대 용납 못해!"

보험 영업을 해보겠다고 아내에게 말을 꺼낸 지 약 7개월이 지난 후, 설득하기를 포기하고 다음달부터 시작할 거라는 나의 선언에 아내가 했던 말이다. 한국사회에서 영업을 한다는 것은 지인들을 힘들게 하는 일이라는 통념이 있다. 기본 실적을 채워야 하는 영업사원의 특성상, 궁지에 몰리면 누군가에게 하나 해달라고 부탁하게 된다. 그때마다 가장 가까운 가족들이 피해를 입는 경우가 많다. 나도 영업을 시작하기 전에는 그런 생각을 했었다. 괜히 아는 사람들에게 찾아가 자존심 구겨가면서 일하기 싫으니, 모르는 사람부터 영업하겠다고 다짐했다. 하지만 그것은 잘못된 생각이었다.

낯선 사람을 경계하는 것은 인간의 본성이다. 낯선 사람인 것에 더해, 영업까지 한다면 영업사원은 '낯선 사람'을 넘어 '적'이 된다. 적의 말에 관심을 주고 신뢰를 보내는 사람은 없다. 바꿔 말해 나를 적이라 여기는 상대에게 관심과 신뢰를 얻어내는 것은 힘들다. 아니, 불가능하다는 것이 맞는 표현이다.

결국은 소개가 답이다. 소개는 이런 경계심을 조금이나마 누그러뜨린다. 그리고 영업을 시작할 때 처음부터 만나줄 수 있는 사람도, 다음 영업을 위해 누군가를 소개해줄 수 있는 사람도 지인이다. 이러한 이유로 어떠한 영업이든 지인부터 출발할 수밖에 없다. 그래서 영업 초기의 실적은 과거에 내가 어떻게 살아왔는지에 대한 평가이자 대가로 봐야 한다.

만약 보험 상담을 할 지인이 마땅히 없는 사람이라면, 애초에 영업을 시작하는 것은 옳지 않다. 직장이나 학교에서 동료나 동기 등과의 사이가 좋지 않았다면, 평소 타인에게 관심이 적었던 사람일 것이다. 관심이 없으니 관계가 좋지 않고, 이런 상황에서는 영업을 한다고 찾아가봤자 아무것도 기대할 수 없다. 오히려 구박당하고 외면받아 자존감만 낮아지기 십상이다. 만약 이미 영업을 시작했다면, 지금까지의 잘못된 태도를 인정하고 고쳐야 한다.

오랫동안 알고 지낸 사람들과의 관계도 좋지 않은데, 영업하면서 짧게 만나는 사람들과의 관계라고 좋을 리 없다. 만약 직장생활 또는 친구 관계에서 나의 무관심으로 인해 상처를 준 사람에게 꼭 영업을 해야 한다면 진심으로 사과하고, 그가 사과를 받아준 후에 영업을 시도해야 한다. 그렇게 하지 않으면 만나는 횟수가 아무리 많아도, 아무리 좋은 상품을 판매한다고 하더라도 성과는 나오지 않는다.

좋은 사람이 영업을 잘한다. 또 영업을 잘하기 위해 절치부심하고 노력하는 과정에서, 내가 좋은 사람이 되어가고 있음을 깨닫게 된다. 그것이 영업이다. 지인을 제외하고 영업을 시작하는 방법은 없다는 뜻이다.

'만날 사람을 만들어내는 능력'

영업은 길고 긴 마라톤과 같다. 한 달을 잘하고 1년 동안 우수한 성과를 내도, 영업은 끝나지 않는다. 영업을 통해 경제적 목적을 달성하기로 했다면, 계속해서 반복되는 일상을 넘고 또 넘어야 한다. 그래서 영업은 어려운 일이다. 꾸준하게 일해야 하고, 그렇게 해야만 성과를 낼 수 있다.

꾸준함을 이어가기 위해서 가장 필요한 것은 '만날 사람'이다. 성과가 좋지 않은 영업사원이 가장 흔하게 하는 변명이 '만날 사람만 있으면 자신도 영업에서 언제든 성공할 수 있다'는 것이다. 이런 이야기를 들을 때마다 나는 이렇게 말해주곤 했다.

"계약의 90퍼센트는 만날 사람을 만들어내는 능력에 달렸다."

만날 사람이 있다면 영업에 성공하기 쉽다. 영업을 잘하고, 영업에 성공하는 사람의 가장 뛰어난 부분 중 하나가 소개를 잘 받는다는 것이다. 상담을 잘하면 당연히 소개를 받을 수 있다고 생각하지만, 그게 말처럼 쉬운 일은 아니다. 하지만 소개를 받지 못하면 영업사원은 만날 사람이 없어지고, 만날 사람이 적어지면 실적은 하락한다. 즉 영업의 성과를 계속 좋게 유지하고 있거나, 나날이 성과가 상승하는 영업사원은 소개를 많이 받고 있을 가능성이 높다. 영업은 결국 누군가를 만나고 나서야 비로소 시작된다.

내가 처음 영업을 시작했을 때도 당연히 소개가 중요하다고 배웠다. 그래서 하루에 몇 명 이상 소개를 받아오는 것이 담당 매니저가 내주는 숙제 중 하나였다. 소개를 몇 명 이상 받았을 때 지점에서 잘했다며 '주간 시상'을 했던 데는 그런 이유가 있었다. 이때 배웠던 소개 예화는 다음과 같은 식이었다.

"고객님, 제가 이 일을 계속 잘해나가는 것을 원하시죠? 그렇다면 정말 친한 지인 딱 세 명만 소개를 부탁드립니다."
"제가 성공하기 위해서 매주 3W를 진행하고 있습니다. 3W란 한 주에 세 명의 고객을 모시는 것인데, 그것을 위해서는 고객님의 소개가 꼭 필요합니다. 딱 세 분만 소개를 부탁드립니다."

영업을 시작하고 처음 3개월 정도는 굳이 이렇게 말하지 않아도 소개를 많이 받는다. 그 기간 동안 만나는 사람들이 대부분 지인이기 때문이다. 친구나 가족은 내가 잘되길 원하고, 나와 오랫동안 관계를 맺어왔기에 친한 사람 두세 명 정도는 쉽게 소개해줄 가능성이 높다. 그러나 그 시기를 지나면 소개받기가 점점 어려워진다. 나 역시 가끔은 '소개'라는 말을 꺼내는 것조차 어려웠다. 차라리 나중에 '추가 계약'을 할 테니 소개만은 제발 부탁하지 말아달라고, 오금을 박는 고객들도 많았다. 그때가 영업사원의 첫번째 고비라고 생각해도 틀리지 않다. 어떻게 그것을 넘어설 수 있느냐가, '지인 시장'을 넘어 본격적인 '영업 시장'에서의 승패를 결정짓는다.

내가 처음 배운 앞의 소개 문구로 요청하면 대부분 거절당한다. 그 이유 역시 인간의 본성에서 찾을 수 있다. 인간을 비롯한 모든 생명체는 자기중심적이다. 타인을 배려하고 아끼는 것은, 본성이 아니라 살아가기 위한 방책이다. 그 방책에 앞서 중요한 것이 바로 나 자신이다. 상대방이 성공하기 위해서 나의 도움을 요청한다는 말을 들으면, 표현은 하지 않을지 몰라도 불쾌하게 생각한다. '영업사원이 성공하는 것이 나에게 무슨 도움이 될 것인가'를 무의식중에 따지기 때문이다.

가족이나 친구는 영업사원이 성공하길 바란다. 그것이 결국은 자신을 위하는 일일 수 있기 때문이다. 하지만 별 관계가 없는 사람에게는 영업사원의 성공은 크게 중요하지 않다. 이런 사람들에게도 소개를 받기 위해서는, 상대방이 나에게 소개해줘야 할 '이유'가 있어야 한다. 그 이유만 만들어주면 어렵지 않게 소개를 받을 수 있다. 소개를 요청할 때의 중심을 '내'가 아닌 '소개해주는 사람'에게 두는 연습을 해보자. 이는 소개 대본으로 간주하고 암기해도 좋다. 분명히 효과가 있을 것이다.

영업사원 저의 고객이 되어주셔서 고맙습니다. 이제 제가 고객님께 어려운 부탁을 하는 것이 남았습니다. 바로 소개입니다. 대부분 소개 요청을 받으면 난감해하십니다. 차라리 나중에 증액할 테니 소개는 다음에 하자고 부탁하시더라고요. 고객님도 마찬가지겠죠?

고객 네, 저도 소개만은 조금 그렇네요. 다들 여유가 없으니까요.

영업사원 솔직히 저도 영업을 하기 전에는 고객님과 같은 생각이었어요. 영업사원에게 내 지인을 소개해주는 것은 부담스럽잖아요. 괜히 소개해준 지인에게 욕을 먹기도 하니까요.

고객 네, 그렇겠죠.

영업사원 맞습니다. 저도 그래서 함부로 소개를 부탁하지 않습니다. 다만 자기 일에 어느 정도 기반을 닦았고, 주변의 평판도 좋으면서, 선한 영향력을 갖고 계신 분들을 만날 때는 꼭 소개를 부탁드립니다. 그런데 이런 분들은 일주일에 많아야 한 명 정도밖에 만나지 못한답니다. 오늘 제가 그런 분인 고객님을 만났습니다. 그래서 소개를 요청드리는 것입니다. 이번주에는 고객님이 처음입니다. 만약 고객님이 거절하시면, 일주일 안에 고객님과 같은 좋은 분을 다시 만날 가능성은 거의 없을 것 같습니다. 그만큼 귀한 분이니 오늘 꼭 두 명만 소개를 부탁드립니다. 그냥 전화번호만 적어주시면 됩니다. 전화는 제가 하겠습니다.

소개는 하는 것도 받는 것도 모두 어렵다. 그렇게 어려운 소개를 요청하는 것은 상대방에게 부담을 안겨주는 일이다. 그럼에도 하는 이유는, 그럴 수 있을 만한 사람을 만나기 힘들기 때문이다. 예시로 소개한 다이얼로그는, 소개 요청을 받는 사람 입장에서 '내가 안 해주면 이번주에는 소개를 한 명도 못 받을 수 있겠구나'라는 생각이 들게 만든다. 아울러 소개를 요청받을 정도의 '괜찮은 사람'이라는 칭찬도 담겨 있어 상대방을 으쓱하게 만들어준다. 상대방의 자존감을 높여주는 발언을 통해, 나를 도와주어야 할 '이유'를 만들어준 셈이다.

만약 만나는 모든 사람에게 소개를 요청하거나, 오직 영업사원인 나의 성공을 위해 도와달라고 한다면 대부분 거절당할 것이다. 거듭 강조하지만, 대화의 중심이 '영업사원'이 아니라 '고객'이 되어야 소개받을 수 있는 확률도 높아진다. 상대방의 입장에서 '소개해줘야 할 이유'가 '소개해줘야겠다는 욕구'로 이어지는 것이다.

'수치심'은 기회를 빼앗고, '죄책감'은 기회를 만든다

"내가 그럴 줄 알았다. 아직도 일을 마무리 못하고. 날 샐 거야?"

어느 날 운전하며 라디오를 듣다가 사무 자동화 기기 광고에서 들은 말이다. 내가 가장 싫어하는 사람들이 바로 이런 말을 하는 이들이다. 어떤 일이 발생하기 전에는 가만히 있다가, 결과가 안 좋은 것을 확인 후에 '그럴 줄 알았다'라고 말하는 사람들. 스트레스다.

그런데 이런 상황은 매우 자주 발생한다. 어떤 실수가 생겼을 때 질책보다는 수습에 최선을 다하는 사람이 있고, 반대로 비꼬면서 목소리를 높이는 사람도 있다. 당연히 우리는 '벌어진 일은 되돌릴 수 없으니, 그 이후의 일에 최선을 다하자'는 사람을 좋아한다. 이것을 나는 '수치심'과 '죄책감'의 차이라고 강조한다. 즉 상대로 하여금 '수치심'이 들게 하느냐 '죄책감'을 느끼게 하느냐의 차이인 것이다.

수치심은 나쁜 결과나 실수로 벌어진 일에 대한 모든 책임을 누군가에게 전가할 때 생기는 마음이다. 이미 일어난 일인데, 야단치고 혼낸다고 되돌릴 수도 없는데, 어떤 사람들은 그걸 가지고 소리치고 비난한다. 심지어 자신은 이렇게 될 줄 이미 알고 있었다는 듯이 이야기한다. 이런 상황에 처하면 실수한 당사자는 수치심을 느낀다.

누군가에게 수모를 겪고 수치심을 느끼면 마음에 두고두고 새기기 마련이다. 당장 분노를 표출하고 화를 낼 수도 있지만, 대부분은 언젠가 비슷한 상황이 오면 되돌려주겠다고 원한을 품는다. 만약 아이가 부모나 선생님 등에게 수치심을 자주 느끼면 자존감이 낮아진다. 그리고 낮아진 자존감은 열등감으로 발전한다. 이런 상황이 최악으로 번질 경우, 아이들은 아무것도 하지 않으려고 한다. 괜히 시작했다가 실수라도 하면 돌아오는 것은 비난뿐이니, 차라리 아무것도 안 하는 편이 혼나지 않는 방법이라고 생각하는 것이다. 이렇게 수치심은 이미 발생한 나쁜 결과를 한 사람의 책임으로 한정할 때, 또한 그 일에 대해 비난할 때 생기는 마음이다.

반대로 나쁜 결과가 '그의 책임'이 아니며 '나의 잘못'이 크다고 안심을 시켜줄 때, 상대는 죄책감을 느끼게 된다. 사후 처리를 어떻게 하든 이미 엎질러진 물을 도로 담을 수는 없다. 다만 상대가 수치심과 죄책감 중 어떤 마음을 갖느냐에 따라, 그 이후에 벌어질 결과는 완전히 달라진다.

수치심은 사람의 행동을 제약하고 위축시키면서, 미래를 나쁘게 만들 수 있다. 그러나 죄책감은 너의 잘못이 아니라 나의 잘못이라고 말함으로써, 서로의 관계를 좋게 유지할 뿐 아니라 미래 역시 좋게 만들 가능성을 열어둔다. 죄책감을 가진 사람은 고개를 들 여지 덕분에 자신감을 잃지 않고, 미래에는 더 잘해야 하겠다는 다짐을 하게 된다. 자녀들도 마찬가지다. 시험을 잘 못보았거나 어떤 실수를 했을 때 부모가 '괜찮아. 누구나 실수는 하는 법이야. 다음번에 조심하면 되니까 괜히 마음 졸이지 마'라고 말한다면, 아이는 높은 자존감을 유지할 수 있다. 결과적으로 실수를 범하

긴 했지만, 그 과정에서 노력한 모습을 부모가 인정하고 칭찬하면 한두 번 실수했던 경험이 아이의 행동까지 제약하진 않는다.

사회생활에서도 마찬가지다. 잘못된 결과에 대해서 리더가 자신이 책임지겠다는 리더십을 발휘할 때, 직원들은 자존감이 높아진 자녀처럼 더욱 적극적이 된다. 이미 어떤 일이 발생했다면, 무슨 말을 해도 그 결과는 되돌릴 수 없다. 중요한 것은 그 이후다. 어떻게 대응하느냐에 따라서, 실수한 사람이 앞으로 더 열심히 할 수도 있고, 반대로 기회만 되면 복수하려 할 수도 있다.

영업에서도 수치심과 죄책감은 상당히 중요한 역할을 한다. 영업사원이 자주 겪는 일이 있다. 고객과 미리 약속을 했음에도 불구하고 고객이 시간을 못 지켰거나, 아니면 아예 연락이 안 되는 상황이다. 이때 영업사원이 약속을 못 지킨 고객에게 수치심을 주면 결과는 정해져 있다. 반대로 고객에게 죄책감을 주는 상황이 만들어지면, 향후에 성과를 얻을 확률이 높아진다. 이미 약속 시간은 지났으니 그것은 되돌릴 수 없는, 벌써 과거의 일이다. 제대로 수습해서 영업의 성공 확률을 높이는 쪽으로 대응해야 한다.

영업사원이 어떻게 대응하느냐에 따라 고객은 수치심을 느낄 수도, 반대로 죄책감을 가질 수도 있다. 둘 중 어떤 마음을 안겨주느냐에 따라, 향후 영업의 성과가 완전히 달라진다. 이를 구체적인 상황으로 만들어서 자세하게 살펴보자.

주로 서울 지역에서 영업 활동을 하는 김영업은 고객으로부터 청주에서 근무하는 가망고객을 소개받았다. 전화통화를 한 후 약속을 잡았고, 약속 당일 청주에 내려갔다. 그런데 만나기로 한 사람이 연락이 안 된다. 전화를 해도 받지 않고, 문자를 남겨도 아무런 답장이 없다. 약속 시간으로부터 이미 한 시간이 경과되었다. 화도 나고 속이 상한 영업사원은 가망고객에게 문자를 남기고 서울로 올라가려 한다. 이때 보낼 수 있는 문자 두 가지를 보고, 어떤 문자가 향후 영업에 도움이 될지 생각해보자.

"오늘 만나기로 했던 김영업입니다. 벌써 한 시간을 기다렸지만 연락이 되지 않아, 다시 서울로 올라갑니다. 문자 보시면 연락 부탁드립니다."

만약 이렇게 문자를 보낸다면 가망고객에게서 다시는 연락이 오지 않을 것이다. 문자에 '멀리서 왔는데 당신 때문에 허탕을 쳤다'라는 원망의 뉘앙스가 담겨 있기 때문이다. 약속을 지킬 수 없게 된 상황이나 배경에는 관심이 없고, 어긴 사실만을 강조하고 있으니 가망고객은 수치심을 느낀다. 당연히 연락도 할 수가 없다. 수치심을 느껴가면서까지 영업사원을 만날 이유도 없다. 처음부터 만나고 싶지도 않았고, 해당 상품을 구매할 곳은 널려 있다고 합리화한다.

영업사원이 전화해도 절대 받지 않는다. 괜히 통화해서 '멀리서 온 사람의 시간을 허비하게 만든 사람'이 되고 싶지 않다. 허탕을 친 바람에 영업사원이 화났다는 사실도 알고 있으니, 그냥 안 만나면 된다고 생각해버린다. 만약 영업사원의 전화를 받으면 사과부터 해야 하고, 자신이 멀리까지 찾은 사람의 시간을 낭비하게 만든 나쁜 사람임을 스스로 인정해야 한다. 인정욕구에 반하는 일이다. 수치심을 느끼게 하는 것은, 이렇게 미래의 결과까지 나쁘게 만들어버린다.

"오늘 만나기로 했던 김영업입니다. 고객님이 연락이 안 되는 것을 보니, 무척 중요한 일정이나 급한 일을 처리하시는 것 같습니다. 그 점을 감안하고 제가 더 기다려야 하지만, 서울에서 약속이 있어 오늘은 먼저 올라갑니다. 더 기다리지 못해서 죄송합니다. 다음에는 이런 일이 없도록 시간의 여유를 갖고 오겠습니다. 오늘 일 잘 처리하시길 기원합니다. 내일 전화드리겠습니다."

이렇게 문자를 보낸다면 당연히 다음번에 만날 가능성이 높아진다. 고객의 입장에서 중요한 일을 처리해야 했으므로, 약속을 못 지킬 수밖에 없었다고 생각하도록 만들어주고 있다. 자신이 더 기다리지 못해 고객을 만나지 못한 것이니, 영업사원 자신이 잘못했다고 말하고 있다.

부부싸움이 생겼을 때 일이 더 커지지 않고, 층간 소음을 겪는 위층과 아래층에서 다툼이 벌어지지 않는다면, 대부분 내가 먼저 잘못했다고 인정했기 때문일 것이다. 상대방이 내 감정을 받아주고 먼저 사과하는데, 굳이 화를 내면서 말할 필요도 없어진다. 영업도 그렇다. 문자에서 고객님은 잘못이 없다고 했고, 중요한 일을 처리하는 것 같다고 했으니 나중에 전화 통화를 할 때 그렇게 말하기만 하면 된다. 고객은 자연스레 미안함을 느낀다. 일종의 죄책감이다. 그러니 다음번에는 꼭 약속을 지킬 것이다. 소개해준 사람도 있으니 더욱 그렇다. 이제 고객은 웬만하면 이번 약속을 못 지켰던 것까지 만회할 수 있는, 좋은 사람이 되고 싶어할 것이다. 당연히 영업사원에게 마음을 열고 그의 말에 더 열심히 반응할 확률이 높아진다. 문자를 보냈던 것처럼 하루가 지나고 아래와 같이 전화만 하면 끝이다.

중급 구매를 이끌어내는 ①-②-③ 접근법

"○○님. 어제 중요한 일은 잘 처리하셨어요? 어제 좀더 기다리지 못해 죄송했습니다."

전화를 받은 고객은 변명할 여지도 생겼고, 더욱이 영업사원이 자신의 잘못이라고 말하고 있으니 미안하기도 해서 태도가 너그러워진다. 실제 중요한 일 때문에 약속을 어겼는지 아닌지는 모를 일이다. 하지만 어차피 벌어진 일, 상대를 질책하고 비난한다고 상황이 바뀌지는 않는다. 중요한 것은 그 이후에 만들어질 결과다. 영업사원이 고객에게 변명할 여지도 만들어줬고, 다시 한번 기회를 줬는데 그것을 무시할 수는 없다.

죄책감이 들기도 하고 고마움도 생겨서 더 잘해주고 싶어진다. 고객의 마음이 이런 식으로 움직이면, 당연히 성공 확률은 높아진다.

영업에서도, 자녀 교육에도, 사회생활에서도 그리고 회사의 리더십에 있어서도 상황에 대한 올바른 대응이 모든 것을 바꿀 수 있다. 수치심이 기회를 빼앗는다면, 반대로 죄책감은 기회를 다시 만들어낸다.

고객이 스스로 말하게 만들기

여러분은 이제 영업 활동의 첫 단계를 무사히 통과했다. 어렵게 만날 약속을 얻어냈으니, 영업을 위한 성공적인 걸음마를 시작한 셈이다. 그러나 아직 통과해야 하는 중요한 관문이 있다. 만나서 짧은 시간 안에 가망고객에게 신뢰감을 줄 수 있어야 한다. 친구나 가족, 혹은 친한 지인이라면 오랫동안 관계해온 만큼 어느 정도 신뢰감이 형성돼 있기에 이 과정은 생략할 수도 있다. 그러나 그런 사람의 숫자는 대부분 정해져 있다. 그러므로 영업을 잘하기 위해서 반드시 넘어야 할 산이, 가망고객과 만나서 신뢰감을 주는 과정이다.

가망고객과 대화를 나누는 한 시간 남짓의 짧은 시간 동안 '이 사람은 믿을 수 있겠다' 또는 '이 사람은 다른 영업사원과 다르네'라는 느낌을 줄 수 있어야 한다. 당연히 약속 시간에 늦어서도 안 되고, 외모도 상대방에게 호감을 줄 수 있어야 한다. 사람은 냄새에 민감하므로 담배 냄새나 땀 냄새는 가장 큰 적이다. 만나는 시간도 중요하다. 배가 고프고 피곤하면 대화에 집중하기 어렵다는 사실을 감안해야 한다. 상담에 적합한 때는 식사 후다. 적당히 포만감이 있는 상태니, 상대적으로 여유롭고 너그러울 가능성이 높다. 오후 늦은 시간이나 저녁식사 전에 만나게 될 때는 간식을 사 가거나, 함께 저녁식사를 한 다음에 상담하는 것이 유리하다. 일단 상담하기 좋은 상황을 만들었으면, 이제 구체적으로 대화를 시작하면 된다.

상담할 때 영업사원에게 주어지는 시간은 대부분 '한 시간' 내외로 한정된다. 이 시간을 제대로 활용하지 못하면, 영업 활동의 기회는 사라진다. 약 한 시간이 주어진다고 하더라도, 가장 중요한 것은 초기 십여 분 내외다. 그 시간 안에 상대방에게 신뢰감을 주지 못한다면, 기회는 날아갔다고 봐도 무방하다. 초반 십 분에 신뢰를 쌓지 못하면, 설사 한 시간보다 길게 상담해도 성과를 얻을 가능성이 거의 없다.

이제 어떻게 해야 신뢰감을 얻을 수 있는지에 대해서 이야기할 시간이다. 이는 전화통화로 약속을 잡을 때의 방법론과 그 궤를 같이한다. 가장 중요한 것은 '상대방이 듣고 싶어하는 이야기'를 해주는 것이다. 이를 통해 마음을 연 상대방이 속내를 꺼낼 수 있다면 성공이다. 이것만으로도 신뢰감의 기초가 다져진다. 다시 한번 강조하고 넘어가야 하는 것이 인정욕구다. 인간은 사회에, 타인에게 인정을 받고 싶어하고, 그 욕구가 채워질 때 정서적인 안정을 느낀다. 그리고 나를 인정한 상대를 신뢰하고픈 마음을 갖는다.

'보이는 것 너머'를 칭찬하라

　세상 사람들은 모두 열심히 살아간다. 누구나 각자의 위치에서 최선을 다한다. 내 눈에는 대충 살아가는 것처럼 보이는 사람도, 직접 물어보면 자신은 열심히 산다고 한다. 모두가 그렇게 치열히 사는 이유 중 하나는 '인정받고 싶은 욕구' 때문이다. 공부를 열심히 하는 학생도, 업무에 최선을 다하는 직장인도, 사업에 열정을 쏟는 사장님도, 대부분 누군가에게 인정받고 싶은 마음이 크다. 누차 강조하건대 인간은 진화적으로 모여 살아야, 생존 가능성이 높았다. 그래서 인정받고 칭찬받으면 누구나 좋아한다. 그런 존재여야, 어려운 상황에 처했을 때 사람들이 도와주기 때문이다. 반대로 비난이나 욕에는 민감하다. 자신에 대해 나쁜 이야기가 퍼지면, 어려울 때 도움을 받기 힘들 테니 말이다. 그래서 물리적인 상처보다, 사회에서 격리당하는 정서적인 상처가 사람을 더 아프게 한다.

　인정욕구는 언제 누구를 만나든 계속 이어진다. 그리고 상대가 괜찮은 사람인지, 신뢰할 수 있는 사람인지 판단하는 기준으로도 작용한다.

　인정욕구는 사람들과의 대화에서도 그대로 이어진다. 누군가와 이야기를 나눌 때 가장 큰 목적은, 결국 '내 말을 들어줘'에 있다. 그래서 서로 말하고 싶어한다. 바로 그 이유로, 말을 잘 들어주는 사람은 어디서든 인기가 많다. 왜? 말하고자 하는 것이 인간의 기본욕구이고, 반대로 듣는 일에는 에너지가 필요하기 때문이다.

　영업사원은 잘 들을 수 있어야 한다. 그럼 잘 들으려면 무엇이 필요할까? 청력일까? 인내심일까? 아니다. 질문을 잘해야 한다. 만나자마자 '말씀하시면 제가 들어드릴게요'라고 말해봤자 의미가 없다. 대화는 연설도 웅변도 아니다. 영업사원이 들어줄 테니까 말해보라고 한들, 편히 말문을 열 사람은 없다. 잘 듣기 위해서는 일단 상대방이 말을 하게 만들어야 한다. 이를 위해 필요한 것이 질문이다. 어떻게 질문하느냐가 신뢰감을 쌓는 데 가장 중요한 기초가 된다.

질문을 잘하는 게 곧 듣는 능력이고, 신뢰감을 쌓는 능력이다. 이때 질문은 단순히 묻는 것이 아니다. 그 물음에 상대방의 인정욕구를 포함시켜야 한다. 인정욕구를 자극하는 질문을 하면, 대화가 잘 풀릴 가능성이 높다. '상대방이 하고 싶은 말'을 자연스럽게 꺼낼 수 있도록 질문해야 한다. 물론 독심술사가 아닌 이상, 짧은 시간 안에 상대방이 하고 싶어하는 말을 알아내긴 어렵다. 그래서 소개받을 때 가망고객에 대한 정보를 최대한 많이 얻는 일이 중요하다. 취미나 특기 등을 포함하여, 칭찬할 수 있는 포인트를 미리 알고 있다면 대화를 시작할 때 유리하게 활용할 수 있다.

인정욕구를 자극하여 대화를 비교적 원활하게 이끌어가는 포인트는 크게 두 가지다. 하나는 보이는 바를 활용하는 것으로, 누구나 쉽게 할 수 있다. 또하나는 눈에는 잘 보이지 않는 처지에 대한 인정이다. 우선 보이는 것을 활용한 질문부터 구체적으로 들어가보자.

보이는 것의 활용은, 외모, 직업, 차량 등 직접 드러난 것에 대한 인정욕구를 충족해주는 일을 말한다. 우리가 좋은 옷을 고르고, 비싼 차를 사는 이유는 대체로 누군가에게 잘 보이기 위함이다. 명품 가방을 사기 위해 새벽부터 긴 줄을 서는 이유도, 이 물건을 살 수 있는 능력과 안목이 있음을 선보이고픈 마음에서다. 이렇게 보이는 것들을 인정해주면, 대부분이 좋아한다. '자신이 자랑하고 싶은 것, 인정받고 싶은 것'을 알아보고 질문해주는 사람을 좋아하지 않을 이유가 없다. 대개 인기 없는 사람들은 눈에 쉽게 띄는 것에 대해서 언급하지 않거나, 상대방이 어떤 것에 대한 의견을 물을 때 그가 원하는 답과 반대로 말한다. 누군가 내게 이런 질문을 한다고 가정해보자.

"나 어제 미용실에 다녀왔는데, 스타일 어때?"

이렇게 질문하는 의도는 딱 하나다. '내 헤어스타일 괜찮지?'라고 묻고 있는 것이다. 그럼 해줘야 할 답은 정해져 있다.

"우아! 정말 잘 어울린다. 머리 어디서 한 거야? 나도 좀 알려줘. 가보고 싶다."

이렇게 '답이 정해진 질문'에 '글쎄' '별로인데?' 등등 오답을 말하는 사람들은 인기가 없다. 질문자의 의도를 '칭찬'해달라는 것이 아닌 '평가'해달라는 것으로 잘못 이해하고 반응한 탓이다. 설사 정말 어울리지 않는다고 하더라도, 이미 하고 온 머리를 어떻게 하란 말인가? 상대방이 말하는 의도를 알아주는 것이 인정욕구를 해소해주는 가장 좋은 방법이라는 말을 괜히 하는 게 아니다. 그러므로 영업사원들은 '보이는 것'을 결코 놓쳐서는 안 된다.

그런데 보이는 것을 칭찬하고 알아주는 일은 누구나 할 수 있다. 적어도 영업을 잘하고 싶은 사람이라면, 그 너머에 있는 것까지 말해주는 지혜가 필요하다. '보이는 결과'보다는 '그 결과를 만든 과정'을 알아주자는 뜻이다. 예를 들어 오늘 만난 가망고객이 옷을 참 센스 있게 입는 기혼 남성이라고 가정해보자. 대부분은 '정말 잘 어울리네요'라고 할 것이다. 그러나 상대방을 더 기분좋게 해주는 말은 이런 것이다.

영업사원 김과장님 패션을 보니, 사모님이 참 센스 있는 분일 것 같아요.

가망고객 네?

영업사원 남편의 패션은 대부분 배우자분이 챙겨주지 않나요?

옷이 잘 어울린다고 하면, 앞에 있는 한 사람만 칭찬한 것이다. 그런데 위와 같이 말하면, 배우자의 패션 센스까지 인정한 셈이니 옷과 함께 두 사람(아내와 남편)을 동시에 칭찬하는 '일석삼조'가 된다. 그렇게 대화를 시작하면 자연스럽게 배우자에 대한 질문과 더불어, 부부 사이가 어떤지, 함께 쇼핑을 다니는지 등등 다양한 내용으로 확장해나갈 수 있다. 피부가 좋은 사람과 이야기할 때도 효과적인 칭찬이 있다. '피부 미인이 진짜 미인이라고 하던데'라는 등의 표면적인 칭찬을 넘어서면, 좀더 깊은 대화를 시작할 수 있다.

영업사원 성격이 정말 긍정적이고 매사에 즐거운 마인드로 사시는 분 같습니다.

가망고객 네?

영업사원 피부과 의사인 친구에게 들은 이야기가 있습니다. 피부가 좋은 사람들은 긍정적이고, 상황을 좋게 해석하는 등 스트레스 관리를 잘하는 분이라고 하더라고요. ○○님 피부를 보니 그런 분이실 것 같습니다.

한 달에 두세 번 캠핑을 가는 가장을 만났을 때도, 단순히 '그렇게 자주 캠핑을 가시는 모습이 멋지다'라고 하는 사람은 하수다. 캠핑은 준비하고 이동하고 끝난 다음에 정리하는 과정까지의 수고가 보통이 아니다. 그저 장비나 의지만 있다고 자주 다닐 수 없는 것이 캠핑이다. 이런 분을 만났을 때는 보이지 않는 부분까지 같이 담아보자.

> **영업사원** 캠핑을 자주 가신다고 들었습니다. 얼마나 자주 가시는지요?
>
> **가망고객** 한 달에 두세 번 정도 가고 있습니다.
>
> **영업사원** 정말 자상하고 가정적이며 부지런한 분을 만났다고 생각하고 있습니다.
>
> **가망고객** 네?
>
> **영업사원** 저도 캠핑을 몇 번 가본 적이 있습니다. 지금은 다니지 않는데, 그게 보통 부지런하지 않으면 안 되는 거더라고요. 좋아하기만 해서 되는 것이 아니라, ○○님처럼 가정적이면서 성실하지 않으면 못하겠더라고요.

사업에 크게 성공하여 잘나가고 있는 사장님을 만났을 때도 마찬가지다. 드러나는 부분은 좋은 차와 높은 수입이지만, 그러한 것에 대한 칭찬은 누구나 할 수 있다. 이미 다른 영업사원에게 충분히 들었을 가능성이 높다. 그들이 해왔던 '보이는 것들에 대한 이야기'로 시작하면, 상대는 '그렇게 말하고 보험 영업을 하겠지?'라고 예상한다. 대답이 시큰둥할 수밖에 없다. 그런 가망고객을 만날 때는 다음과 같이 대화를 나누는 편이 효과적이다.

> **영업사원** 사장님의 사업 규모를 보니, 인생에서 큰 고비를 여러 번 넘으셨을 것 같습니다.
>
> **가망고객** 네?

중급 구매를 이끌어내는 ①-②-③ 접근법

영업사원 자수성가를 하셨다고 말씀을 들었습니다. 그렇다면 당연히 여러 번의 실패 또는 그에 준하는 고비를 숱하게 넘어서 이 자리까지 오셨을 것 같아서요.

가망고객 사업하는 사람은 다 그렇죠. 그 이야기를 다 풀어놓으면 소설책 한 권은 쓸 수 있을 겁니다.

영업사원 가장 기억에 남는 고비가 무엇인지, 어떻게 넘어서셨는지 궁금합니다.

현재 사업이 잘되고 있다면, 과거의 고비는 무용담이자 추억이 된다. 그런 이야기를 하고 싶은 마음이 있더라도 쉽게 꺼낼 수가 없다. 원하지 않는 사람에게 잘못 말했다간 '잘난 체하는 밥맛'이 되기 때문이다. 그래서 참고 있는 사람의 경우, 말할 기회를 만들어주면 상황이 긍정적으로 흘러간다. 군대 시절 축구 이야기를 하듯이, 시간 가는 줄 모르고 대화가 이어지기 마련이다.

인생의 지혜를 배우는 좋은 기회가 될 수도 있으니, 영업사원에게도 귀한 시간이다. 그렇게 대화하다보면 자연스럽게 돈 이야기로 넘어갈 수밖에 없다. 사업하는 사람이 겪은 어려움은 십중팔구 돈 문제이기 때문이다. 어느 정도 대화가 무르익었다 생각되면, 다음과 같이 말하며 재무와 관련된 질문으로 이어가면 된다.

영업사원 그렇게 힘든 과정을 이겨내셔서 현재의 성공이 있었던 것 같습니다. 다시는 그런 위험에 처하지 않기 위해서, 지금은 자금 관리에 특히 신경 쓰고 계실 것 같습니다.

보이는 것을 있게 했던 '과정'과 그것을 넘어설 수 있었던 이유는, 대부분 그의 '성실함' 때문이었을 것이다. 단순하게 '돈이 많다, 성공했다'는 결과만 인정하기보다 지금에 이르기까지의 태도와 자세를 같이 칭찬한다면, 그는 자신도 모르게 점점 이야기에 빠져든다. 이처럼 보이는 것 너머, 그것을 가능하게 했던 과정과 주변 요소까지 이야기하는 지혜가 있다면, 신뢰를 얻는 데 한 시간으로도 충분하다.

보이지 않는 것을 보는 지혜

전화통화 이야기를 할 때, 공감력 있는 질문을 해야 대화가 쉬워진다고 강조했다. 만나서 나누는 대화의 시작에서도 공감력은 아주 중요하다.

앞에서 다룬 내용은 좋은 옷이나 자동차, 그리고 직업적인 성공 등 누구나 파악하기 쉬운 부분에 대해서였다. 그러나 사람이 더 크게 감동하는 포인트는, 차마 내 입으로 말하기 어려운 '처지'를 헤아려주는 것이다. 전화를 통해서 '네'라는 답이 나오도록 질문했듯이, 대면했을 때도 상대의 처지에 대한 공감력을 발휘하여 '네'라는 답이 나올 수 있는 질문을 해야 한다. 이것을 나는 '처지와 상황에 대한 공감'이라고 표현한다.

영업사원이 뭔가를 팔기 위해서는, 우선적으로 상대방이 나의 말을 믿어줄 수 있어야 한다. 신뢰감이 먼저 형성되어야, 내가 팔고자 하는 서비스 또는 상품에 대해 이야기할 수 있는 기회를 얻는다. 그리고 신뢰감을 쌓는 과정에서 가장 큰 역할을 하는 무기가, 가망고객의 처지에 대한 공감력이다.

사람마다 처한 상황에 따라 갖는 생각이 다르다. 아무리 도사라고 하더라도 모든 사람의 마음을, 현상황에서 느끼는 어려움을 알아내기는 불가능하다. 그러나 직업별로, 상황별로 겪는 고충은 거의 비슷하다. 의사라는 직업, 주부라는 처지에서 안게 되는 고민, 부모를 간병하는 상황에서의 어려움, 공무원으로 일하며 겪는 갑질, 진행하는 사업에 따른 고충은 대부분 대동소이하다. 이해를 돕기 위해 의사 고객의 일반적인 처지에 대해서 이야기해보자.

의사 고객의 친구들은 대부분 의사들이다. 그들도 고교 동창이나 대학 동아리 친구들이 있었을 것이다. 그러나 자주 만나서 속 이야기를 하는 대상은 주로 '의사'들이다. 다른 직업을 갖고 있는 친구들과 만나면, 공감대가 없어 대화가 끊어지는 경우가 많은 탓이다. 모처럼 동창회에 나온 의사 친구가 일주일 휴가를 다녀온 동기에게 이렇게 이야기했다고 가정해보자.

"의사 생활에서 가장 힘든 부분이 휴가를 제대로 가지 못하는 거야. 아무리 길게 휴가를 써도 사흘 정도고, 그 이상 가기에는 너무 부담이야. 직장인들처럼 일주일 휴가를 가봤으면 소원이 없겠어."

"그래도 너는 돈을 많이 벌잖아. 나는 너만큼 벌 수만 있다면 휴가를 안 가도 좋을 것 같아."

의사의 푸념을 들은, 의사가 아닌 친구들은 대부분 이렇게 답한다. 이런 말을 들은 의사는 그 순간부터 더이상 입을 열지 않는다. 그냥 술이나 마시자고 하면서 더는 말을 이어가지 않을 것이다. 의사는 '자신이 처한 상황을 하소연하고 싶은' 마음이 있었다. 그런데 자신의 감정을 부정당하니, 곧바로 마음의 문을 닫는 것이다. 이후에는 나의 처지를 이해해줄 수 있는 친구만 찾게 된다.

사람의 속마음은 아무도 모른다. 전하고 싶은 내용이 있어도 이를 쉽게 꺼내놓기 어렵다. 사람은 누구나 좋은 사람으로 인정받고 싶은 욕구를 갖고 있다. 솔직하게 속내를 털어놓았다가, 혹시 오해라도 받을까봐 두렵다. 그래서 다른 사람이 먼저 내 속마음을 알아주거나 표현해줄 때는, 마음이 편안해지면서 기분이 좋아진다.

여기서 중요한 것은, 무릇 사람은 자신이 처한 일과 상황이 가장 어렵고 힘들다고 생각한다는 점이다. 그런데 그의 일이 '쉬워 보인다'는 식으로 이야기하면 바로 마음의 문을 닫는다. 세상에서 가장 힘든 일은 '내가' 하는 일이고, 가장 쉬운 일은 '남이' 하는 일인 법이다. 자기 일은 그토록 힘들다고 생각하면서, 남의 일은 정말 '남 이야기'처럼 쉽게 판단하며 이야기하는 사람을 좋아할 이는 없다. 사람은 누구나 '내가 생각하는 것과 같은 생각을 표현하는 사람'을 좋게 생각한다. 내 편이며, 친구라고 여긴다.

내 편을 좋아하고 신뢰하는 것은 인간의 본성이다. 친구나 가족관계에서 속상하게 만들거나 다툼을 발생시키는 표현은 '내가 생각하는 것과 다른 생각'이다. 몇 가지를 살펴보자.

"뭘 그런 것을 가지고 걱정하냐?"
"아무것도 아닌데 왜 그리 심각하게 받아들이는 거야?"
"쉽게 생각하면 될 것을, 바보같이 왜 그래?"

이런 표현 때문에 상대방은 상처를 받는다. 철저하게 자기 입장에서만 생각하고 말한 것이기 때문이다. 상대방이 아프다고 하면 아픈 것이고, 힘들다고 하면 힘든 것이다. 내가 볼 때 어려울 것 없다며 가볍게 말하는 사람은, 오직 자기 입장에서만 바라보는 이기주의자나 다름없다. 요즘 말로 '꼰대'가 대부분 이렇게 생각하고 말하는 사람들이다.

남이 하는 일은 쉬워 보이고, 내가 하는 일은 어렵다고 생각하는 이유가 뭘까? 과정을 알 수 있느냐 없느냐의 차이다. 남이 하는 일은 그 결과만 보인다. 하지만 내가 하는 일에 대해서는 처음부터 끝까지 얼마나 어렵고 힘든 과정을 지나왔는지 속속들이 알고 있다. 입장을 바꾸어 생각해야 한다. 남도 나처럼 어려운 과정을 이겨내며 왔을 거라고 인정해줘야 한다. 내가 경험하고 생각하는 것처럼 남도 그럴 것이라 여기는 공감력이 필요하다. 역지사지의 마음가짐이 있어야 관계가 좋아진다. 그리고 역지사지를 위해서는 공감력을 발휘해야 한다.

'진짜'를 볼 수 있는 힘

타인의 입장을 배려하는 질문을 하면, 상대방의 대답은 '네'일 것 같지만 실제로는 '아니요'라는 형태로 나타나는 경우가 많다. 열심히 설거지를 하는 아내에게 '자기 힘들지?'라고 물어보면 '아니야, 괜찮아'라고 답하는 것과 같은 이치다. 그때 아내의 '아니야, 괜찮아'라는 답을 곧이곧대로 받아들이면 안 된다. '응, 힘들어, 그런데 자기가 내 고생을 알아주니까 괜찮아'라고 해석해야 한다. 이렇게 공감력 있는, 상대방의 처지를 알아주는 사람은 누구든 좋아할 수밖에 없다. 그 사람이 영업사원이라도 그렇다. 오히려 지인에게는 말하기 어려운 문제를 더 쉽고 편하게 이야기할 사람이 생겼다고 느낄 수도 있다. 가슴속에 쌓여 있는 무거운 짐을 풀어놓을 수만 있어도, 사람의 마음은 편해진다. 편해진다는 것은 마음을 연다는 뜻이고, 이렇게 되면 자연스럽게 신뢰감이 형성된다.

살아가다보면 아무리 가까운 사이라고 할지라도 사소한 갈등으로 인해 다툼이 발생할 때가 있다. 이때 중요한 것은 사과를 얼마나 빨리, 적절하게 하느냐다. 그에 따라서 관계가 오히려 더 좋게 회복될 수도 있고, 반대로 아예 틀어질 수도 있다. '네'라고 상대가 수긍하는 답을 불러올 수 있는 질문을 활용하면, 사과의 효과는 극대화된다. 여기서 잠깐, 사과를 할 때 잊으면 안 되는 두 가지가 있다.

첫째, 사과를 변명과 헷갈려서는 안 된다. 사과는 나의 실수를 인정하고, 상처받은 사람에게 위로를 전하는 일이다. 변명은 사과가 아니다. 사과는 상처를 아물게 하지만, 변명은 덧나게 한다. 이 차이를 반드시 기억하고 있어야 한다.

둘째, 상대방이 왜 화났는지를 생각하고, 그것을 사과하는 사람이 직접 인정해야 한다. 몇몇 사람들은 상대가 왜 화를 내는지는 생각 않고 무조건 잘못했다고만 한다. 이 경우 화해는커녕 서로 기분만 더 상하기 십상이다.

"네가 뭘 잘못했는데? 잘못한 것을 알기는 하는 거야?"

"내가 잘못했다고 사과했잖아. 사과했는데도 그렇게 말하면 나보고 어쩌라고?"

사과는 나의 잘못으로 상대방이 상처를 받았거나 서운해할 때, 나의 실수를 인정하고 위로를 전하는 행동이어야 한다. 추운 겨울, 약속 시간에 30분 늦은 남자가 있다. 찬바람에 떨면서 오랫동안 기다린 여자친구에게 사과해야 하는 상황이다. 아래 두 가지 표현 중 위로가 되는 사과는 무엇일까?

A 오래 기다렸지? 일찍 출발했는데 차가 너무 막히더라. 늦어서 미안해.

B 미안해. 내가 더 빨리 출발했어야 했는데, 그렇게 못했어. 추운데 내가 너무 오랫동안 기다리게 했다. 기다리는 것도 힘든데, 추위에 떨어서 많이 속상했지?

여자친구의 마음을 달래주는 사과는 B다. 차가 막혀서 늦었다는 것은 변명이다. 내가 지각한 이유는 늦게 출발했기 때문이다. 그 점을 사과하고, 추운 곳에서 기다리면서 속상했을 마음을 알아주는 질문을 건네는 것이 포인트다. B처럼 물으면 여자친구는 '응'이라는 말 대신에 '아니야. 괜찮아'라고 답할 것이다. 마음이 풀렸다는 의미다. 한 발 더 나아가는 여자친구라면 이렇게 한마디를 보탤 것이다.

"자기도 늦어서 마음 졸이면서 왔겠다. 힘들었지?"

남자친구가 빨리 오려고 긴장하고 애태웠을 마음을 알아주는 표현은, 다시 그를 감동하게 만들 것이다. 다시 한번 강조하지만, 이미 벌어진 일은 질책하거나 화낸다고 없던 일이 되지 않는다. 상황을 그대로 받아들이고, 이를 제대로 수습할 때 관계가 더 깊어진다. 앞서 말했던 '수치심과 죄책감'의 차이다.

속마음은 천차만별이지만 직업과 처한 상황, 사회적 위치, 가족관계, 나이 또는 결혼 여부 등에 따라서 그 양상이 비슷할 수 있다. 영업사원이라면 자신이 만날 사람의 위치나 상황에 따른 숨겨진 고민에 대해 공감력을 발휘할 수 있어야 한다. 다양한 경험을 해본 사람일수록 공감력도 높다. 부장의 위치에서 일해본 사람이 부장의 심정을 잘 알고, 아이를 길러본 사람이 부모가 어떤 마음을 갖는지 잘 이해하는 것과 같다.

그러나 우리가 겪을 수 있는 직업, 위치, 업무, 상황은 한정된 것이 당연하다. 모든 상황을 경험할 수는 없다. 그러므로 독서를 통해 인간 본성에 대한 생각을 읽는 등, 타인의 삶에 관심을 기울여야 한다. 〈인간극장〉과 같은 TV 다큐멘터리를 시청하는 것도 도움이 된다. 그런 프로그램에서는 직업별·상황별로 주인공이 품은 생각이나 마음을 성우들이 대신 표현해준다. 또한 등장인물들의 본심을 듣고, 그들이 갈등을 해소하는 과정을 보는 것만으로도 타인의 관점을 배울 수 있다.

이런 배경지식을 염두에 두고, 만나는 사람들의 직업이나 처지에 대해 고민한 후 대본을 작성해두자. 대본 작업은 영업을 하는 내내 계속되어야 한다. 직업이나 처지, 상황이 워낙 다양하게 존재하기 때문이다. 아무리 많이 만나도 모든 사람을 이해하기란 어렵다는 뜻이다. 그러므로 영업 활동에서 만났던 사람들의 다양한 상황이나 처지, 직업적 특성 등을 자신의 공감 노트를 통해 정리하는 것이 큰 도움이 된다. 이제 구체적인 대본을 한번 살펴보자.

나의 두 가지 대본

보험회사에 처음 입사했을 당시, 가망고객을 만나자마자 회사와 자기를 소개하라고 배웠다. 처음에는 선배들에게 배운 대로 했다가, 몇 달 지나지 않아 내 방식으로 바꿨다. 그 이유는 대화를 하다가 회사를 소개하는 순간부터, 상대방이 정색하는 식으로 반응했기 때문이다. 회사 또는 영업사원의 신분을 밝히는 말이 가망고객에게는 아마도 '방어를 준비하세요'라는

중급 구매를 이끌어내는 ①-②-③ 접근법

신호로 느껴졌을 테다.

'그래, 이제 본격적으로 영업을 시작하네. 당연히 자기 회사가 좋다고 할 것이고, 본인은 다른 영업사원과 다르다고 이야기를 하겠지? 뻔하다, 뻔해.'

좋은 분위기로 대화를 시작했다가도 회사를 소개하는 멘트를 시작하는 순간, 고객이 달라지는 일을 여러 번 겪은 후 어떻게 바꿔야 할지 고민했다. 우선 과거 내가 다른 영업사원을 만났을 때 했던 생각을 되짚어보았다. 즉 영업을 시작하기 전, 내가 누군가의 가망고객이었을 때의 기억을 떠올려봤다. 나의 경우 영업사원이 파는 상품이 마음에 들었을 때에만, 그 영업사원과 회사가 궁금했다. 회사 이름이나 파는 사람 때문에 물건을 구입한 적은 없었다. 물론 지인이었을 때는 달랐다. 이왕 구매할 거라면 지인에게 구매하자는 주의였다. 그렇다면 굳이 먼저 회사를 소개하며 고객이 미리 방어막을 치게 만들 필요가 없었다. 그냥 친구에게 다른 친구를 소개받아서 대화하듯이, 자연스럽게 이야기를 진행하는 편이 좋겠다고 결론을 내렸다.

고민해서 작성한 대본은 두 가지다. 하나는 직업이나 상황에 상관없이 처음 만나서 대화를 시작할 때에 쓰는 '공통형 대본'이다. 또하나는 직업이나 처지에 따라 달라져야 하는, 즉 공감력을 발휘해야 하는 '공감형 대본'이다. 먼저 처음 만난 사람에게 활용할 수 있는 대본부터 살펴보자.

무조건 대화를 끌어내는 만능열쇠, 공통형 대본

○○○은 지금 서울역에서 부산행 기차를 기다리고 있다. 앞으로 세 시간 동안 기차를 타고 가야 하는데, 옆자리에 대화를 나누며 갈 수 있는 사람이 탔으면 하는 바람이다. 평소에도 새로운 사람을 만나는 것을 좋아하는데, 몇 시간 동안 여행하면서 함께 담소를 나눌 친구를 만날 수 있다면 기쁜 일이다. 좌석 번호를 확인하고 자리에 도착했더니 또래로 보이는 사람이 앉아 있다. 인사를 하고 자리에 앉아 고민하기 시작한다. ○○○은 낯선 사람과 말하기를 좋아한다 하더라도, 상대는 어떤 스타일인지 알 수 없으니 뭐라고 말을 걸어야 할지 열심히 생각을 짜내는 중이다. 기차가 출발한 후 5분 이내에 대화의 물꼬를 트지 못하면, 세 시간 내내 입을 꾹 다물고 있어야 할 것 같다. 고민 끝에 옆자리 사람에게 이렇게 말을 건다. 두 가지 중 무엇이 기분좋은 여행을 만들 수 있을지 맞혀보시라.

A 어디까지 가세요?

B 여행하기에 정말 좋은 날씨죠?

정답은 B다. 만약 A의 질문을 했다면, 옆자리 사람은 제대로 대답하지 않을 가능성이 높다. 대뜸 행선지를 물어보는 사람을 미심쩍게 생각할 테니 말이다. 그런데 B에는 '네, 날씨 좋네요'라고 답할 가능성이 크다. 질문의 답이 너도 알고 나도 아는, 모두가 다 아는 사실이기 때문이다. 이렇게 처음 보는 사람과 대화할 때는, 크게 고민하지 않고도 바로 답할 수 있는 질문을 하는 것이 좋다. 그래야 상대방이 주저함 없이 편히 답해줄 수 있

중급 구매를 이끌어내는 ①-②-③ 접근법

다. 어색한 분위기를 깨는 데에는 특히 날씨가 가장 좋은 소재다.

"요즘 날씨가 정말 좋아, 봄이라고 해도 믿겠어요."

"네, 그렇네요."

"이렇게 좋은 날씨에 여행하게 되어서 행운입니다."

이런 식으로 시작하면 대화가 저절로 풀리기 마련이다. 처음 보는 낯선 사람에게 여행을 좋아하는지, 가장 최근에 가본 곳은 어디인지, 혹시 어디를 방문할 계획인지 계속 물으면서 말을 시키는 것은 실례다. 그 질문에 답해줄 가능성도 낮다. 낯선 사람을 경계하는 것은 인간의 본성이다. 그 본성을 넘어서는 데 있어 중요한 포인트가 '쉽게 답할 수 있는 질문'이다. 일단 대화를 시작할 수 있어야, 그다음으로 발전할 수 있다는 사실을 명심하자. 이런 대화는 고객이 백화점 매장에 막 들어온 상황에서도 유용하게 사용할 수 있다.

"찾으시는 물건 있으세요?"

이렇게 묻는 순간, 매장에 들어온 가망고객은 '나에게 물건을 팔려고 하겠지?'라는 생각으로 직원을 경계하기 시작한다. 그렇다고 무관심으로 대응하는 것은 고객에게 예의가 아니다. 이때도 역시 '날씨'가 좋은 소재가 된다. 아래 문구는 백화점 숍마스터에게 고객의 경계를 푸는 데 유용하다고 조언했던 문구다.

매장 직원 어서 오세요. 오늘 날씨 정말 덥죠? 여기 시원한 생수(겨울일 경우 따뜻한 커피)입니다.

여기서 '날씨'를 소재로 삼은 것보다 더 중요한 포인트가 있다. 핵심은 '예상을 뛰어넘는 질문'이다. '찾으시는 물건 있으세요?'는 고객이 예상하는, 딱 그 수준의 질문이다. 그러니 고객은 바로 자신이 생각한 방어 태세를 취한다. 하지만 고객의 예상 밖에 있는 질문을 하면, 그 의외성이 경계심을 허물 수도 있다.

　가망고객이 가장 경계하는 부분은 영업사원의 팔려는 의도다. '도와드릴까요?'라고 말하면 '내가 당신에게 영업할 거야'라고 선전포고하는 셈이다. 그런 말을 예상하고 있는 고객에게 영업하려는 의도는 보이지 않고, 대신 덥다거나 춥다고 하면서 시원한 음료수나 따뜻한 커피를 권하는 것은 뜻밖의 배려다. 고객의 경계를 푸는 말로 시작했으니, 상대는 기분이 좋아지는 동시에 무의식적으로 안심한다.

　고객을 방치하지 않으면서 팔려는 의도를 드러내지 않는 것이 중요한 포인트다. 적당한 관심을 주면서 영업의 의도는 감춘 대화로, 고객을 안심(또는 방심)하게 만드는 전략이다. 경계를 푼 고객은 알아서 먼저 찾는 제품에 대해 질문할 가능성이 높다. 다시 정리하면, 누구나 대답하기 쉬운 질문이면서 그 질문이 상대방의 예상을 뛰어넘어야 한다.

　이번에는 상대방에 더욱 초점을 맞춘 질문에 대해 알아보자. 상대방이 좋아하는 것 또는 잘하는 것을 물어보는 형식이다.

　내가 지금 좋아하는 일이 있다면, 그것은 잘하는 일일 가능성이 높다. 사람은 대체로 좋아하면 잘하고 싶고, 잘하게 되면 자랑하고 싶어진다. 특히 잘하는 일에 대해서 질문을 받으면, 신이 나서 답변하게 된다. 그러므로 가망고객을 소개받을 때 그에 대한 정보를 최대한 많이 알아두어야 한다. 그가 무엇을 잘하는지, 어떤 일에 관심이 많은지 등과 관련하여 많은 정보가 있다면 대화를 시작할 때 큰 도움이 된다.

특히 상대방이 잘하는 것에 대해 배우려는 자세로 질문하면, 그의 인정욕구가 극대화된다. 잘하는 방법을 알려달라고 요청하는 것은 그를 인정하는 일이 되기 때문이다. 사람은 대부분 가르쳐주려는 욕구가 있다. 어떤 일에 대해서 알려주면 자신이 상대방보다 나은 위치에 있다고 느낀다. 즉 배움을 청하는 것은 인정욕구를 해소해주는 좋은 방법이다.

영업사원 부장님께서 골프를 아주 잘 치신다고 들었습니다. 라운딩을 자주 나가시나요? 저도 골프를 하는데 실력이 젬병이에요. 특히 드라이버가 취약인데 어떻게 해야, 어떤 식으로 연습해야 좋은지 조언을 구하고 싶습니다.

좋은 평판에 대해 이야기하는 것도 방법이다. 누군가가 자신을 칭찬했다는 이야기를 들으면 십중팔구 좋아한다. 다른 사람에게 전해들을 때, 직접 듣는 것보다 더 기뻐하는 것이 대부분이다. 두 명에게 동시에 칭찬받는 듯한 기분이 들기 때문이다. 이런 점을 활용하여, 소개자의 칭찬을 전달하며 대화를 시작하는 것도 유용한 방법이다.

영업사원 김과장님이 말씀하시길 친구들 중에 가장 듬직하고 믿을 수 있는 분이라고 하셨습니다. 김과장님과는 고등학교 친구이신가요?

이렇듯 공통형 질문으로 대화의 포문을 열었다면, 이제 조금 더 가까워질 시간이다. 신뢰감을 나누는, 더 친밀한 대화를 하기 위해서는 시간이 필요하다. 한 명의 친구를 사귀기까지 시간이 소요되듯 신뢰가 차곡차곡 쌓여가는 과정이 필요한 것이다. 그런데 영업사원에게는 그런 시간이 부족하다. 한 사람 한 사람 공들여 시간을 투자하면, 실적이 잘 오르지 않는다. 영업사원은 단 한 번의 만남에서 충분히 다가갈 수 있어야 한다.

그러기 위해서 필요한 것이 상대방이 쉽게 하지 못하는, 그러나 사실은 하고 싶은 그 말을 하도록 유도하는 질문이다. '네'라는 답이 나올 수 있는 질문 말이다. 차마 자신이 먼저 하기 힘든 그 말을, 영업사원의 질문을 통해 편히 꺼내도록 만들어주자. 이를 위해 직업이나 처지에 따라 달라져야 하는, 즉 공감력을 발휘해야 하는 '공감형 대본'을 살펴볼 차례다.

'직업별'로 알아보는 공감형 대본

일산에서 숙박업소를 경영하는 김국진 대표를 만난 것은, 그분 친형의 소개 때문이었다. 러브호텔로 알려진 모텔 수준이었지만, 입지가 좋아 월 소득은 상당한 수준이었다. 그런 김대표를 소개한 친형이 내게 부탁한 일은, 그의 마음을 달래달라는 것이었다. 한 달 전 아이의 학교를 방문하여 담임교사와 면담했는데, 동생이 자신의 직업을 밝히지 못하고 대충 얼버무렸다는 이야기를 들었다고 했다. 형으로서 너무 속상했다는 것이다.

김대표는 바빴다. 전화를 했지만 만나고 싶어하지 않기도 했고, 만난다고 해도 할 이야기가 없다고 했다. 어찌어찌해서 만나기는 했지만, 충분히 이야기를 나눌 수 있는 여유가 없었다. 수시로 투숙객이 드나들고, 주로 현금 매출이 일어나기 때문에 카운터를 쉽게 비우지 못한다고 했다. 내 명함을 보자마자 보험은 필요 없으며, 이미 충분히 보험이 많다고 부정적으로 말했다. 30분 넘게, 제대로 대화할 시간을 기다리다가 이렇게 말을 걸었다.

"자녀에게도 직업을 숨기고 있다고 들었습니다. 그렇게 무너진 자존감을 돈으로 회복하기 어려우실 것 같습니다. 어떻게 감당하고 계신지 궁금합니다."

나의 이 질문에 그는 멍하니 있었다. 거의 10분이 넘도록 아무 말도 하지 않았다. 혹시 화를 내면 어쩌나 걱정하며, 그냥 가야 하나 고민하던 차에 김대표가 말문을 열었다.

"초면인데 형님과 친하다고 하시니, 저랑 소주 한잔 하실 수 있나요?"

자기를 찾아온 그 어떤 사람도 나처럼 이야기하지 않았다고 한다. 대부분 많이 버니까, 또는 수익이 좋으니까 세금을 아끼기 위한 대비가 필요하다는 말이 전부였단다. 답답한 마음에 친구를 만나 속내를 털어놓으면 하나같이 '그래도 월소득이 그렇게 많은데 나는 부럽기만 하다' 또는 '힘들더라도 많이 번다면 나는 괜찮을 것 같은데'라는 식의 이야기만 메아리처럼 돌아왔다고 한다. 당연히 마음의 문을 닫게 되었고, 홀로 술과 함께하는 시간만 늘어갔다고 한다.

사실 나는 그의 문제 중 아무것도 해결해주지 않았다. 한 시간 정도 같이 술을 마시면서 가정에서, 아이의 학교에서 자신의 존재를 숨겨야 하는 안타까운 상황을 공감해준 것이 전부였다. 그는 이런 이야기를 가족에게도, 심지어 아내에게도 말한 적 없다고 했다. 친형에게만 잠깐 답답함을 토로했는데 그 인연으로 나를 만났고, 덕분에 속이 조금 풀린 것 같다며 고맙다고 했다. 그 인연으로 그는 나의 고객이 되었다.

이렇듯 처지에 대한 공감은, 상대방의 가슴을 뚫어주는 역할을 한다. 자신의 입으로는 차마 하기 어려운 이야기를, 질문을 통해 대신 꺼내주는 것만으로도 대화의 깊이가 달라진다. 처지에 대한 공감형 대본은 일반적으로 직업적 특성에 따라 나눌 수 있다. 다만 직업의 종류가 수천, 수만 가지가 되므로 이를 다 정리할 방법이 없다. 어쩔 수 없이 영업하면서 자주 만나는 대표적인 직업 몇 가지에 대해서만 대본을 정리해보자.

교사 : '오해받는 포인트를 역으로 질문하자'

교사에 대한 가장 큰 오해는 '방학'을 바라보는 시선이다. 많은 사람들이 교사는 여름과 겨울 각각 최소 2개월간의 방학이 있으니 편할 거라며 부러워한다. 편견이고 오해다. 실제 그들이 방학 중 일하는 강도는 오히려 학기중보다 과중한 경우가 많다. 그래서 교사 고객과의 대화는, 직업에 대해 오해받는 포인트를 역으로 질문하는 것으로 시작한다. 상대의 입에서 '네'라는 답변이 나오도록 질문하자. 그럼 많은 선생님들이 그동안 받았던 오해에 대해서 풀어놓곤 한다.

영업사원 제가 최근에 교사라는 직업에 대해 잘못 알고 있었던 사실이 있다는 것을 깨달았습니다. 그래서 선생님들을 만날 때마다 사과하며 다니고 있습니다.

교사 고객 네?

영업사원 저는 교사들은 방학이 있어서 정말 편하고 좋겠다는 생각을 했었습니다. 그런데 얼마 전에 만났던 선생님을 통해 들은 이야기는, 방학 때문에 더 힘들다는 것이었습니다. 일도 일이지만, 저같이 오해하는 사람들의 편견 때문에 더 힘들다고 들었습니다. ○○○님도 방학이 여러모로 힘드시죠?

교사가 자신의 입으로 직접 '방학 때문에 힘들다'라고 말하기는 거의 불가능하다. 많은 사람들이 편견을 가지고 있는 것에 대한 이야기를, 자신이 나서서 반대로 말하기가 쉽지 않은 탓이다. 그런데 그 오해와 그에 대한 해명을 영업사원을 통해 듣게 되었으니, 가슴이 확 풀리는 느낌을 받을 수 있다. 억울하지만 쉽게 하지 못하는 이야기를 다른 사람의 입으로 들으면, 이번 기회에 제대로 말하고 싶어질 수도 있다.

만약 교사가 아닌 다른 직업을 가진 사람에게 고충을 토로한다면, 이를 좋게 받아줄 수 있을까? 친한 지인이거나 가족 중 교사가 있어 그런 하소연을 들어본 사람을 제외하고는, 대부분 동의하지 않을 테다. 오히려 '정년도 보장되며, 연금도 많이 나오는데 뭐가 걱정이냐' 등의 면박만 받을 가능성이 높다. 그래서 교사의 애환을 교사가 아닌 다른 사람들에게 꺼내기는 어렵다. 그런데 영업사원이 먼저 이야기를 한다면, 어떤 기분이 들까? 막힌 혈이 뚫리는 느낌이 아닐까? 대화는 그렇게 시작이 된다.

간호사 : '애환과 고충을 먼저 알아주자'

동네 의원급 이상의 큰 병원에서 근무하는 간호사는, 의사와 환자 사이에 위치하는 중간자다. 병원 업무의 거의 대부분을 간호사가 담당하고, 의사는 환자 치료에만 집중하는 경우가 많다. 혹시라도 병원에 불만이 있는 환자가 생기면, 그는 대부분 간호사에게 항의한다. 사실 간호사는 병원의 행정 업무를 처리하기도 하지만, 주된 업무는 의사를 도와 환자를 치료하는 역할이다. 그럼에도 불구하고 대부분의 환자는 그 점까지는 생각하지 못한다.

만약 간호사가 없다면 병원의 치료 활동은 심각한 장애를 겪는다. 의사를 보조하는 역할이라지만, 실제로는 치료 업무 중 많은 부분을 간호사가 담당하고 있기 때문이다. 그럼에도 간호사의 역할은 부각되지 않는다. 2교대 또는 3교대라는 체력적인 부담을 감당하면서 근무하지만, 칭찬보다는 욕을 더 많이 먹기도 한다. 치료가 잘돼서 퇴원할 때도 환자 대부분의 감사 인사는 간호사가 아닌 의사를 향한다. 치료에 중요한 역할을 하며 병원 업무의 90퍼센트 이상을 감당함에도 불구하고, 그 역할이 부각되지 못하는 것이 간호사의 자존감에 악영향을 미친다.

그러나 병원 밖에서 간호사를 바라보는 사람들은 단순히 보이는 것에만 집중한다. 표면적으로는 노조도 있고 급여도 괜찮은 직업처럼 보일 것이다. 병원 시설도 괜찮아 근무 환경도 좋고, 출퇴근도 시간을 엄수하는 등 좋은 환경만 눈에 들어온다. 내 일이 아니면 다 좋아 보이고 쉬울 거라고 생각하는 인간의 본성이 작동하는 것이다. 환자의 불만에는 방패막이가 되는 현실, 매일 아픈 환자와 함께 생활하면서 온몸으로 겪는 에너지 하락까지는 말할 엄두조차 나지 않는다. 환자가 진료를 마치거나 퇴원하면서 어쩌다 건네는 '수고했다'라는 감사 인사를 받을 때만, 잠깐 자신의 존재감을 확인할 뿐이다. 그렇기에 간호사란 직업의 애환과 고충을 먼저 알아줄 때면, 간호사들은 놀라움을 표시하며 더 적극성을 띤다. 대화의 수준이 깊어진다.

영업사원 저는 간호사 선생님들을 만나면 항상 고맙다는 말씀을 먼저 드립니다. 제가 병원에서 치료를 받아본 이후부터 꼭 그렇게 합니다. 교대 근무로 고단할 뿐 아니라 의사와 환자 사이를 오가며 치료에 원무까지 도맡고 계시지요? 많은 사람들이 고마워한다는 사실을 알아주셨으면 좋겠습니다. 고맙습니다. 그리고 정말 수고 많으십니다.

공무원 : '차마 할 수 없었던 이야기를 먼저 꺼내주자'

우리가 생활 속에서 가장 자주 만날 수 있는 공무원은 주민센터에 근무하는 사람들이다. 그런데 민원서류를 떼거나 간단한 일 처리를 위해 방문하는 그곳에서 흔히 목격하는 장면은, 민원인이 큰소리를 치는 모습이다. 불법 주차를 했다가 딱지를 떼이고 나서 주민센터를 찾아 하소연하는 경우가 많다. 주차 단속은 구청에서 하는 업무이지, 주민센터와는 아무런 관련이 없다. 그런데도 민원인들이 큰 소리로 하는 말을 들어보면 대부분 이런 종류다.

"내 세금으로 월급 받아가면서 일을 이따위로 해?"

"세상에서 가장 편한 일이 공무원이면서, 니들이 하는 게 뭐야?"

이런 이야기를 들은 공무원들은 당연히 속상하다. 자존감이 심각하게 떨어지지만, 딱히 대응하기도 어렵다. 혹시라도 긁어 부스럼을 만들 수 있기 때문이다. 민원인과 싸워서 이긴다고 한들 근무 평점에 아무런 영향을 주지 못한다. 괜히 민원게시판에 이름이 올라가면 귀찮기만 하고, 심한 경우 피해를 입을 수도 있다.

여러 번 이야기하지만, 사람은 자기가 아닌 다른 사람이 하는 일은 대부분 쉽게 생각한다. 특히 공무원에 대해서는 더욱 그런 경향이 있다. 속상하고 억울하지만 그냥 속으로 삭이며, 퇴근 후 술 한잔으로 화를 누를 뿐이다. 퇴직 후 받는 연금을, 세금으로 공짜로 준다는 생각은 말도 안 된다. 퇴직금 대신에 연금으로 받는 것이다. 분명 정당한 대가임에도 사람들은 그렇게 생각하지 않는다. 그렇다고 논리적으로 접근해도 의미가 없다.

그러므로 공무원을 만났을 때는 이런 속상함과 억울함을 위로하는 말에서 시작하거나, 존재감을 인정해주는 말을 건네는 것이 도움이 된다. 차마 자신의 입으로 할 수 없었던 이야기를 상대방의 질문으로 들으면, 막힌 혈이 그나마 뚫리는 기분일 것이다.

영업사원 열심히 해도 전혀 티가 나지 않는 일을 하고 있다고 느낀 적은 없으신가요?

공무원 고객 네?

영업사원 제가 생각하는 공무원이라는 직업이 그렇습니다. 국민을 위해서 자신의 업무에 최선을 다하지만, 세상 사람들은 그것을 당연하게 생각하곤 하죠. 게다가 혹시라도 진상 민원인을 만나면 마음고생만 하시잖아요. 거기에 연금을 받는다며 공무원이 어쩌고 할 때도 많이 속상하시죠? 퇴직금을 연금으로 받는 것인데 그것은 모르고 마치 대단한 특혜라도 되는 양 말하는 분들을 보면, 제가 다 답답했거든요.

항공기 승무원 혹은 여행 가이드 : '힘듦을 먼저 인정해주자'

"남들은 어떻게든 가고 싶은 여행을, 매일 가는 직업이라 정말 좋을 것 같아."

여행 가이드나 항공기 승무원들이 가장 싫어하는 말이다. 어떤 일이든,

취미가 아닌 직업이라면 힘들다. 다른 사람들 눈에는 세계 각국을 여행하는 호사로 보이겠지만, 엄연히 직업이고 일이다. 모든 일이 그렇다. 취미로 음악이나 미술을 하는 것은 정신을 맑게 만드는 여가 활동이다. 하지만 직업으로 삼으면, 창작활동의 스트레스는 말로 다 못한다. 어떤 사람들은 눈 내리는 풍경을 보며 낭만을 느끼겠지만, 강원도 산간 지방에서 근무하는 군인들에게는 그저 '고역'일 뿐인 것과 같은 이치다.

사람은 누구나 자신의 존재를 인정받고 싶어한다. 인정욕구라는 인간의 본성은 자신이 하는 일에 대해서도 마찬가지로 작용한다. 모든 사람은 타인이 '내 일이 얼마나 어렵고 가치 있는지' 알아주길 원한다. 실제로 밤새 비행기를 타고 여행을 하다보면, 승무원과 가이드의 일이 보통 어려운 것이 아님을 알게 된다. 잠을 제대로 못 자는 건 물론이고 육체노동에 고객들을 직접 상대하는 고생까지 가중된다. 육체노동에 정신노동까지 더해지니 쉽게 생각할 일이 절대 아니다.

그런 힘든 일을 하는 사람에게 '매일 여행 다니니까 너무 좋겠다'라는 말은 절대 금물이다. 타인의 일을 쉽게만 생각하는 것은 큰 결례다. 반대로 그들의 그런 마음을 알아주면 말문을 열게 만들 수 있다.

영업사원 저와 친한 친구도 다른 항공사에서 승무원으로 근무중입니다. 그런데 제가 지난주 그 친구에게 크게 혼나고 왔습니다. ○○○님을 만나기 전에 혼난 것이 정말 다행인 것 같습니다.

승무원 혹은 가이드 고객 네? 왜 혼나셨는데요?

영업사원 제가 아무 생각 없이, 가고 싶은 곳 여행하는 일이라며 부럽다고 했거든요. 그런데 처음부터 끝까지 일하는 내용을 들어보니 제가 속상하게 했다는 걸 깨달았습니다. 저였어도 친구처럼 속상했을 것 같아요. 친구에게 정말 미안했습니다. ○○○님도 제가 했던 말을 들었더라면 많이 속상하셨을 것 같아요.

'상황별'로 알아보는 공감형 대본

직업별로 대본이 다르듯, 고객이 처한 상황에 따라서도 대본이 달라진다. 여기서는 대표적인 상황별 대본 두 가지를 살펴보자.

맞벌이부부: '결과 대신 과정에 대해 말해주자'

한국사회에서 맞벌이부부로 산다는 것은 여간 힘든 일이 아니다. 만약 자녀까지 있는 맞벌이부부라면, 특히 여성 쪽이 항상 긴장하면서 회사생활을 해나가야 하는 경우가 많다. 시부모나 친정 부모가 도움을 줄 수 있는 상황이라면 그나마 다행이다. 하지만 대부분은 그렇지 못한 상황에서 아이를 키워야 한다. 아이를 챙긴다고, 아이가 아프다고, 유치원이나 학교에 일이 생겼다고 늦게 출근하거나 빨리 퇴근할 수도 없다. 야근을 하기도 어렵고, 회식이라도 잡히면 여간 부담이 되는 게 아니다.

회사일을 마치고 집에 가면 집안일과 육아도 해야 한다. 남편이나 가족이 함께 일을 나누면 조금 낫기는 하지만, 그런 경우는 매우 드물다. 하루하루가 긴장의 연속이다. 주말을 기다리며 일주일을 겨우 버틴다. 하지만 주말이라고 해도 밀린 집안일을 하느라 마냥 편하게 쉴 수도 없다. 이토록 힘들게 일하는 맞벌이부부가 들으면 가장 속상해하는 말은, 과정에는 관심이 없고 결과만 보는 말이다.

"둘이 같이 버니까, 이번 가족 행사에 더 많이 부담해줬으면 좋겠어."

"너희는 부부가 같이 버니까, 오늘 저녁은 너희가 쏴라!"

사람들이 가장 싫어하는 말 중 하나가 '나를 돈으로 보는' 뉘앙스의 말이다. 맞벌이하는 과정에 대한 위로나 격려가 아닌, '많이 버는 돈'만 보면서 말하면 누구든 속상할 수밖에 없다. 먼저 맞벌이부부가 얼마나 힘든지를 헤아리고, 그것을 극복하면서 생활해나가는 모습을 인정해주어야 한다. 그래야 그들의 마음속 응어리를 풀어줄 수 있고, 나아가 속에 있는 이야기까지 들을 수 있다. 남들이 돈에 집중하는 반면, 영업사원은 그 뒤에 숨은 어려움에 관심을 두는 질문으로 대화를 시작해야 한다.

영업사원 맞벌이를 하기 때문에 경제적으로 외벌이보다는 여유로울 수 있을 것 같아요. 그러나 그것을 위해 포기해야 하는 것들도 많을 것 같아요. 가족이 서로 일을 분담하지 않는다면, 모든 부담이 온전히 한 사람의 몫이니까요. ○○○님은 상황이 어떠신가요?

영업사원 도와주는 사람 없이 부부가 모든 것을 떠안고서 맞벌이를 하고 있다면, 버는 것만큼 쓰는 것도 많아서 실속은 없을 수도 있다고 들었어요. 두 분은 어떤지 궁금합니다.

가업 승계를 위해 부모의 회사에 입사한 사람: '관심으로 접근하자'

서울의 한 화훼 시장에서 기업형 도매상을 운영하고 있는 고객의 이야기다. 연매출만 하더라도 수십억 원에 이를 정도로 규모가 상당하다. 아버님이 지난 20년 넘게 기반을 닦아놓았는데, 최근 건강이 좋지 않아 오랜 설득 끝에 외아들을 출근하게 했다. 이미 기반을 확실하게 다져놓은 사업이니, 아들에게 물려주고 싶은 아버지의 마음이 무척 컸다.

국내 굴지의 반도체 회사에서 근무하던 아들은 오랜 고민 끝에, 아버지의 설득을 받아들여 출근을 시작했다. 이런 이야기를 들으면 대부분의 사람들은 아버지와 아들 모두를 부러워한다. 아버지의 지인들은 아들에게 가업 승계를 해줄 수 있어 잘되었다고 부러움을 표한다. 아들의 친구들은 이미 기반이 있는 큰 회사를 이어받게 되었다고, '금수저' 이야기를 꺼내며 시샘하기도 한다. 하지만 이는 겉만 보고 있을 뿐 속은 전혀 모르는 이야기다. 보이지 않는 부분을 볼 수 있어야 그 가족의 고민을 들을 수 있다. 아들이 아버지와 근무를 시작한 지 6개월 정도 되었을 무렵, 어머님 전화를 받고 가게에 방문했다. 만나자마자 어머님께 이렇게 말씀을 드렸다.

"아버님과 아드님 사이에서 어머님이 가장 힘드실 것 같아요. 매일매일 노심초사하실 것 같은데요?"

잠자코 내 말을 듣던 어머님과 아버님이 놀라며 동시에 말했다.

"아니, 어떻게 마치 다 보고 있는 것처럼 말씀하시죠? 아들이 이야기해주던가요? 명로씨를 만나자고 한 것도 그 문제 때문이었어요."

사실 그때까지 아들과는 통화한 적이 없었다. 다만 이런 관계에 대해서 이전에 비슷한 사례를 들어본 적 있어서 짐작이 가능했다. 나의 질문에 아버님을 비롯한 가족은 그제야 속마음을 털어놓기 시작하였다. 차마 다른 사람에게는 말하기 어려웠던 사정을 토로하면서, 가족은 서로의 관점을 돌아볼 수 있었다. 각자의 생각을 한 번도 속시원하게 주고받지 못하다가, 나를 매개로 아버지와 아들이 서로의 입장을 이해하게 되었다. 그 이후 부자는 더이상 옛날처럼 싸우지 않는다.

아버지는 자신이 일궈온 일을 아들이 더 잘했으면 하는 마음으로, 남들이 보기에 심할 정도로 스파르타식 훈련을 시키는 중이었다. 자수성가한 사람의 눈에는 많은 부분이 답답할 수밖에 없었다. 기대하는 수준이 높으니 야단치는 일이 부지기수였다. 반대로 아들은 '내가 친아들이 맞을까' 하는 생각이 들 정도로 매몰찬 아버지에게 적응이 안 되었다. 같이 일하는 직원들 앞에서 아버지에게 강한 질책을 받을 때마다 '반도체 회사나 계속 다닐걸' 후회했다고 한다.

부자간의 해결되지 않는 갈등은 고스란히 어머니에게 전달되었다. 아들은 하소연을 하고, 아버지는 답답함을 토로해왔다. 마치 고부간의 갈등을 보는 남편처럼 답답하기 그지없었을 것이다. 어머님은 어떻게든 갈등을 해소해주고자 노력했지만, 서로가 직접 마음을 주고받지 않는 한 관계는 달라질 수 없었다. 주변 지인이 속사정도 모른 채 보이는 것만을 가지고, 아버지와 아들에게 이야기할 때마다 둘은 스트레스를 받았다.

"○○가 사업을 물려받겠다고 와줬으니 아버님은 든든하시겠어요."

"스트레스 조금 받겠지만, 어차피 네가 사장이 될 거잖아. 친구로서 네가 부럽다."

이런 것을 우리는 '남의 속도 모르는 소리'라고 말한다. 속 모르는 이야기를 하는 사람들 앞에서는 아버지와 아들, 심지어 어머니조차도 대화를 진행하려 하지 않았다. 영업을 하는 사람이라면 '남의 속'을 잘 알아야 한다. 상대가 말하지 않은 사정도 감지하고, 그에 걸맞은 질문을 해야 한다. 친구나 주변 사람처럼 이야기하면, 영업을 시작도 하기 전에 가망고객이 마음을 굳게 닫아버린다.

부모와 자녀가 같이 근무하는, 혹은 부부가 함께하는 사업장은 대부분 비슷한 상황을 맞닥뜨린다. 매일 봐서 좋겠다는 단순한 생각에 그치지 말고, 혹시 남들이 보지 못하는 고충은 없는지 살펴야 한다. 관심을 갖고 찬찬히 보면 감추어진 진실이 드러난다. 대화의 시작부터 그런 고충을 먼저 이야기해주면, 생각보다 신뢰도가 빠르게 쌓인다.

관심을 가져야, 고객의 마음이 보인다

직업과 처지에 대한 대본은 직업의 종류만큼, 처지와 상황의 다양성만큼 방대한 분량이 필요하다. 책에 모든 상황을 다 표현하자면 한 권이 아니라 수십 권의 전집으로도 불가능하다. 그래서 내가 책에서 공개한 것은 자주 만나는 몇 가지 직업과 두 가지의 상황(맞벌이와 가업 승계)에 한정되었다.

대본을 이런 식으로 만든다는 것을 알았으니, 이제 영업사원이 직접 응용을 시작해야 한다. 대화를 어떻게 시작하고 진행할지에 대한 충분한 고민과 시나리오 연습을 해야 한다는 의미다.

오늘 만나기로 한 가망고객이 헤어 디자이너일 수도 의사일 수도 군인이나 경찰일 수도 있다. 그렇다면 그들이 가장 듣고 싶어하는 이야기와 직업상의 고민은 무엇일지 생각해야 한다. 도저히 생각이 안 날 때는, 그런 직업을 갖고 있는 지인에게 전화해서 물어보는 방법도 좋다. 주변에 마땅한 사람이 없다면, 해당 직업을 가진 고객과 거래하는 동료 영업사원에게라도 물어보아야 한다.

그렇게 물어서 알아낸 내용을 그저 머릿속에만 두어서는 안 된다. 인간의 기억력은 생각보다 나쁘다. 자신만의 영업 노트에 적어두어야 한다. 이런 노하우들이 쌓여갈 때 영업사원으로서 능력이 올라간다. 이 과정이 누적되면 영업뿐 아니라, 주변사람과의 관계도 놀라울 만큼 개선된다. 영업을 하면 사람이 좋게 달라지는 법인지, 묻는 사람이 하나씩 늘어나는 경험을 하게 될 것이다.

사람은 항상 자기 자신이 최고이자 우선이다. 교과서나 자기계발서에는 타인에 대한 배려와 공감이 필요하다고 적혀 있다. 이상적인 이야기다. 누구나 다 자기중심적으로 사고하고 행동하니, 반대로 할 때 효과적이라고 말해주는 것이다. 그렇다. 영업을 위해 사람을 만나지만, 영업에 필요한 이야기로 대화를 시작하기보다는 가망고객의 삶에 대한 관심을 먼저 보여야 한다. 그래야 고객 삶의 중심으로 들어가 깊은 대화를 나눌 수 있다.

영업사원은 겉으로 보이는 것 너머에 있는 이야기를 할 수 있어야 한다. 그래야 뒤에 숨어 있는, 지금껏 이야기하기 곤란해 마음에만 담아두었던 것들을 고객이 대화 주제로 꺼낼 수 있다. 디지털 사회에서는 사생활이 실시간으로 노출되는 까닭에 타인의 눈치를 안 볼 수가 없다. 어렵다고 이야기하면 '너만 어렵냐'라는 핀잔을 받을 수도 있고, 잘되고 있는 일을 말하면 '잘난 체하는 사람'으로 비칠 수 있다. 그런 걱정으로 자신의 이야기를 참지만, 그렇다고 인정욕구라는 본성이 사라지는 것은 아니다. 하고 싶지만 참고 있는 이야기를 영업사원이 먼저 말해주거나 끄집어내준다면, 생각보다 빨리 신뢰를 얻을 수 있다.

'이 사람이 내가 힘든 것을 알아주고 있구나!'

십수 년 전 SBS에서 〈연애시대〉라는 드라마를 방영했다. 당시 상당한 시청률을 기록할 정도로 인기가 있었다. 주인공 감우성(동진)을 오랜만에 만난 문정희(유경)가 했던 대사가 기억난다. 대학을 졸업하고 오랜 시간이 흘렀음에도 어떻게 자신을 바로 알아봤는지 감우성이 묻자 문정희는 '나 너 좋아했었거든'이라고 간단하게 답한다.

그렇다. 누군가와 친해지고 싶다면 그 사람을 좋아하면 된다. 좋아하기 위해서는 관심을 가져야 한다. 그리고 중요한 것은 그 관심을 표현하는 일이다. 누군가가 자신에게 진정 관심을 기울인다는 사실을 알면, 자연스레 그에 대해 호감을 품게 된다. 무의식 속에서도 흘러가는 에너지는 이렇게 강력하다.

가장 효과적인 관심은, 누구나 볼 수 있는 것을 넘어, 보이지 않는 것을 알아주는 관심이다. 눈에 띄는 것은 대개 경제적 부분과 관련돼 있기에 이를 언급하면 '돈밖에 모르는 사람' 또는 '결국 물건 하나 팔아먹으려는 흔한 영업사원'이 될 뿐이다.

그래서 영업을 잘하는 사람은 '영업을 하려는 마음'이 아니라 '가망고객과 가까워지려는 마음'으로 만난다. 누군가와 친해지려면 상대방에게 관심을 가져야 한다. 어떤 삶을 살아왔는지, 좋아하는 것은 무엇인지, 어떤 생각을 갖고 있는지에 대하여 더 많이 알수록 사이가 더 가까워진다. 어쩌면 사랑이라는 말을 대체할 유일한 단어는 '관심'일지도 모른다. 나는 당신에게 관심이 있다고 직접 말하라는 뜻이 아니다. 관심을 표현하라는 이야기다. 그렇게 관심을 표현하고 고객을 알아가는 과정은, 우리가 일상에서 사람을 사귀는 일과 같다.

'영업은, 내가 인간이 되어가는 과정이었다'

타인에 대한 관심은, 영업을 넘어 모든 사회생활에서도 가장 중요한 요소 중 하나다. 친구들 사이에 인기 있는 친구가 누구인지 생각해보면 바로 알 수 있다. 다른 친구들에게 관심을 갖고 있어야 제대로 맞장구를 치며, 속에 있는 이야기를 꺼내게 만들 수 있다. 타인에게 관심을 기울여야, 공감력도 발휘할 수 있다는 말이다. 친구의 자녀가 이번에 수능을 친 것을 알고 있어야 '뒷바라지하느라 고생했다'라고 문자라도 넣어줄 수 있다. 관심은 누군가의 말에 얼마나 귀기울이는지에 달려 있다. 상대방의 말 속에서 힌트를 얻지 않고서는, 그에게 어떤 일이 있는지 알 수 없다.

이는 직장생활에서도 동일하게 적용된다. 조직생활에서 중요한 것은 업무 능력이다. 능력 없이는 조직에서 인정받을 수 없다. 그러나 개인이 지닌 능력이 조직에 진정 도움되기 위해서는, 동료와 함께 움직이는 시너지가 수반되어야 한다. 시너지는 타인과 조화를 이루는 관계의 힘으로부터 나온다. 관계가 엉망이면, 정말 열심히 일하지만 별 도움은 안 되는 사람이 된다.

경기도 모 부대에서 대위로 근무하는 ○○○는 2년 후 계급정년에 걸린다. 올해도 소령으로 진급하지 못하면, 당장 1년 뒤에는 전역을 걱정해야 할 위기에 처했다. 그는 아내가 임신했다는 사실을 알고 보험을 고민하다가, 지인 소개로 나를 만났다. 그의 표정은 어두웠다. 아내의 임신 소식이 기쁘지 않은 사람처럼 보여서, 조심스럽게 무슨 고민이 있는지 묻자 이런 대답이 돌아왔다.

"전역 신청을 해야 하나 고민중에 임신 소식을 들었습니다. 그래서 그런 것 같습니다."

왜 그런 생각을 하고 있는지 궁금했다. 오랫동안 군 생활을 이어오다가 그만둘까 고민한다면, 그만한 이유가 있을 것이었다. 임신 소식에 진심으로 기뻐하지 못할 정도라면, 미리 계획했거나 준비하지 않은 전역일 가능성이 높았다.

"보급대의 거의 모든 일을 도맡고 있습니다. 심지어 회식이 있을 때도 사무실에 혼자 남아서 일했고, 동료가 부친상을 당했을 때도 저 혼자 남아 일 처리를 했습니다. 그런데 매번 진급이 누락되고 있어요. 이건 너무 불공평해요. 내년이면 계급 정년도 걸립니다. 일은 제가 다 하는데 진급은 안 되니 너무 억울합니다."

타인에게 자신의 일을 전할 때면, 대부분은 자기에게 유리한 쪽으로 이야기한다. 그것을 감안한다고 하더라도, 정말 그렇게 부대의 모든 일을 혼자서 처리하고 있다면 그로서는 당연히 억울할 일이다. 아내가 임신했다는 말에 계급정년이 임박한 자신의 처지부터 떠올리며, 답답함을 넘어서 절망을 느낄 수밖에 없었을 테다. 그런데 이야기를 계속 듣다가 느낀 점은, 그가 다른 동료들과 거의 어울리지 못하고 있다는 것이었다. 혼자 일하느라 회식도 가지 못했고, 동료 부친상도 가지 못했다는 것은 다소 이해가 가지 않았다. 회식은 그렇다 치더라도 문상까지 거른 데는 이유가 있을 것 같았다.

내가 판단한 그의 가장 큰 문제점은, 타인과 어울리지 못한다는 사실이었다. 어울리기 위해서는 먼저 관심을 가져야 한다. 관심이 있어야 대화도 나눌 수 있고, 그렇게 대화하는 과정에서 서로 교감하며 어울릴 수 있다.

사회성이 떨어지는 사람은 타인에게 관심이 없다. 그런데 사회성 부족을 부정하면서, 스스로를 합리화한다. 그의 경우 자기 혼자서 모든 일을 떠안고 있으면서 인정을 못 받는다며 억울해하고 있었다.

그런데 어쩌면 그는 타인과 같이 움직이고 생활하는 것이 불편해서, 일을 핑계로 숨고 있을 수도 있다. 그는 동료가 휴가를 다녀왔을 때도, 아파서 병가를 낸 후 복귀했을 때도, 심지어 부친상을 치르고 왔을 때도 특별한 관심을 표하지 않았다고 했다. 이렇듯 타인과 어울리지 못하니, 점점 더 일 속으로 숨어들었던 것은 아닐까? 군대에서 진급 심사에는 상·하급자와의 관계가 포함된다. 심사자 역시 기계가 아니기 때문에 감정이 개입될 수밖에 없다.

"일보다는 먼저 관계를 개선하셔야 할 것 같아요. 관계는 관심에서 나오고, 관심은 그것을 표현할 때 조금씩 나아집니다. 시간이 걸리겠지만 아직 1년 넘게 남았다고 하니까, 설사 계급정년에 걸려 그만둔다고 하더라도, 그 이후의 삶을 위해서라도 타인과 어울릴 수 있어야 해요. 먼저 질문을 해보세요. 대답이 되돌아오면, 다시 그 대답에 반응하는 연습이 필요합니다."

타인에게 관심이 없는 사람조차도 타인의 관심을 받고 싶어한다. 심리적으로 더 깊게 들어가면 대부분 열등감과 관련이 있다. 열등감은 칭찬이나 격려를 제때, 제대로 받지 못해서 생기는 경우가 많다. 심리적 상처로 인해 열등감이 생기면, 삶이 자기중심적이고 이기적인 방향으로 전개된다. 문제는 과거로 돌아가서 상대에게 칭찬해달라고 할 수는 없다는 것이다. 결국 답은 자신에게 있다. 외로웠지만, 그럼에도 열심히 살아온 자신을 보듬을 수 있어야 한다. 스스로 인정하고 칭찬하며, 용기를 내서 한 걸음 한 걸음 열등감에서 빠져나오려는 노력이 필요하다.

인사를 받고 싶다면, 인사를 하면 된다. 왜 인사하지 않느냐고 뭐라 할 일이 아니다. 내가 먼저 하면 된다. 마찬가지로 타인에게 관심을 받고 싶다면, 먼저 줘야 한다. 그 힘든 유년 시절에도 불구하고, 엇나가지 않고 대위까지 올라간 그에게 용기를 주고 싶었다. 시간이 걸리겠지만 그렇게 성실하게 살아온 사람이라면, 분명 변하리라 믿었기 때문이다.

관심은 관계에서 중요한 역할을 한다. 관심이 있어야 상대방이 어떤 생각을, 어떤 고민을 갖고 있는지 유추할 수 있다. 관심이 있어야 공감력도 발휘할 수 있다. 점쟁이가 아닌 이상, 아니 점쟁이라고 할지라도 상대방의 고민이나 처지에 대한 생각을 단번에 알아낼 방법은 없다.

인간은 누구나 관심을 받고 싶어한다. 디지털시대에는 관심받고 싶어하는 인정욕구가 더 강해진다. 모든 생활이 노출되기 때문이다. 역설적으로 바로 그로 인해 자신의 고민이나 어려움을 표현하기 어려운 시대이기도 하다. 이때 영업사원이 인정욕구와 표현욕구를 채워주는 역할을 하면, 조금 더 깊은 대화가 가능하다. 나는 영업에 대한 고민이 깊어질수록, 성과가 좋아질수록 결국 이러한 결론을 얻게 된다.

'영업은, 내가 인간이 되어가는 과정이었다.'

하고 싶은 이야기 대신 듣고 싶은 말을 하자

코로나 팬데믹 발생 전이니 벌써 4년 전의 이야기다. 국내 굴지의 시중은행 연수원에서, PB센터 직원을 대상으로 실시한 프로그램에서 강의를 했다. 강의 요청을 받았을 당시, 은행 VIP 고객들만 이용하는 PB센터에서 보험설계사인 나를 초대한 이유를 먼저 물었다. 담당 부서장이 들려준 이유는 상담 직원의 경쟁력이었다.

은행에서 판매하는 상품에는 예금, 펀드를 비롯해 주요 증권화 상품과 보험까지 포함된다. 고객이 직접 상담하러 방문한다는 이점에도 불구하고, PB센터 직원들이 판매에 가장 어려움을 겪는 상품이 보험이라고 했다. 직원들이 보험설계사들처럼 보험 상품을 판매할 수만 있다면, PB센터의 실적이 지금보다 좋아질 거라는 기대에 현역 보험설계사에게 노하우를 배우고자 했던 것이다. 강의 내용은 내가 고객을 상담할 때 어떤 이야기를 주로 하는지, 기술적인 부분에 초점을 맞춘 듯한 느낌이었다. 그러나 중요한 것은 다른 데에 있었다.

강의를 시작하자마자 앞자리 한 분에게 양해를 구하고, 즉석에서 롤플레잉을 시작했다. 5년 동안 적금을 부어 만기로 3000만 원을 수령한 고객이 PB센터를 방문하여, 그 돈을 어떻게 운용하면 좋을지에 대한 상담을 요청한 상황을 가정했다. 각기 다른 세 명에게 그 고객과 인사를 나눈 후 어떤 질문을 할 건지 이야기해보라고 했다.

A 조금 위험한 펀드와 안전한 저축 상품 중 어떤 것을 원하시나요?

B 혹시 원하시는 목표 수익률은 얼마나 될까요?

C 반드시 원금이 보장되어야 하나요? 아니면 목표 수익률은 높지만, 조금 덜 위험한 투자 상품이 있는데 안내해드릴까요?

직원들은 모두 상품에 대해서만 언급했다. 은행 직원 한 명당 하루에 상담해야 하는 고객은 정말이지 많다. 다른 고객이 번호표를 뽑고 대기하는 상황이라면, 최대한 빠르게 고객이 원하는 문제를 해결해주는 것이 우선일 수 있다. 고객이 직접 방문해 어떤 상품이 좋은지 문의했으니, 그에 대한 답을 주는 게 당연할 수 있다.

하지만 나라면 다를 것이었다. 나의 경우 먼저 이렇게 질문을 한다고 상담 대본을 읽어주었다. 가장 중요한 포인트는 '어떻게 대화를 시작하는가'였기 때문이다.

> **"5년 전에 가입한 적금을 만기까지 지켜내셨네요. 중간에 그만두고 싶었을 때도 많았을 것 같은데, 정말 수고 많으셨습니다."**

PB센터 직원들은 상품에 대해 질문했지만, 나는 '사람' 그 자체에 먼저 관심을 보였다. 다시 강조하지만, 사람은 본성적으로 인정받고 칭찬받고 싶어한다. 1년짜리 적금도 만기를 지켜내기 어려운 현실에서, 5년이라는 긴 시간을 견디고 만기에 성공한 고객의 이야기를 듣고 싶었다. 그렇게 큰 돈의 적금을 탔다면, 고객도 분명 자랑하고 싶었을 테다. 그러나 현실에서 적금 만기를 자랑하기는 쉬운 일이 아니다. 친구나 주변에 자랑하면 빌려 달라고 할 수도 있고, 남편에게 이야기하면 당장 자동차부터 바꾸자고 할 수도 있다.

그 상황을 알기에 고객의 마음에 공감하며, 그분이 스스로 하고 싶었을 만한 이야기를 펼칠 공간을 마련해주었다. 적금을 지켜내는 과정에서 힘들었던 이야기를 편하게 꺼낼 수 있는 기회 말이다. 가상이기는 하지만 아마도 내 질문에 고객은 이렇게 답했을 것이다.

"솔직히 말하면 5년 동안 마음속에서는 수십 번 적금을 깼었죠. 막말로 허벅지를 바늘로 찔러가며 만기까지 왔어요."

이런 답이 돌아왔다면, 거기서 멈추면 안 된다. 조금 더 나아가야 한다. 질문 자체에 고객의 칭찬을 포함하면 분위기는 훨씬 좋아진다. 인정욕구를 만족시켜주었으니, 이제 고객은 조금 더 자세하고 깊은 이야기를 꺼낼 수 있다.

"네. 그래서 제가 만기 적금을 탔다는 말씀을 듣자마자, 감히 수고하셨다고 인사를 드렸습니다. 은행에 근무하다보니 1년짜리라고 해도 만기까지 가는 사람이 별로 없다는 사실을 알고 있거든요. 그런데 고객님께서는 3년도 아니고 무려 5년이나! 깨고 싶을 때마다 어떻게 참아내셨어요?"

신뢰감을 얻기 위해 필요한 것은, 보이지 않는 것에 대한 인정과 공감이다. 만약 3000만 원 적금을 탄 사람에게 보이는 대로 질문했다고 가정해보자.

"만기 적금이 3000만 원이나 되네요. 와, 큰돈을 타셨으니 부럽습니다. 축하합니다."

이런 질문은 맞벌이부부에게 남편과 아내가 같이 버니까, 저축을 더 많이 할 수 있겠다고 이야기하는 것과 같다. 아버지 사업을 이어받기 위해서 일하는 친구에게 '조금 힘들어도 어차피 네 회사가 될 것이니 그냥 참아'라고 말하는 것과 다르지 않다. 일주일 이상 휴가를 가보는 것이 소원이라고 말하는 의사 친구에게 '그래도 넌 많이 벌잖아'라며 무심한 말을 하는 친구가 되는 셈이다.

돈을 절약하면서 만기까지 지켜낸 과정을 스스로 이야기하게 만들고, 그것에 대해서 축하 박수를 쳐주는 일이 고객과 가까워지는 방법이다. 이런 대화는 바로 '관심'에서 나온다. 보이는 돈에 대한 관심이 아니라 그 뒤에 있는, 보이지 않는 노력과 끈기 그리고 지켜낸 용기에 대한 관심을 표현해야 한다. 그것이 돈보다 더 인정받고 싶어하는 부분이다. 결과보다는 과정을 이야기해줘야 인정욕구를 해소해줄 수 있다.

"그렇게 힘들게 모으신 것이니, 정말 소중하게 관리하셔야겠어요. 혹시 중간에 깨고 싶은 유혹도, 낮은 수익으로 실망하실 일도 없게요. 그리고 혹시 모를 위험에 빠지지 않게, 되도록이면 안전하게 관리하는 상품으로 구성하는 방법이 좋을 것 같습니다. 제가 그렇게 구성하여 상품을 제안하고 싶은데 괜찮으시죠?"

자신의 이야기를 할 기회가 오면 사람은 그 자체만으로 기분이 좋아진다. 그리고 그런 마음을 알아주는 직원에 대한 신뢰감은 생각보다 두터워진다. 그렇게 쌓인 신뢰감에 더해, 고객에게 맞는 상품을 제안하는 이유를 만들어주면 영업은 순조롭게 진행된다. 이렇게 대화를 시작하고 신뢰감을 쌓았으면, 이제 영업사원은 고객에게 상품이나 서비스를 제안하면 된다.

그리고 그 제안 이전에 꼭 거쳐야 하는 단계가, 상품이 고객에게 필요한 '이유'를 만들어주는 과정이다. 이유에 대해서 고객이 고개를 끄덕이는 순간부터 본격적인 영업이 시작된다. 다음 장에서는 고객의 입장에서 구매해야 할 이유를, 어떻게 만들어 제시할 수 있는지 자세하게 살펴보자.

'설득'이 아니라 '납득'이다

"명로야, 내 동생 경희가 내일쯤 전화할 거야. 만나서 좀 도와줘. 조언도 해주고."

지난 2020년 가을, 절친 진홍이 전화로 부탁했던 내용이다. 진홍의 동생 경희는 공항 면세점에서 근무하고 있었다. 그러나 코로나 팬데믹으로 인해 여행객이 급감하자 할 수 없이 회사를 그만두고, 고가의 화장품 판매를 시작했다고 한다. 오빠 입장에서 도와주고 싶던 차에 경희가 나를 소개해달라고 한 모양이다. 내가 평소에 피부 관리를 열심히 한다는 사실도 알고 있으니, 동생의 말을 거절하기 힘들었을 것이다. 둘도 없는 친구이니 기꺼이 부탁을 들어줄 수밖에! 기꺼이 만날 테니 걱정하지 말라며 전화를 끊었다. 며칠 후 경희를 만났다. 내가 피부 관리에 신경쓴다는 말을 들은 그녀는 고가의 화장품에 대해서 열심히 설명하기 시작했다.

"오빠, 이 상품은 정말 좋아. 연어는 인간 유전자와 가장 유사한 어종인데, 그 연어의 핵심 추출물이 연어 정소 핵산이야. 1킬로그램에 무려 1600만 원이 넘는, 정말 귀한 성분이 이 화장품에 포함되어 있어. 이거 사용하면 오빠 피부가 정말 좋아질 거야."

경희는 화장품의 기능과 성분을 최선을 다해 설명했다. 하지만 솔직히 그런 어려운 이야기를 제대로 알아들을 리 없었다. 노벨상이 어쩌고저쩌고 화장품의 성분이 대단하다고만 자랑하는 모습이 안타까웠다. 좋은 화장품이라고 주장하면 내가 구매하리라 기대했던 모양이다. 하지만 나는 이미 그녀가 무슨 말을 하든 구매해서 도와줄 생각이었다. 문제는 나에게 판매한 다음이었다. 상품의 성분 위주 설명에 집중하는 방식으로는, 꾸준한 성과가 나오기 어려웠다. 혹시 오해할지 몰라 결제를 완료하고 시뮬레이션에 대한 동의도 얻었다. 그러고는 만약 다음과 같은 거절이 돌아오면 어떻게 할지 물었다.

"경희야. 근데 나 어제 여자친구와 헤어졌어. 나에게 더이상 화장품은 필요 없어. 헤어진 여자친구는 벌써 새로운 남자친구를 사귀었는지 메신저에 사진까지 올렸더라. 속상해서 살고 싶은 이유도 없는데, 화장품이 나에게 왜 필요하겠어?"

경희는 아무 말도 하지 못했다. 말문이 막혀 가만히 있었다. 지금까지 그녀가 열심히 설명한 제품의 성분과 효능에, 고객에 대한 고려는 들어 있지 않았다. 듣는 사람의 입장에서 상품에 대한 자랑은 뻔하게 느껴진다. 영업사원이 판매하려는 상품이 다른 상품보다 월등히 좋다고 강조해야 팔수 있을 테니, 그러는 거라고 생각하기 때문이다. 그러나 그렇게 좋은 성분도 여자친구와 헤어지며 상처받은 고객의 마음까지 다독일 수는 없다.

만약 그렇게 말했음에도 불구하고, 상품에 대한 설명을 계속한다면 그 순간 그녀는 '화장품 하나 팔아먹으려는 나쁜 영업사원'이 되어버린다.

나의 말에 경희가 아무런 답을 하지 못했던 것은, 그녀의 영업에 '고객이 구매해야 할 이유'가 없었기 때문이다. 물론 성분이 뛰어나고, 그 어떤 상품보다 피부 관리에 탁월한 효능을 보이는 것이 구매할 이유라고 강변할 수 있다. 그러나 그것은 판매하는 입장에서의 이유일 뿐이다. 영업사원의 관점에서만 제시하는 이유는 '고객 중심'이 아니기 때문에 '판매하려는 강요'에 불과할 뿐이다.

영업 활동의 성패는 이유에 달렸다

"상대가 먼저 이야기를 하지 않았는데, 제가 그런 상황을 알 수가 없잖아요."

경희의 이야기대로, 말하지 않으면 알 수 없다는 것은 사실이다. 설사 그녀가 용한 점쟁이라고 하더라도, 상대가 먼저 알려주지 않는 한 자세한 상황을 알 도리가 없다. 그러나 그것은 고객에게 관심이 없다고 말하는 것이나 마찬가지다. 가망고객이 어떤 상황인지에 대해서 전혀 관심을 갖지 않고, 자신이 판매하는 화장품에만 집중했던 것이다. 나와 같은 지인에게 영업하는 경우라면, 최근 일상 등에 대해서 이것저것 물어보다보면 자연스레 나올 수 있었던 이야기인데 말이다. 안타까웠다. 다른 상황도 궁금해져서, 고객 중 가장 나이가 많은 분의 연령을 물어보았다.

"막내 이모가 올해 환갑이시니까, 61세가 가장 연령이 높은 분이었어요. 대부분 50세가 넘어가면 화장품에 관심이 없는 것 같아서 아예 영업을 시도하지 않았어요."

"막내 이모도 필요해서 구매하셨을 것 같지는 않은데?"

내 예상처럼 막내 이모도 자기를 도와주려고 구매한 거라고 했다. 경희는 영업할 때 주로 40대 이하를 타깃으로 하고 있다는 말도 덧붙였다. 안타까운 마음에 마지막으로 이렇게 질문했다.

"비싼 화장품은 누가 구매하려고 할까?"

"당연히 예뻐지고 싶은, 비교적 젊은 여성들이죠."

틀렸다. 잘못된 생각이다. 그렇게 고객을 한정하면 영업의 폭이 너무 좁아진다. 조금만 생각을 바꾸면, 영업에 대한 개념 자체가 달라진다. 내가 생각하는 화장품 판매 대상을 말해주었다.

"화장품은 예뻐 보이고, 멋져 보이고 싶은 대상이 있으면 구매하는 것이 아닐까? 연세 지긋하신 어르신이든, 나이든 아저씨든 예쁘고 멋져 보이고 싶은 대상이 있다면 화장품을 사용할 것 같은데? 이 화장품을 사용하면 그렇게 보일 수 있다고 납득시키면, 그런 사람들도 구매할 거라고 생각해."

할머니든 대학생이든 상관없다. 가망고객의 나이나 성별을 구별할 필요도 없다. 영업사원이 고객에게 화장품을 사야 할 이유를 만들어주면, 판매에 성공할 가능성이 높아진다. 잘 보이고 싶은 대상이 없다면, 소개팅이라도 시켜주는 적극성이 필요하다는 말이다. 그리고 만약 그런 대상이 있는 고객이라면, 피부 관리를 잘할 때 상대와 더 가까워질 수 있다는 이유를 제시해줘야 한다. '고객의 입장'에서 만들어준 이유를, 고객이 납득할 때 판매에 성공할 수 있다.

이성 친구가 있는지 여부, 잘 보이고 싶어하는 대상에게 무엇을 어필하고 싶은지 등에 대해서는 고객의 삶에 가까이 들어가야 알 수가 있다. 그러므로 고객과 상담할 때는 무턱대고 상품을 설명하기보다, 먼저 그에 대해 더 자세히 알아가는 시간을 갖는 일이 중요하다. 그렇다고 경찰서에서 취조하듯이 물어보면 아무도 답해주지 않는다. 만나서 신뢰감을 쌓아야 속 이야기를 들을 수 있고, 그렇게 마음 깊숙한 곳에 있는 생각을 알아야 이유도 찾아줄 수 있다.

경희 오빠는 유튜브 영상을 찍으시니까 외모에 신경을 쓰셔야 할 것 같아요. 이미 그렇게 하고 계시죠?

나 그렇지. 나름 신경쓰는데, 나이가 있어서 그런지 신통치 않네.

경희 그렇다고 시간이 걸리는 피부과 시술을 받기는 어려울 것 같아요. 그래서 요즘 유튜버들은 손쉽게 할 수 있으면서도, 화면상으로 예쁘게 보이도록, 피부 톤 관리에 신경을 많이 쓴다고 하더라고요. 오빠도 피부 톤 관리를 하시면 훨씬 젊어 보일 것 같은데요?

나 정말? 그런 효과를 볼 수 있는 화장품이 있을까?

경희 당연하죠. 제가 이 제품을 봤을 때 가장 먼저 오빠가 떠오르더라고요. 이 제품이면 오빠도 깜짝 놀라실 수 있을 것 같아요.

경희와 함께 간단히 연습해본 대본이다. 이 대본에서는 화장품의 기능이나 효과에 대해서 전혀 설명하지 않았다. 내 상황에 초점을 맞춰, 유튜브 방송을 하는 나의 관점에서 이야기를 풀어갔다. 화장품이 필요한 이유를 고객의 관점에서 생각해야 한다. 화장품을 사용하고 싶은 고객의 동기가 먼저인 셈이다. 그 이유에 대해 고객이 동의하고 나면, 그때가 제품이 등장할 타이밍이다.

앞의 대본에서 영업사원이 화장품을 소개하는 목적은 '하나 팔려는 것'이 아니라 '영상에서 고객의 피부가 더 깨끗하게 나오기 위함'이었다. 이 화장품을 사용하면 피부 톤이 달라지고, 그렇게 되면 구독자들에게 한층 말끔한 이미지로 다가갈 거라는 구매의 이유를 만들어줬다. 이렇듯 성과가 뛰어난 영업사원은 고객과의 대화나 소개자를 통해 얻은 정보를 기반으로, 고객의 입장에서 구매할 이유를 제시한다.

영업 활동의 성패에 영향을 미치는 가장 중요한 것을 꼽으라면, 나는 항상 '구매할 이유'를 만들어낼 수 있는지 여부라고 주장한다. 이유를 만들어내려면 고객과 가까워져야 하고, 그러기 위해서는 먼저 그에게 신뢰를 줄 수 있어야 한다. 전화로 약속을 잡고 만나서 대화를 시작하기까지의 모든 과정이 '고객 입장에서 이유를 제시하기 위한 필요조건'인 셈이다.

다시 한번 강조하자면 영업사원이 만드는 '이유'는 무조건 고객의 입장에서 생각해내야 한다. 고객의 상황과 처지, 직업과 나이 및 조건 등에 따라, 이유는 얼마든지 많이 만들 수 있다. 그래서 이번 장에서는 대본 코너를 따로 만들지 않았다. 다만 대본이 만들어지는 과정의 많은 예시를 정리했다. 꼼꼼하게 읽다보면 여러분이 영업하는 과정에서 만나는 사람이나 상황과 크게 다르지 않음을 알게 될 것이다. 내가 제시하는 예화나 예문을 고려하여, 자신이 만나는 가망고객에 맞게 대본을 작성해보자. 처음에는 서툴 수밖에 없다. 하지만 그 과정에서 얻은 힘은, 영업의 성과를 확연히 좋아지게 만들 것이다. 일단 한번 믿고 자신만의 대본을 만들어보자.

이유 앞에는 욕구

내가 근무하는 사무실 위치는 강남 뱅뱅사거리다. 사무실 주변에 다양한 해외 자동차 브랜드의 지점이 있는데, 내근하다보면 주변 자동차 영업소 영업사원들이 자주 들러서 인사를 한다. 어느 날 6개월 넘게 얼굴을 봐온 영업사원이 내 옆으로 오더니, 끈질기게 자사의 새로 나온 전기차를 소개했다. 내 동료들과 대화하다가 내가 테슬라에 관심이 많다는 이야기를 전해들은 모양이었다. 바쁘기도 하고, 안타까운 마음에 그에게 오금을 박았다.

"죄송합니다. 저는 운전면허도 없습니다."

그는 더이상 아무 말도 하지 못하고 사무실을 떠났다. 친구의 여동생 경희가 마주했던 상황과 비슷하게 된 것이다. 그도 먼저 나의 일상 등에 대한 이야기를 나누며 자연스레 내가 면허증이 없다는 사실을 알았다면, 다르게 영업했을 것이다. 그러나 그는 그렇게 하지 않았다. 자신의 입장에서, 자사의 차가 좋은 이유에 대해서만 일방적으로 설명했다. 내가 전기차에 관심이 있다는 이야기만 듣고, 차를 한 대 팔아먹고자 열심히 영업했던 것이다.

그는 바로 그런 태도 때문에 거절을 받게 된 것이다. 내 입장에서는 그 브랜드의 전기차를 사야 할 이유가 없었다. 그런데도 그는 자사 브랜드의 품질이 최고이고, 내가 구매를 고려하는 테슬라보다 훨씬 뛰어나다는 이야기만 계속했다. 사실 나는 면허증이 있다. 그럼에도 면허증이 없다며 거절했던 것은, 더이상 나에게 영업하지 말라는 주문이었다.

만약 면허증이 없다는 말이 실제라고 가정해보면, 좋은 연습 상황이 된다. 그 영업사원이 내가 면허증이 없다는 사실을 미리 알았더라면, 접근 방식도 달라졌어야 한다. 자동차를 소개하는 방식이 아니라, 내가 '면허증을 빨리 따고 싶다'고 마음먹게 만드는 방식이다. 고객의 관점에서, 고객이 현재 어떤 상황인지를 파악하고 접근해야 한다는 뜻이다. 이것이 진짜 영업이다. 무엇인가를 판매하기 위해서는, 상품이나 서비스보다 그 너머에 있는 고객이 사야 할 '이유'가 먼저다.

아직 면허가 없는 고객이라고 해서 포기하면 안 된다. 면허증을 따고 싶게 만드는 것이 우선이고, 고객에게 그런 마음이 생긴 후 자동차를 소개하면 된다. 잘 보이고 싶은 대상이나 욕구가 생긴 다음에, 어떤 화장품을 살지에 대해서 고민하는 것과 같은 이치다. 만약 별 관심이 없는 상황에서, 자꾸 어떤 제품이나 서비스가 좋다며 강조할 때 듣는 사람은 '강매'라고 느낀다. 면허증도 없는 사람에게 자사 브랜드의 자동차가 좋다는 영업은 아무런 효과를 발휘할 수 없다. 그렇다면 어떻게 해야 면허증이 없는 사람이 면허를 따고 싶어하게 될까? 비슷한 상황을 가정해보자.

영업사원 많은 사람들이 친구들에게 인정받기를 원하잖아요. 특히 동창회 같은 곳에 나갈 때는 더욱 그렇고요. ○○○님도 같은 생각인가요?

가망고객 네, 당연하죠.

영업사원 제가 ○○○님이 동창 모임에서 자연스럽게 부러움을 사고 인정을 받는 비법을 알려드릴까요?

가망고객 네, 알려주세요.

영업사원 여기 두 친구가 있습니다. 모임에 나올 때 자차를 끌고 나와서 친구들을 태워주는 친구와 그 차를 얻어 타는 친구, 둘 중 누가 더 친구들의 부러움을 살까요?

가망고객 당연히 차가 있는 친구겠죠.

영업사원 네. 제가 영업 활동 때문에 많은 사람을 만나잖아요. 그런데 ○○
○님은 동년배에 비해 비교적 높은 연봉이고, 외모와 성격도 평균 이상입니
다. 그런 분이 직접 운전하면서 친구들을 집에 데려다주기까지 하면, 자연
스레 인정과 좋은 평판을 얻을 수 있을 것 같아요. 그러니 먼저 면허증이라
도 따두는 것이 필요합니다.

이 예화는 가망고객의 상황에 따라 딱 들어맞지 않을 수도 있다. 중요
한 것은, '고객의 입장을 먼저 살펴야 한다'는 점과 '그렇게 알게 된 내용
에 합당한 이유를 만들어줘야 한다'는 점이다. 고객의 상황과 관계없이,
자동차의 장점이나 회사의 좋은 점만을 내세우는 것은 하수 중에서도 최
하수의 영업 방식이다. 면허증도 없는 사람에게 내가 판매하는 차가 좋다
고 주장해봤자 '한 대 팔아먹고 싶은 마음'을 큰 소리로 광고하는 일밖에
되지 않는다. 면허가 없는 사람에게도 자동차를 판매하기 위해서는 고객
의 관점에서 면허증에 대한 욕구부터 갖도록 만들어야 한다. 그 조건이
완성된 후에는 자사 브랜드의 차가 그에게 좋은 선택인 이유를 제시한다.
이렇듯 고객이 처한 상황에 따라, 적절한 순서로 진행하는 영업적 접근이
필요하다.

과거를 긍정해야 욕구가 생긴다

이번에는 이미 자동차를 소유한 사람에게 영업하는 상황을 가정해보자. 기존에 자동차가 있다면, '차를 바꾸고 싶어하는 욕구'가 우선이 된다. 그 욕구가 생긴 후에 '내가 판매하는 자동차'를 제시하는 방식이 올바른 접근이다. 이미 자동차가 있는 고객을 대할 때 영업사원이 자주 범하는 최악의 실수는 고객이 타는 자동차가 나쁘다고 이야기하거나, 자신이 팔려는 자동차가 더 좋다고 이야기할 때다. '내가 판매하는 자동차가 고객이 가진 자동차보다 좋다'라는 식으로 접근해선 안 된다. 가망고객 입장에서 관심을 가질 만한 다른 이유를 제시해야 한다. 올바른 순서로 고객의 필요를 만들어줄 수 있을 때 영업의 기회를 얻을 수 있다.

인정욕구는 본성이다. 내 자동차를 나쁘다고 말하는 사람에게 호감을 가질 사람은 없다. 지금 고객이 타는 자동차를 깎아내리는 것은 이렇게 소리치는 셈이다.

"당신은 나쁜 선택을 한 것입니다!"

고객이 한 선택에 대해 직접적으로 욕하지 않았다고 강변할 것인가? 사용하는 단어 자체도 중요하지만, 더 중요한 것은 그 말이 내포하는 의미다. 내가 아무리 아니라고 해도 이미 상대방이 그렇게 느꼈다면, 영업은 그것으로 끝난 것과 다름없다. 여기서 더 한심한 영업사원은 '자동차가 좋고 나쁜 이유를 따지는' 사람이다. 설사 내 의견이 옳음을 증명했더라도, 그것은 의미가 없다. 싸움에는 이겼을 수 있지만 영업에서는 졌기 때문이다. 영업은 논리와 이성으로 고객을 이겨야 하는 싸움이 아니다. 기분이 상한 고객은 마음을 닫아버리고 말 것이다.

영업은 내가 팔고자 하는 제품의 좋은 점을 강조해 고객을 설득하는 행위가 아니라, 고객의 관점에서 상품이 필요한 이유를 납득시키고, 내 상품을 구매할 이유를 만들어주는 일이다. 진짜 영업은 그렇다.

처음 보험 영업을 시작했을 때 나도 비슷한 실수를 여러 번 했다. 보험 상담을 하다보면, 가망고객으로부터 기존에 가입한 보험을 분석해달라는 의뢰를 종종 받는다. 영업의 목적이 내가 판매하는 상품을 가입시키는 일이라고만 생각할 때는, 내 상품이 아니면 모두 나쁜 보험이었다. 또 고객이 가입한 보험을 해지시킬 수 있어야 내 상품을 판매할 수 있다고 생각했다. 기존 보험이 모두 나쁘다고 말했고, 무조건 해약이 필요하다고 강하게 주장했다. 경험도 부족했고, 이런 상황에 대해 배운 적도 없었기에 저지른 실수였다. 가끔은 정말 필요 이상으로 많은 보험을 가입한 분들을 만나기도 했다. 그럼 상대방의 기분은 안중에도 없이 이렇게 말하곤 했다.

"보험을 수집하셨네요? 거의 다이소에 온 느낌입니다."

결과는 당연히 거절이었다. '당신이 가입한 보험을 보니 싸구려들만 수집하셨네요'라고 말한 것과 다름없으니, 영업에 성공할 리 없었다. 누군가가 당신에게 (당신이 영업사원이 아니어도 상관없다) 자신의 보험, 자동차, 카드, 옷 등을 봐달라고 청한다면, 평가를 바라고서 하는 부탁이 아니다. 내가 잘한 것인지, 좋은 선택을 했다는 긍정적 답변을 기대하며 묻는 것이다. '나 잘한 것 맞지?' 선택에 대해 확인받고 싶다는 뜻이 내포돼 있는 것이다.

자동차를 바꾸게 하기 위해서는 먼저 '좋은 자동차를 타고 있다'고, '정말 잘 선택했다'고 인정해주어야 한다. 과거의 선택에 대해 현재의 기준으로 평가하면 실례다. 당시의 상황에서 최선의 선택을 했다고 인정해줘야 한다. 이미 지난 일들을 지금의 관점에서 평가해서는 안 된다.

영업사원이 현재 시점에서 볼 때, 고객이 엉뚱하고 이상한 보험을 가입했다고 하더라도 당시 가망고객의 선택엔 나름의 이유가 있었을 것이다. 현재 관점의 판단은 의미가 없다. 과거의 어려운 상황에 좋은 선택을 했던 결심을 인정해주는 일이 중요하다. 고객의 입장에서 판단할 때, 현재 시점에서 만족하지 못하는 보험일지라도 그때 가입했던 것은 잘한 일이다. 혹시라도 위험에 처할 수 있는 미래를 가정하고 대비했으니 말이다. 그러한 마음을 먼저 갖고 생각하면, 잘한 점들이 보인다. 예전에 왜 그렇게 보험을 가입했는지, 왜 지금 타는 자동차를 구매했는지를 돌아보면 칭찬할 점이 많다. 영업사원은 그 점을 찾아내서 인정해줘야 한다. 그것이 영업의 성공을 위해서 가장 먼저 거쳐야 하는 절차다.

삶에서도 이와 비슷한 상황을 자주 만나게 된다. 친구가 옷이 잘 어울리냐고 물을 때, 여행을 다녀왔다고 자랑할 때는 '잘했다'라는 이야기를 듣고 싶은 마음에서다. 이미 구매해서 입은 옷을, 이미 다녀온 여행을, 내 관점에서 평가해 안 좋다고 지적하거나 비판해선 안 된다. 잘 어울린다고, 좋은 곳에 다녀왔다고 인정해줘야 한다. 만약 자기 주변에 사람이 별로 없다는 생각이 든다면, 상대를 인정하기 전에 평가나 비난부터 하진 않았는지 되돌아볼 필요가 있다.

다시 자동차 영업 이야기로 돌아오자. 이미 자동차가 있는 고객에게 '새로운 자동차가 좋다'고 말하는 대신, '현재의 자동차를 바꾸고 싶은 욕구'를 만들어줄 수 있어야 한다. 먼저 지금 타는 자동차가 좋다는 점을, 과거 좋은 선택을 했다는 점을 찾아서 이야기해주자. 그다음 고객의 관점에서 차를 바꿀 욕구를 만들어주고, 그 욕구가 생긴 이후 영업사원이 판매하는 차를 택해야 하는 이유를 가지고 접근해야 한다. 만약 고객이 현재 소유한 자동차의 안전 성능이 부족하다면, 그것을 지적하는 대신 해당 기능에 대한 욕구를 만들어주면 된다.

영업사원 ○○○님이 직업적으로도 운전을 오래, 자주 하신다고 들었습니다. 그렇다면 어쩔 수 없이 가끔 졸음운전을 할 수도 있을 것 같아요.

가망고객 맞아요. 그나마 고속도로에는 졸음 쉼터가 있어서 다행이에요. 문제는 시내 도로나 강변북로 같은 고속화도로를 달릴 때는 정말 깜짝깜짝 놀랄 때가 많아요.

영업사원 네. 요즘 뉴스를 보면 졸음운전 때문에 대형 사고가 많다고 하더라고요. 제 친구도 최근에 그런 사고를 당했습니다. 그래서 저도 요즘 혹시라도 졸음운전을 할 때를 대비해 자동으로 운전해주는 차로 바꿀지 말지 고민중입니다. 잠깐 졸더라도 안전하게 자동으로 운전해주는 기능이 있더라고요.

가망고객 그런 차가 있어요?

영업사원 네. 차선을 이탈하면 자동으로 자동차가 차선 안으로 돌아오게 하고, 잠도 깨워주더라고요. ○○○님도 아이들과 함께 자주 야외로 나가시는 것 같던데 한번 고민해보시죠.

위 예시에서 영업사원은 고객의 자동차가 나쁘다거나 새로 나온 자동차가 더 좋다고 말하지 않았다. 대신 가망고객이 아이들과 함께 자주 드라이브를 간다는 사실을 파악하여, 차선 이탈 방지 기능을 갖추고 싶다는 욕구를 만들어주려고 시도했다. 가망고객이 실제로 그에 대한 욕구를 품게 되면, 영업의 기회는 자연스레 만들어진다. 이처럼 자동차를 바꾸게 하고 싶다면, 새로운 자동차를 향한 욕구를 갖게 하는 일이 우선이다. 만약 고객이 캠핑을 해보고 싶어하거나 좋아한다면 그런 기능에 초점을 맞추는 식으로, 고객 입장에서 이유를 만들어줘야 영업에 성공할 확률이 높아진다.

등잔 밑이 더 밝은 이유

자신이 파는 상품이 보험이든, 자동차든 아니면 신용카드든 영업사원이 오해하면 안 되는 점이 있다. 해당 제품이나 서비스에 대해 사용 경험이 없는 사람은 대체로 가망고객이 아니라는 사실이다. 그들은 앞으로도 그 제품이나 서비스 없이 살아갈 가능성이 높다.

나도 영업 초기에는 보험이 없는 사람을 만나야 성공 기회가 많을 줄 알았다. 하지만 반대였다. 직장생활을 한 지 상당한 시간이 흘렀음에도 보험 없이 살아가는 사람은, 내가 판매하는 보험 상품에도 전혀 관심이 없었다. 경제활동을 하는 사람이 아직까지 보험을 가입하지 않았다는 것은, 앞으로도 계속 그렇게 살아갈 가능성이 높다는 뜻이다. 신용카드도 자동차도 마찬가지다.

영업의 대상은 경제력이 있는 사람이다. 사회 초년생이 아닌 이상 해당 상품을 보유하지 않았다는 것은 무슨 의미인가. 특별한 이유가 없는 한, 대부분 앞으로도 그렇게 살아가겠다는 가치관을 갖고 있다는 뜻이다. 그렇게 자기 생각이 확고한 사람에게는 이야기가 잘 통하지 않는다. 그들에게 권유를 하는 것은, 강요하는 것일 뿐이다. 자동차를 좋아하는 사람이 현재 소유한 자동차를 바꿀 가능성이 높다고 한다. 마찬가지로 이미 상품을 보유하고 있다는 것은 가입할 이유가 있었다는 뜻이고, 기존 고객일수록 새로운 이유에 대한 수용성도 높은 셈이다. 신규 고객을 만들어내기보다 기존 고객에게 증액을, 또는 새로운 카드나 자동차를 구매할 이유를 만들어주는 편이 훨씬 쉽다. 이를 깨닫고 난 후부터 고객에게 이미 보험이 있다는 사실은 더이상 영업 장벽이 아니었다. 오히려 기회가 되는 경우가 많았다.

다음은 이미 연금보험을 가입중이던 의사 고객에게 증액을 권유할 때 나누었던 대화 내용이다. 대부분의 고객은 가입 금액의 크기와 상관없이, 일단 하나라도 가입하고 있으면 노후 대비가 충분하다고 생각하는 경우가 많다. 이런 이유로 기존 고객에게 노후 대비를 위해 추가 연금을 권유하면 대부분 거절한다. 추가로 연금보험의 증액을 권하기 위해서는, 고객이 납득할 수 있는 이유가 필요했다. 이유 없는 증액은 부담이기도 했고, 영업사원을 위해 하나 들어주는 것이라고 생각하는 경우가 많았다. 많은 영업사원이 기존 고객과의 관계를 '이유'로 내세우지만, 그것만으로 고객이 느끼는 부담감을 넘어서기는 어렵다.

다음 예화에 나오는 고객도 마찬가지였다. 그러나 우연한 기회에 발견했던 '증액해야 할 이유'가 그 저항을 넘어서게 만들었다. 2018년 나는 오랫동안 꿈꿔왔던 스페인 여행을 다녀왔다. 여행 경비의 대부분이 비행기 요금이었는데, 마일리지 카드를 사용해 적립한 마일리지로 비즈니스 클래스 항공권을 예약해 비용을 크게 절약할 수 있었다. 당시 스페인에서 만났던 일행 중 의사 부부가 있었다. 귀국하는 마드리드공항에서 내가 비즈니스 클래스를 타는 모습에 놀라는 부부의 표정에서 힌트를 얻었고, 이를 고객이 증액해야 하는 이유로 사용했다.

나 원장님. 제가 이달 초에 열흘간 스페인 여행을 다녀왔습니다. 원장님께 자랑하는 것은 아니고, 그 여행에서 제가 느낀 점이 있어서 찾아뵙게 되었습니다. 원장님께서 저를 통해 연금을 가입하셨는데, 가입의 가장 큰 이유 중 하나가 은퇴 후 여행을 다니기 위한 준비라고 하셨던 것 기억하시죠?

의사 고객 그렇죠. 그것 때문에 매월 열심히 넣고 있죠.

나 제가 이번 여행에서 은퇴하신 의사 부부를 만났습니다. 여행 기간 내내 친하게 지냈는데, 마드리드공항에서 제가 비즈니스 좌석을 탄다는 데에 아주 놀라시더라고요. 그 표정을 보자마자 원장님 생각이 났습니다. 한국에 가면 꼭 원장님께 비즈니스 항공권을 선물해드려야겠다는 결심으로 달려왔습니다.

의사 고객 비즈니스 항공권 선물이라고요? 우아! 듣기만 해도 기분좋네요.

나 원장님이 은퇴를 목표로 하는 나이가 60세이니, 이제 10년 남았습니다. 10년 후 부부만, 아니면 친구 부부와 함께 여행을 가시게 될 것입니다. 설레는 마음으로 공항에서 만났는데 항공기를 타는 순간 원장님은 일반석으로, 친구 부부는 비즈니스석으로 향한다면 어떤 일이 벌어질까요? 아마도 그것 때문에 즐거워야 할 여행이 시작부터 엉망이 될 수 있을 것 같아서요.

의사 고객 음. 그럴 수도 있겠네요. 친구와 본의 아니게 비교되면 기분이 나빠질 수도 있겠네요.

나 네, 맞습니다. 원장님은 이미 여행 자금을 위해 연금을 넣고 계시잖아요. 이왕 하시는 것 조금 더 보태서 비즈니스 항공권을 미리 준비하셨으면 합니다. 지금은 부담이 되겠지만 10년 후 여행을 가실 때는 행복감으로 충분히 보상받으실 것입니다.

의사 고객 음, 글쎄요.

나 원장님 하나만 여쭤보겠습니다. 10년 후 절친 부부와 유럽 여행을 위해 공항에서 만났습니다. 즐겁게 대화를 하다가 비행기에 탑승하게 됩니다. 지금부터 미리 준비하신 원장님 부부는 비즈니스석으로, 친구 부부는 일반석으로 향합니다. 친구와 원장님 중 여행하는 내내 즐거운 기분을 유지할 수 있는 분은 누구일까요?

의사 고객 당연히 우리 부부겠네요. 친구 부부는 본의 아니게 비교당하면서 속이 상할 수도 있고.

나 그래서 제가 귀국하자마자 원장님께 달려온 것입니다. 오늘 비즈니스 항공권을 미리 예매하시면, 10년 후 원장님의 탁월한 선택에 엄청 기뻐하실 것입니다.

다시 말하지만 인간은 '인정욕구'에 민감하다. 특히 타인과 비교되는 모습을 상상하면, 그 욕구가 더 강해질 수 있다. 이미 연금을 가입했을 당시 여행을 위해 사용하라는 이유를 만들어준 적이 있었으니, 좌석을 업그레이드하라는 이유도 통할 수 있었다. 만약 이분이 연금보험에 관심이 없어서 50세가 되었음에도 가입하지 않았다면, 그 어떤 이유도 소용없었을 것이다.

중급 구매를 이끌어내는 ①-②-③ 접근법

'납득'은 '이유'를 먹고 살아간다

코로나19 팬데믹 직전, 친조카가 신용카드 영업을 시작했다며 찾아왔다. 시작한 지 얼마 지나지도 않았는데 더이상 갈 곳이 없다며, 삼촌인 나를 찾아온 것이다. 요즘 신용카드가 없는 사람이 없으니, 얼마나 답답했을까. 나에게 주변 사람을 소개시켜달라고도 부탁했지만, 진짜 바란 것은 가입 후 한 달만이라도 사용하도록 말해달라는 청이었다. 억지로라도 가입시키면 바로 해지하는 사람이 부지기수라 지쳐가는 상황에서, 마지막으로 희망을 품고 내게 부탁한 것이었다. 조카의 이야기를 들어보니 지금까지 영업해온 방식에 '고객의 입장에서 가입해야 할 이유'가 담겨 있지 않았다. 어차피 신용카드는 필요하니, 한 장 가입해달라는 부탁만 있었다. 영업 실적을 내지 못하는 것은 당연했다.

"정훈아. 신용카드 없는 사람을 찾지 말고, 이미 있는 사람에게 연회비가 비싼 카드를 영업해보는 것은 어떨까?"

"삼촌. 제 입장에서는 당연히 그렇게만 된다면 수당도 높으니 무조건 좋죠. 그런데 연회비 만 원도 아깝다고 해지하는 사람들이 많은데, 누가 그런 비싼 카드를 가입하겠어요?"

아마 이 글을 읽고 있는 여러분도, 조카와 같은 생각을 할 가능성이 높다. 독자분들도 이미 카드를 여러 장 갖고 있을 것이고, 보유중인 카드마다 내야 하는 연회비를 부담스럽게 느낄 것이다. 그러나 대부분의 가망고객이 비싼 연회비의 카드를 가입하지 않는 이유는, 연회비를 비싸게 내면서까지 카드를 가입해야 할 이유가 없기 때문이다. 고객이 납득할 만한 이유를 만들어줄 수 있다면 이야기가 달라진다. 연회비가 비싼 카드는 잘 가입하지 않을 거라는 생각은, 고정관념이나 선입견에 지나지 않는다.

물론 카드가 없는 사람은 어떤 이야기를 해도 통하지 않을 가능성이 높다. 자신의 가치관이 강하기 때문에, 납득시키려 해도 소용없다. 그러므로 연회비가 높은 카드를 가입하도록 만들 수 있는 가망고객은, 기존 카드 사용자이다. 비싼 연회비를 감당하면서도 가입할 만한 이유를 만들어주고, 그 이유에 고객이 동의하면 된다.

조카에게 제시한 '이유'는 크게 두 가지였다. 하나는 호텔을 이용하면서 여행을 즐기는 사람에게, 또하나는 골프 라운딩을 자주 다니는 사람에게 통할 거라 생각하며 만든 이유였다. 조카에게 만들어주었던 대본 중 먼저 여행을 즐기는 가망고객에게 사용하라고 했던 대본을 소개한다.

영업사원 과장님, 질문 있습니다. 지금 신용카드 많이 갖고 계시잖아요. 그런데 어떤 카드사에서 1년에 20만 원을 사용할 때 30만 원 이상을 돌려준다고 하면 어떻게 하시겠어요? 정말 그런 것이 있는지 확인하고 싶으실 것 같아요.

여행을 좋아하는 가망고객 정말 그런 카드가 있어요?

영업사원 당연히 있죠. 과장님이 여행을 좋아하신다고 들었습니다. 코로나 방역이 완화된 이후 요즘 특급 호텔 숙박료가 많이 올랐잖아요. 그런데 이 카드를 사용하시면 무조건 1년에 특급 호텔 1회 사용을 보장합니다. 저도 작년 성탄절에 ○○호텔을 다녀왔거든요.

여행을 좋아하는 가망고객 음, 성탄절에 ○○호텔은 요금이 정말 비쌀 텐데……

영업사원 거기에 시내 주요 호텔에서 매달 5회까지 무료로 주차가 가능합니다. 연회비가 20만 원인데, 특급 호텔 1박만 사용해도 훨씬 이익이에요. 성탄절이나 기념일에 특급 호텔 예약했다고 하면 연인분도 아마 감동하실 겁니다. 이번 기회에 점수 확실하게 따보시죠!

골프를 좋아하는 가망고객에게는 이렇게 이야기를 해보라고 했다.

영업사원 과장님, 골프 좋아하신다고 말씀 들었습니다. 라운딩 자주 다니시죠?

골프를 좋아하는 가망고객 네, 가끔 다녀요.

영업사원 그런데 요즘 골프 인구가 늘어서 골프장 예약하는 일이 어렵다고 들었습니다. 비용도 만만치 않고요. 과장님은 어떻게 예약하고 계시나요?

골프를 좋아하는 가망고객 그러게요. 비용도 부담이거니와 예약 자체가 어려워서 답답하죠.

영업사원 과장님의 그런 고민을 제가 1년에 딱 세 번은 해결해드리려고 왔습니다. 퍼블릭이 아닌 회원제 명문 골프장 예약을 세 번 보장하고, 라운딩 비용도 1회당 10만 원 지원해주는 카드가 있습니다. 연회비보다 혜택이 훨씬 큰 카드라 과장님도 마음에 들어하실 것 같은데요?

골프를 좋아하는 가망고객 정말요? 그런 카드가 있어요?

이런 카드는 나도 사용하고 있다. 연회비가 20만 원인데 특급 호텔 1박을 무료로 제공하고, 골프장 예약을 3회까지 보장함은 물론 라운딩 보조금도 지원해준다. 부담하는 연회비보다 최소 두 배 이상을 돌려받는 셈이다. 친구들에게 이런 이야기를 하면 대부분 그 카드가 무엇인지 묻고 바로 가입했다. 내가 카드 영업사원이 아님에도, 가입할 이유를 알려주자마자 자발적으로 가입한 것이다. 그런데 위의 대본을 제시하자, 조카는 엉뚱한 불평을 했다.

"삼촌, 제가 고객이 골프를 좋아하는지, 여행을 좋아하는지 어떻게 알아요. 너무 이론적인 이야기라 현실성이 없잖아요."

답답하고 안타까웠다. '그러니까 네가 영업을 못하지, 한심한 놈아'라고 한소리를 해주고 싶었다. 아마 대부분의 영업사원은 조카가 말한 것처럼 생각할 가능성이 높다. 하지만 정말 그렇게 생각한다면, 영업 실적이 엉망인 데에 이유가 있는 셈이다.

구매해야 할 이유가 없다면 누구도 사지 않는다. 거듭 강조하지만 그 이유는 당연히 고객의 입장에서 나와야 한다. 고객의 삶에 기반한 이유가 아니면 절대 통하지 않는다. 아무리 연회비가 싸다고, 혜택이 좋다고 설명해도 카드를 가입시키기는 쉽지 않다. 고객의 입장에서는, 저렴한 연회비 등의 이유들이 카드 하나 가입시키려는 영업사원의 술수로만 보이는 경우가 많은 탓이다.

고객의 입장에서 이유를 만들어주기 위해서는, 가망고객에 대해서 많이 알아야 한다. 그리고 상대를 알려면 대화를 통해 조금 더 가까이 다가가는 일이 중요하다. 사무실에 카드 가입 신청서만 열심히 돌리고 다니는 영업사원에게 자기 이야기를 해줄 고객은 없다. 영업사원은 반드시 고객에게 가까이 갈 수 있는 기회를 만들어야 한다. 자주 방문하여 얼굴을 익히든, 예의바르게 인사해서 대화의 기회를 만들든, 아니면 친한 사람에게 소개받아서든 어떤 식으로든 다가갈 방법을 찾아야 한다. 그래야 기회가 생기고, 그 기회에서 이유를 제시할 수 있는 여지를 만들 수 있다.

고객은 Needs를 모른다!

　푸르덴셜생명보험에 입사하면 1개월 동안 영업 활동에 대해 배운다. 가장 중점적으로 배웠던 것이 'Needs Based Selling(이하 'NBS')'이었다. 고객에게 아무 보험 상품이나 권하지 말고, 고객의 필요를 파악해서 그에 맞는 상품을 판매하라는 의미였다. NBS를 위해서는 고객의 상황을 최대한 많이 알아야 했고, 그것을 위해서 사실 확인Fact Finding, FF을 철저하게 하는 것이 중요했다. 매니저는 영업사원이 매일 또는 매주 몇 개의 FF를 챙겼는지 검사하곤 했다.

　아래 첨부한 사진은 지금도 사용하고 있는 FF 기록지다. 이를 토대로 고객의 상황을 파악해서 생명보험이 적다고 생각하면 보험 상품을, 노후 준비가 부족하다고 판단하면 연금 상품을 권하는 것이 NBS였다. 단어만 보면 고객의 니즈needs(필요)에 초점을 맞추는 것 같지만, 상담을 하다보면

3. 준비자금

	성명(피보험자)	상품명	보장금액	질병보장여부	가입연령	보험기간	보험료
생명							
손해							

	구분	현재평가금액	월저축액	저축기간	비고
금융자산	예적금 / 펀드 / 기타	만원			
	예적금 / 펀드 / 기타	만원			

	구분	현재평가금액	부동산명	비고
부동산	자가 / 전세 / 투자	만원		
	자가 / 전세 / 투자	만원		

			만원	퇴직금(연금)	현시점수령액	만원
공적연금	예상 수령액(월)					
	상품명	연금보험료	가입연령	납입기간	연금개시연령	
개인연금						

실제로는 고객이 아닌 영업사원의 니즈였던 경우가 많았다. 그 상품이 필요하다고 여긴 것도, 가입해야 한다고 생각하는 것도 영업사원이었다.

논리로 따지면 보험과 연금은 누구에게나 중요하다. 문제는 가망고객이 그것을 인정하느냐였다. 또한 설사 고객이 인정한다고 하더라도, 지금은 여유가 없으니 나중에 하겠다고 말하면 그걸로 끝이었다. 이제 와 생각해보면 부담스럽다며 가입을 미룬 진짜 이유는, 가망고객의 니즈가 아니었기 때문이다. 영업사원이 고객의 니즈라고 생각한 것이, 사실은 고객이 아닌 영업사원의 니즈였던 것이다. 가입한 보험이 있느냐 없느냐, 보험료가 급여에서 차지하는 비중의 크고 작음 문제만으로 다른 상품이 필요하다고 결론을 내린 것은, 그저 영업사원의 니즈였다.

고객의 관점에서 니즈를 생각하면 두 가지로 나뉜다. 하나는 고객 스스로도 정확하게 알고 있는 니즈이고, 다른 하나는 자신도 모르는 니즈이다.

먼저 고객이 스스로 알고 있는 니즈는, 부족한 시점이 되면 알아서 구매하는 필수재 등과 관련있다. 쌀이나 가스, 연료, 신발 등 떨어지면 문제가 생기는 물건들은, 그전에 알아서 구매한다. 이 경우에는 영업사원의 설득이나 홍보가 아닌 브랜드에 대한 광고, 전화번호, 전단지 등이 필요하다. 고객 스스로 니즈를 파악할 수 있는 상품에는 전문 영업사원이 필요하지 않은 것이다. 고객이 동네 슈퍼마켓이나 쿠팡에서 알아서 주문하니 말이다.

영업사원이 나서야 하는 경우는 필수 소비재가 아니며, 고객이 스스로 필요한지 아닌지를 잘 모르는 상품을 판매할 때다. 보험, 카드, 자동차 등이 이에 해당된다. 경제학 용어로 말하자면 자유 소비재다. 이런 자유 소비재는 있으면 좋지만, 반드시 필요하진 않은 경우가 많다. 즉 고객이 해당 제품이 필요한지 스스로 물어보았을 때, 없어도 사는 데 지장이 없다는 생각이 드는 물건들이다. 필요에 의한 상품이라기보다는, 다른 사람에게 보여주기 위한 상품일 가능성이 높다. 또한 필요하지만 당장은 아니라고 판단하여 구매를 연기하는 상품들도 포함된다. 이런 상품을 거절할 때는 대부분 이렇게 말하곤 한다.

"당장은 아니더라도, 언젠가 있었으면 좋겠네요."

문제는 '언젠가'가 도대체 언제냐는 것이다. 능력 있고 성과가 뛰어난 영업사원인지 아닌지의 여부는, 고객의 '언젠가'를 '지금 당장'으로 바꿀 수 있느냐에 달려 있다. '언젠가 있으면 좋겠다 싶은 제품'을 '지금 당장 있으면 좋은 제품'으로 바꾸기 위해서는 '고객의 입장에서 인정할 수 있는 이유'가 필요하다.

고객은 스스로 이유를 만들지 않는다. 만들 필요가 없다. 사람이라면 대부분 미래보다 현재가 중요하다. 많은 사람들이 미래의 이점이나 필요보다, 현재의 수고나 고생에 초점을 맞춘다. 지금 당장 필요하지 않은 제품을 구매하는 일에는, 미래를 위해 현재를 희생한다는 의지가 있어야 한다. 그런 수고를 감내할 이유가 없으면, 사람들은 일단 미룬다. 오늘 할일을 내일로 미루는 것, 언젠가가 아니라 지금 당장 편한 삶을 누리고 싶어하는 것은 인간의 본성이다. 본성은 강력하다. 무의식 속에 깊이 박혀 있기에, 그 본성을 넘어서기 위해서는 스스로가 넘어서야 하는 이유를 납득할 필요가 있다. 고객이 하고 싶어하는, 고객의 관점에서 나온 이유여야 그 강력한 본성을 뛰어넘을 수 있다. 즉, 구매 결정이 나올 수 있는 것이다.

'지금 당장의 본성'을 넘어서게 만드는 구매 이유는, 또다른 본성인 '인정욕구'에 기반하여 결정된다는 점이 중요한 포인트다. 인정욕구가 작동하면, 미래를 위해 현재의 돈을 기꺼이 지불하는 게 대부분의 사람이다.

보험상품도 마찬가지다. 보험상품을 가입하는 데는 가족을 위해 또는 미래를 위해 철저하게 준비한다는, 또 그럴 만한 능력이 있다는 점을 보여주고 싶다는 인정욕구가 어느 정도 들어 있다. 자동차도 그렇다. 오로지 이동 수단으로만 생각하면 싸고 튼튼한 차가 좋다. 하지만 비싼 자동차를 소유하는 대부분은, 내가 이런 자동차를 탈 능력이 있다는 걸 보여주고 싶은 인정욕구를 지니고 있다.

그렇다면 답은 나왔다. 고객의 '언젠가'를 '지금 당장'으로 바꾸는 방법은, 인정욕구를 자극하는 이유를 만들어주는 것이다.

Needs Making Selling! NMS의 법칙

구매 결정의 동인이 되는 인정욕구는, 인정을 받고 싶은 대상에 따라 크게 세 가지로 구분된다. 고객이 내가 파는 상품이나 서비스를 통해 누구에게 인정을 받고 싶어하는지를 미리 구분해둔다면, 어떤 '이유'를 만들어줄지에 대한 힌트를 얻을 수 있다.

첫번째는 가족으로부터 인정받고 싶은 욕구다. 해당 상품이나 서비스가 남편으로서, 아내로서, 부모 또는 자식으로서 느끼는 인정욕구를 채워줄 때 구매를 결정한다. 대표적으로는 보험, 가전제품이나 특정 기능을 담은 자동차 등이 이에 포함된다.

두번째는 지인에 대한 인정욕구다. 여기서 지인이란 친구, 직장 동료, 동호회 회원 또는 이웃을 말한다. 의류, 여행 상품, 자동차 등의 상품은 대부분 지인에 대한 인정욕구가 강할 때 구입한다.

마지막 세번째는 사회적 인정욕구다. 고가의 명품 가방이나 슈퍼 카 등이 이 욕구와 관련된다.

인정욕구가 이 세 가지로 구별된다는 점을 염두에 두고, 영업사원은 그에 맞는 '이유'를 만들어내야 한다. 당연히 영업사원의 입장이 아닌 고객의 입장에서 만들어지는 이유다. 어떤 제품은 세 가지 분류를 넘어서기도 하고, 세 가지 중 몇 가지가 중복되기도 한다. 자동차나 일정 가격 범위 안에 있는 명품 가방 등이 이에 포함된다.

이해를 돕기 위해 조금 더 쉬운 설명으로 들어가보자. 캠핑을 좋아하는 가장에게 자동차를 판매하려는 영업사원이 만들 수 있는 이유는 두 가지가 있다. 첫번째는 가족으로부터의 인정욕구 해소, 두번째는 친구를 비롯한 주변 사람들에게 인정받고 싶은 욕구의 충족이다.

아래 두 가지 예화가 있다. 어떤 문장이 구매를 결정하는 데 더 효과를 발휘할 수 있을까? 짧은 대화로 이유를 납득시키기는 어렵다. 대화를 통해 이유를 만들어주는 데에도 순서가 필요하다. 그 방법에 대해서는 다음 장에서 자세하게, 구체적으로 설명할 예정이다. 여기서 제시하는 문장은 전체 대화법의 일부이며, 핵심 내용을 짚기 위해 제시하는 문장이라는 점을 먼저 밝힌다.

A ○○○님을 좋아하는 친구들에게 능력 있는 분으로 보이게 만들어드릴 수 있습니다. 산악 지형을 멋지게 달리는 모습을 자랑한다면, 친구들이 부러워하지 않을까요?

B 많은 가장이 자녀에게 친구 같은 아빠가 되기를 꿈꾸더라고요. 친구 같

은 아빠가 되는 가장 좋은 방법은, 자녀와 함께하는 추억을 많이 쌓는 것입니다. 자녀와 함께 캠핑장에서 별과 달을 보며 대화하는 모습을 상상해보셨나요?

사람마다 관점은 다를 수 있다. 어떤 사람은 A가 좋다고 생각할 수 있지만, 나는 B의 관점에서 이유를 만드는 편이 가망고객에게 더 긍정적인 생각을 심어주리라 예상한다. 세부 사항은 제각기일지라도 상품이나 서비스에 따라 가망고객의 인정욕구를 자극하여, 어떤 구매의 이유를 만들어주느냐가 영업 성패의 중요한 변수가 된다. 단순하게 급여가 얼마이고, 기존에 어떤 상품이나 서비스를 가지고 있느냐가 중요한 것이 아니다. 보이는 숫자와 보유 여부만으로 NBS를 이야기하는 것은 의미가 없다. 가망고객의 상황과 처지에 따라, 팔고자 하는 상품과 서비스가 어떤 인정욕구를 자극할 수 있는지에 대한 연구가 필요하다. 그리고 그렇게 고객의 입장에서 만들어진 '이유'가 고객을 납득시킬 수 있어야 한다.

고객을 납득시킬 이유를 만들어내는 일이 진짜 영업이다. 그래서 실적이 좋은 영업사원은 NBS가 아니라 'Needs Making Selling(이하 'NMS')'을 한다. 이때의 니즈는 고객이 생각지도 못했거나, 지금이 아닌 나중에 해도 상관없다며 미루고 있었던 니즈다. 그것을 지금 당장 준비해야 할 이유에 대해서, 가망고객이 고개를 끄덕이게 만들면 영업은 성공이다.

가망고객이 자신의 니즈를 모르는 이유는, 미래에 어떤 문제가 생길 수 있을지에 대해서 생각해볼 필요가 없었기 때문이다. 고민해본 적이 없으니 문제도 발견할 수 없다. 현재의 상황을 방치하면, 문제가 발생할 수 있음을 깨닫게 해야 한다. 문제를 인식하면 고치려 할 테고, 고치기 위해서는 영업사원이 갖고 있는 솔루션이 필요할 테니까 말이다.

그러나 고객이 스스로 문제를 알고 있다고 하더라도, 무조건 판매에 성공할 수 있는 것은 아니다. 가망고객이 문제를 파악하고 있으니 영업사원이 '팔면 바로 살 것'이라는 생각으로 접근하면, 오히려 저항을 불러일으킬 수 있다. 지금 당장 부족하면 문제가 되는 생필품 등이면 바로 해결하려 한다. 하지만 장기적으로 시간이 걸리거나 문제가 확률적으로 발생하는 경우라면, 사람들은 문제 해결을 계속 미룰 가능성이 높다.

주식투자에 '시장이 문제삼지 않으면, 문제는 문제가 되지 않는다'라는 격언이 있다. 아무리 큰 악재라도 투자자들이 문제삼지 않으면, 주가에는 영향을 미치지 못한다. 다른 경우도 마찬가지다. 사람의 인생에서도 비슷한 상황이 연출된다. 문제를 알고 있다고 해도, 이를 해결할 도구를 당장 사려고 하지 않는다. 당장 해결하지 않는다고 반드시 문제가 발생할 거라는 법칙은 없기 때문이다. 미래에 도달하기까지는 아직 긴 시간이 필요하다. 주식시장처럼 아직까지는 괜찮다고 생각한다. 그러나 영업사원이 그 문제를 지금 준비해야 하는 '이유'를 제시하고 납득시키면, 그때부터 고객의 태도가 달라진다. 그러므로 고객 입장에서 피부로 느낄 수 있는 이유를 어떻게 만들 수 있는지가 영업에 가장 중요한 포인트가 된다. 영업사원은 고객이 피부로 느낄 수 있는 이유를 만들어줘야 한다.

해결을 원한다고 도구를 사고 싶어하는 것은 아니다

사람은 자신의 삶에 문제가 있다면 해결하기를 바란다. 그렇다고 문제

해결의 도구를 사고 싶어한다는 말은 아니다. 지금 당장 처리해야 하는 문제가 아니라면, 일단 미루고 싶어한다. 에너지를 아끼고 있어야 위험에 처했을 때 생존 가능성이 높아지기에 생긴 인간의 본성이다. 미루고 싶어하는 사람들을 움직이게 만들려면, 고객이 그렇게 할 이유가 필요하다. 영업을 잘하는 영업사원이라면 그 이유를 고객의 입장에서 찾아내 제시한다. 그 이유는 무언가를 갖고 싶다거나, 앞으로 직면하게 될 문제를 해결하고 싶다는 욕구다. 앞에서 설명한 니즈를 '필요'라고 생각하면 답이 보이지 않지만, '고객의 욕구'라는 단어로 대체하면 안 보이던 답이 드러나기도 한다.

'욕구'와 '필요'라는 말을 좀더 이해하기 쉽도록 건강보조식품으로 예를 들어보자. 수년 전 지인이 대형 건강보조식품 업체에 사업자 등록을 하고 찾아온 적이 있다. 업체에서 판매하는 대표적인 영양제가 있는데, 여기서는 A라고 해보자. 그는 A의 성분과 효능, 나와 비슷한 연배의 중년에게 영양제가 얼마나 효과적인지 열심히 설명했다. 나를 찾아와 화장품 성분만 주야장천 강조한 친구 여동생 경희처럼 말이다. 판매하려는 상품이 나에게 왜 '필요'한지, 영업사원의 입장에서만 설명했던 것이다.

'일단 먹으면 몸에는 좋겠지'라는 생각에 하나 구매하기는 했지만, 다른 가망고객을 소개해주고 싶은 마음은 들지 않았다. 경희처럼 나와 친했거나 가까웠다면 영업 방법에 대해 조언해주었겠지만, 그 지인에게는 아무 말도 하지 않았다. 나의 조언에 혹시 기분이 상할까 걱정됐기 때문이다. 그는 나에게 A를 사야 할 이유도, 영양제를 먹고 싶은 욕구도 만들어주지 못했다. 오로지 A의 성분이 다른 제품에 비해 훌륭하다는 말만 반복했다.

좋은 이야기도 한두 번이다. 계속해서 영업사원의 입장에서 팔려는 의도를 드러내니, 오히려 답답하면서 불쾌한 느낌만 갖게 되었다. 고객 중심이 아닌 판매자 중심의 영업은 뻔한 결과를 불러온다. 고객으로 하여금 영업사원을 적으로 간주하게 만들어버린다.

그럼 A를 판매하기 위한, 고객 중심의 효과적인 영업 방법은 무엇일까? 욕구와 필요로 구분하여, 고객이 사야 할 이유를 만들어보자. 가장 먼저 영양제를 먹고 싶은 욕구를 만드는 작업을 해야 한다. 그 욕구가 생긴 다음, 영업사원이 판매하려는 상품에 대한 설명이 이루어져야 한다. 고객 입장에서 만들어진 욕구를 해결해주는 상품이 A가 되어야 하는 것이다. 다시 말해 우선 욕구가 먼저 생겨야 하고, 그 욕구를 충족시켜줄 수 있는 솔루션이 곧 영업사원이 판매하려는 상품이 되어야 하는 것이다. 접근부터 올바르게 시작해야 한다.

영업사원 영업을 잘하는 사람들의 공통점 중 하나가 피부가 좋은 것이라는 이야기가 있더라고요. 저희 회사 영업 성적 상위권에 있는 사람들을 관찰해봤는데, 실제로도 정말 피부가 좋았습니다. 영업을 잘하려면 피부가 좋아야겠다는 생각이 다시 한번 들더라고요.

가망고객 네. 그래서 영업사원들이 외모 관리를 많이 한다고 하더라고요.

영업사원 그래서 저도 영업을 잘하고 싶은 마음에, 얼마 전 친구가 운영중인 피부과를 찾아간 적이 있어요. 건강해지면 피부가 좋아지니까, 적당한 운동과 함께 괜찮은 영양제를 추천해주더라고요. 의사인데다 친한 친구가 해준 말이니 믿고 따라 해봤는데 정말 피부가 좋아졌어요. 피부가 좋아져서인지, 그 이후 영업 성적도 향상되었답니다. 고객님도 보험 영업을 하고 계시잖아요. 지금도 잘하고 계시겠지만, 영업 성적이 더 좋아지는 데 도움을 드리고 싶어서 찾아뵙게 되었습니다.

앞에서 예를 들었던 화장품처럼, 영양제도 먹고 싶은 욕구가 먼저 생겨야 한다. 화장품을 팔고 싶다면, 누군가에게 잘 보이고 싶은 고객의 욕망이 먼저 필요하다고 했다. 상대가 남자친구든 여자친구든 잘 보이고 싶은 사람이 생기면, 화장을 더 잘하고 싶은 욕구가 생길 수 있다고 했다.

자동차도 마찬가지다. 고객이 먼저 자동차를 갖고 싶은 욕구가 있어야, 내가 파는 자동차에 대한 이야기를 시작할 수 있다. 면허증을 따고 싶은 욕구, 새 자동차로 바꾸고 싶은 욕구를 먼저 자극하고, 그다음 내가 판매하는 상품을 선택해야 하는 이유를 제시하는 것이 영업의 순서다. 만약 그러한 욕구를 만들지 못하고 상품이 좋다는 이야기부터 먼저 한다면, 그 순간 영업은 실패하고 만다. 계속 강조하지만 이런 경우 영업사원은 곧바로 고객의 적이 되어버린다. 적에게 물건을 사고 싶어하는 사람은 이 세상에 존재하지 않는다.

"자기야, 나 드라이버 바꾸고 싶어. 향은이 드라이버 비거리가 엄청 늘었는데, 아무래도 그 드라이버로 바꾼 영향이 큰 것 같아."

일주일 전 지인들과 라운딩을 다녀온 아내가 한 말이다. 지금 드라이버도 비거리 문제로 고민하다가 2년 전 새로 구매한 것이다. 당시에도 상대적으로 비싼 고반발 드라이버로 교체했는데, 또다시 바꾸고 싶다고 했다. 왜 갑자기 그런 생각을 했는지 궁금해서 이유를 물었다.

"향은이가 집 근처 피팅 숍에서 피팅을 받았다는 거야. 자기 근력이나 스윙 스피드에 맞는 샤프트와 함께 드라이버를 맞췄더니 방향성도 좋아지고, 거리도 엄청 늘었더라고. 나도 스윙 궤적이나 근력이 자기와 비슷하니까 바꾸면 놀랄 거라고 하더라."

아내가 갑자기 드라이버를 바꾸고 싶어한 것은, 그렇게 하고픈 '욕구'가 생겼기 때문이다. 향은이란 친구는 자신의 이야기로 아내의 마음을 움직였으니, 만약 영업사원이었다면 칭찬받을 만하다. 골프를 쳐보면 안다. 최대한 멀리 보내고 싶은 것이 골퍼의 꿈이다. 그 욕구를 아내의 친구는 간단하게 자극해줬다. 이렇듯 무엇인가를 갖고 싶은 욕구를 자극하는 일이 우선이다.

영업사원이라면 가망고객의 삶에 가까이 들어가야 하고, 고객의 관점에서 어떻게 그 마음을 움직일 수 있는지 찾아내야 한다. 어떤 상품이 필요하다고 주장하기에 앞서, 그렇게 하고픈 욕구를 먼저 만들어주어야 한다는 말이다.

사람은 설득되지 않는다, 절대로!

푸르덴셜생명보험에서 달러로 납부하고 수령하는 종신보험 상품이 처음 나왔을 때의 이야기다. 많은 설계사들이 판매할 상품의 종류가 늘어났다고 좋아했다. 하지만 실제 판매 사례는 예상과 다르게 그리 많지 않았다. 회사는 그 이유를 비싼 보험료나 상품의 구조에서 찾으려고 했다. 하지만 나는 판매 접근 방식이 달라져야 한다고 보았다. 단순하게 보험료와 보험금, 그리고 해약 환급금을 달러화로 받을 수 있다는 설명으로는 부족했다. 일단 달러화를 갖고 싶은 욕구를 만들어주는 것이 우선이었다. 보험이라고 접근하면 이미 보험이 충분하다고 생각하는 상황에서, 추가로 달러보험을 가입할 이유를 만들어 제시하기란 쉽지 않았다. 회사가 제공한 영업 자료는 달러화의 강점에 대한 설명이 대부분이었다.

다시 강조하지만 사람은 설득되지 않는다. 영업은 고객이 영업사원의 의견에 공감할 때, 즉 납득할 때 시작된다. 달러보험이 아니라 달러화를 갖고 싶은 욕구가 생겨야 하고, 달러화를 가져야 할 이유에 납득되어야 하는 것이다. 고민하다가 한 장의 종이만 꺼내두고, 고객과 대화를 시작했다. 한국 경제에 큰 충격을 주었던 1997년 외환 위기와 2008년 금융 위기 당시 금융시장이 어떻게 움직였는지에 대한 회상이 핵심이었다.

1997년 IMF 외환위기를 겪었던 시기, 나는 종합금융회사에서 근무하고 있었다. 당시 외환 위기를 겪는 과정에서 부동산과 주식 시장은 달러화 유

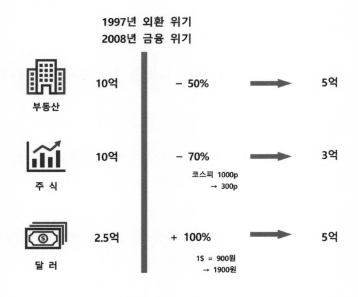

중급 구매를 이끌어내는 ①-②-③ 접근법

출로 인해 폭락했다. 주식과 부동산 등 모든 투자시장이 상당한 손실을 본 시기였다. 그런 시기에 유일하게 돈을 벌었던 사람은, 달러를 가지고 있던 사람이었다. 달러화를 많이 보유한 사람은 높은 환율에 환전하고, 그 돈으로 헐값이 된 주식과 부동산에 투자하면서 두 배 이상의 차익을 내기도 했다. 당시 많은 사람들이 돈은 이렇게 번다는 걸 배웠다. 그리고 언젠가 그런 시기가 다시 오면, 그때는 달러화를 미리 준비해 꼭 부자가 되리라 다짐했다. 나 역시 마찬가지였다.

그렇게 시간이 흘러 10년 후, 2008년 금융 위기가 발생했고 혼란은 그대로 재현되었다. 하지만 10년 전 달러화로 돈을 벌어 부자가 되는 모습을 목격했고, 나중에 비슷한 상황이 발생하면 나도 그 방법으로 부자가 되겠다고 다짐했음에도, 결과는 1997년과 달라지지 않았다. 달러화가 충분했다면 환전해서 주식과 부동산에 투자했을 것이다. 그런데 달러화를 가지고 있지 않았다. 설령 보유하고 있더라도 투자할 정도의 금액은 아니었다. 남은 것은 후회였고, 속상함은 덤이었다. 그때를 상기하면서 가망고객과 달러화 이야기를 할 기회가 생기면, 나는 이렇게 질문하며 대화를 시작했다.

"저도 1997년의 경험이 있어서, 한때는 달러화를 적금 들듯이 나름 열심히 모은 적이 있습니다. 그런데 막상 위기가 발생한 후에 보니 달러화가 거의 없었어요. 열심히 모았던 달러화를 금융 위기 때까지 왜 지키지 못했을까요?"

언젠가 다시 올지 모르는 위기에 대비하여 달러화를 모아간 적이 있었다. 그런데 처음 1년, 다시 2년이 지나자 위기에 대한 생각이 조금씩 흐릿해지기 시작했다. 위기가 안 올지도 모르는데 쓸데없는 짓이 아닐까 의심한 탓이다. 그때부터 은행 외화예금에 있던 달러화를, 여행이나 출장을 갈 때 조금씩 찾아서 쓰기 시작했다. 원/달러 환율도 계속 하락했기 때문에, 위기는 오지 않을 거라고 스스로 합리화했다.

위기가 언제 닥칠지 알았다면 달러화를 지켜낼 수 있었을 테다. 하지만 기약이 없는 미래를 위해서 눈에 보이는 달러화를 지켜내는 일은, 어려움을 넘어 불가능한 일이었다. '인생에는 세 번의 기회가 있다'라는 말을 하면서, 그런 위기가 다시 온다면 필요한 것이 무엇인지 물으면 모두가 '달러화'라고 답했다. 위기가 왔을 때, 바로 그 시점에 달러화를 보유하고 있어야만 부자가 될 기회를 얻는다. 그 점에 착안하여 먼저 달러화가 필요하다고 동의하신 분들에게, 달러보험이 필요한 이유를 만들어주기 시작했다. 영업 성과는 놀라웠다.

"이번에는 저와 같이 꼭 달러화를 할부로 만들어두시죠. 아무리 환율이 떨어져도 흔들리지 않게 제가 지켜드리겠습니다."

그때마다 가망고객은 이렇게 물어보았다.

"어떻게 하면 달러를 그때까지 쓰지 않고 버틸 수 있을까요?"

달러화를 보유하는 방법은 여러 가지가 있다. 미국 주식에 투자하여 주식으로 보유하는 방법, 외화예금을 가입하는 방법 등이다. 또하나는 내가 판매하는 달러보험이었다. 추가 납입을 활용하여 매월 조금씩 달러화를 강제로 비축하고 기다리면 되는 일이었다. 달러화를 갖고 싶은 욕구가 만들어지면 가망고객은 그 방법부터 물었고, 나는 달러보험이 좋은 솔루션이라는 점을 활용해 가입을 권유했다. 수년이 지난 후 2022년, 그렇게 강제로 모아둔 달러화를 사용할 기회가 생겼다.

이머징 국가의 특성상 한국은 외환의 변동성에 노출될 수밖에 없다. 그

점을 믿고 가망고객을 납득시켰고, 그 결과로 적은 금액이지만 대비할 수 있었다. 최근 미국의 금리 인상 여파로 원/달러 환율이 크게 오르며, 가망고객에게 미리 준비를 시켜주었다는 생각에 스스로 뿌듯함을 느끼기도 했다.

미래를 상상하면 마음이 움직인다

심리학의 한 실험에 따르면, 혼자 1000원을 버는 것보다 친구에 비해 자신이 500원을 더 벌 때 훨씬 큰 기쁨을 얻는다고 한다. 타인과 비교해 그보다 더 많이 버는 것은, 상대방을 이기는 것과 같다. 즉 승리의 기쁨이다. 친했던 사람들도 편을 갈라서 운동을 하게 되면, 이기는 일이 우선이다. 이런 상황을 가장 잘 이용하는 사람이 정치인들이다. 정치인들은 이점을 이용하여 편을 가른다. 이른바 '대결 심리'를 이용해서 자신의 지지 세력을 결집시키는 것이다.

지난 미국 대통령이 그랬고, 군사정권 시절 독재자들이 '지역감정'으로 편가르기를 했던 까닭도 인간의 본성에 있다. 영업도 이런 심리를 적절하게 이용하면 도움이 된다. 소개해준 지인과 싸우게 하자는 말이 아니다. 타인과의 비교를 통해, 미래의 어느 시점의 자기 모습을 상상하게 하면서 자신감과 자존감을 높여주는 방법을 말하는 것이다. 이런 비교에는 적절한 질문이 중요하다. 앞에서 이미 연금을 가입하고 있는 의사 고객에게, 비즈니스석을 타는 모습을 상상하게 만들었던 질문도 이런 유형이었다.

내가 보험 영업을 하면서 사용했던 한 가지 예화를 만나보자. 평소 캠핑을 좋아하는 고객에게 연금보험의 청약을 받았을 때 건넸던 질문이다. 이때의 캠핑을 야구, 골프, 여행 등 다른 종목이나 활동에 적용해도 같은 효과를 볼 수 있다. 핵심은 현재 고객이 하고 있는 것과 관련해, 미래의 어떤 시점을 상상하도록 만드는 것이다. 지금 준비를 잘해 미래에도 현재의 취미를 이어가는 고객의 모습을 다른 사람이 보았을 때, 그 모습이 어떻게 비칠지 혹은 다른 사람이 고객에 대해 어떻게 생각할지 질문하면 된다. 간단한 질문이지만 효과는 상당히 크다.

나 과장님, 캠핑을 자주 다니신다는 말씀을 들었습니다. 지난주에도 다녀오셨죠? 한 달에 최소 한 번 이상은 다니시는 것 같아요. 갈 때마다 아이들이나 사모님도 좋아하시죠?

고객 당연하죠. 가족이 좋아하니까 열심히 다니는 거예요.

나 역시 과장님은 좋은 아빠, 좋은 가장이십니다. 저도 지난주 친구의 캠핑카를 타고 난생처음 캠핑을 가봤습니다. 밤하늘의 별도 보고, 고기를 구워먹으며 술 한잔 하고, 이야기도 나누고 정말 좋더라고요. 과장님도 제가 느낀 그런 행복감 때문에 캠핑을 다니시는 것은 아닐까 생각해봤습니다.

고객 네. 준비하고 마무리하는 과정은 힘들지만, 모두가 행복해하는 모습에 계속 다니게 되네요.

나 저는 처음 갔던 캠핑이지만 크게 느낀 점이 있습니다. 캠핑장에는 전부 과장님 또래나 젊은 연인들이 많더라고요. 반대로 나이가 지긋하신 분들은 한 분도 안 계시던데요? 나이들어서 캠핑이 싫어져 안 가는 것 같지는 않고, 아마도 한번 갈 때마다 드는 비용이 큰 이유가 아닐까 싶은데, 과장님 생각은 어떠세요?

중급 구매를 이끌어내는 ①-②-③ 접근법

고객 네, 그럴 것 같아요. 캠핑 한번 갈 때마다 장비 등 준비하는 데 들어가는 비용이 부담스럽기는 해요. 그래서 저도 월 1회 정도만 다니고 있어요.

스마트한 독자들은 벌써 눈치챘을 것이다. 그렇다. 추후 캠핑을 다닐 비용을 위해, 이미 갖고 있는 연금보험에 증액하자는 '이유'를 만들어주고 있는 것이다. 고객은 스스로 니즈를 갖지 않는다. 항상 현재가 더 우선이기 때문이다. 여유가 없는 상황에서, 아직 오지 않은 미래에 미리 준비하자는 제안을 하면 대부분 거절한다. 당장은 여유가 없다고 말한다. 보통은 여유가 생기면 그때 가서 생각해보자고 미룬다.

그렇다면 여유는 언제 생길까? 진급을 하고 연봉이 오른다고 여유로워지리라 생각하면 오산이다. 내 삶을 돌아봐도, 여유는 좀처럼 생기지 않았다. 미리 조금씩 떼어놓는 돈이 쌓여갈 때 여유가 만들어진다. 여유는 '생기는' 것이 아니다. 현재 시점부터 절약해서 조금씩 쌓아가야 간신히 '만들어지는' 것이다. 하지만 이렇게 말하면, 십중팔구 거절의 답이 돌아온다. 논리와 이론을 바탕으로 하는 말에, 사람은 잘 움직이지 않는다. 똑같이 미룰 뿐이다.

여유가 생길 때 하겠다는 생각은 논리적이다. 그러니 논리에는 논리로 맞서야 한다고 여길 수 있다. 하지만 논리나 이성으로 쉽게 설득된다면, 세상에 담배를 피우는 사람은 한 명도 없을 것이다. 담배는 몸에 나쁜 줄 알면서도 피운다. 암에 걸릴 수 있다는 사실을 알지만, 당장 스트레스를 푸는 것이 우선이기 때문이다. 이렇듯 인간은 이성이 아닌 감정에 의해 행동을 결정하는 동물이다. 그런 점을 감안하여, 나는 다음과 같은 질문으로 영업을 마무리하곤 했다.

나 과장님, 약 20년쯤 후에 과장님이 손자를 데리고 캠핑을 갔다고 상상해 보겠습니다. 주위를 둘러보면, 지금처럼 거의 대부분이 연인 또는 자녀들과 온 가장일 것입니다. 옆 텐트에서 할아버지가 손자 손녀와 함께 캠핑 온 모습을 보고 있습니다. 이때 그 사람들이 과장님의 모습을 보면서 '저분 나이 먹고 웬 주책?'이라고 생각할까요? 아니면 '저분 정말 멋있다. 나도 미리 잘 준비해서, 나중에 손주들과 꼭 같이 와야지'라고 다짐할까요?

고객 저라면 멋있다고 생각할 것 같아요.

나 네, 맞습니다. 다른 할아버지들이 형편이 어려워 손주들과 여행하는 것을 부담스러워할 때, 과장님은 손주들을 데리고 캠핑을 가시게 됩니다. 그때마다 뿌듯한 할아버지의 마음, 생각만 해도 기쁘겠죠? 그래서 제가 증액을 권유하는 것입니다.

이미 연금보험을 갖고 있는 고객에게, 단순히 금액을 조금 더 늘리자고 하는 접근과는 상당한 차이가 있다. 지금 캠핑을 다니는 사람은 다음주, 다음달 어디로 갈지에 대해 고민하기 마련이다. 즉 현재에만 생각을 집중한다. 그러나 미래에 타인의 입장에서 자신을 바라보는 모습을 상상하게 만들어주면, 없는 생각도 함께 만들어진다. 굳이 상상하지 않더라도, 소득이 끊기면 좋아하는 캠핑을 못하게 될 수 있다는 사실을 깨닫게 된다. 이렇게 미래에 자신이 어떻게 보일까를 묻는 질문은 인정욕구를 자극할 수 있고, 그것이 바로 증액할 이유가 될 수 있다.

두번째는 전원주택을 건축하고 판매하는 고객의 고민을 듣다가 만들어준 대본이다. 대부분 전원주택은 세컨드 하우스 개념이다. 이미 집이 있는 사람이 여가를 즐기고자, 자연과 가까운 시골에 또하나의 집을 마련하곤 한다.

문제는 웬만한 부자가 아니고서야 건축비가 부담스럽기 때문에, 무조건 저렴하게 짓길 바라는 데서 발생한다. 고객이 원한다고 낮은 가격에 초점을 맞추면, 주택을 인도하려는 시점에는 고객의 마음에 들지 않는 경우가 많다. 그렇다고 '비용을 높이더라도 제대로 지어야 한다'라며 설득하기도 어렵다. 잘못 말했다가는, 고객에게 바가지를 씌우는 건축업자로 비칠 수 있기 때문이다.

건축업자 네, 알겠습니다. 고객님의 말씀을 감안해서 되도록 저렴한 자재를 사용하겠습니다. 요즘같이 경기가 안 좋을 때는 비용을 줄이는 것이 중요하니까요. 그런데 고객님 한 가지 질문이 있는데, 해도 될까요?

고객 네, 괜찮습니다.

건축업자 집을 지을 때 대부분의 사람들은 '가격이 얼마나 저렴한가'에 초점을 맞춥니다. 평가하는 기준이 지출액이니 그렇죠. 그런데 집을 완성하고 그곳에서 살아갈 때는, 그 기준이 완전히 달라지더라고요. 그때는 '얼마나 내구성이 있는가, 수리비가 덜 들어가는가'를 기준으로 평가합니다. 한 가지 상황을 예로 들어보겠습니다. 지금 바로 옆에도 다른 집을 짓고 있는데, 준공한 지 2~3년이 지나서야 들어와 생활할 예정입니다. 옆집은 무조건 싼 자재만을 요구했기에 그렇게 건축했습니다. 아마 계속 수리할 곳이 생길 겁니다. 반대로 고객님 댁은 지금은 부담이 되더라도 조금 더 좋은 자재를 사용한다면, 이후 별 하자 없이 사용할 수 있습니다. 누군가가 그 모습을 본다면, 싸게 건축한 옆집을 칭찬할까요, 아니면 미래를 대비한 고객님을 칭찬할까요?

고객 (바로 대답하지 못하겠지만) 수리 없이 사는 것이 좋겠죠.

건축업자 네, 맞습니다. 그렇기 때문에 조심스럽습니다. 저야 원하시는 대로 저렴한 자재로 준공하고, 적당히 유지 보수 기간 동안만 해결해드리는 것이 좋을 수 있습니다. 하지만 큰돈을 들여 집을 짓는 고객님을 생각하면, 그럴 수만은 없습니다. 그렇다고 제가 아주 비싼 자재를 권하는 것이 아닙니다. 조금이라도 여유를 주시면, 훗날에 옆집처럼 그런 답답한 일을 겪지 않을 수 있어 드리는 제안이니, 꼭 고려해주셨으면 합니다.

앞의 캠핑을 주제로 했던 예화와 지금의 전원주택과 관련한 대본에서 중요한 포인트는 두 가지다. 첫째, 미래 한 시점의 타인과 고객의 상황을 비교하면서 질문하는 것이다. 둘째, 파는 사람이 아닌 고객의 입장에서 묻는 것이다. 그러나 고객이 납득할 만한 이유가 만들어지고, 무엇보다 그 이유가 고객의 입장에서 시작되었다면 영업사원의 주장에는 힘이 실린다. 이렇게 말하면서 권유할 수 있게 된다.

"그래서 제가 이것을 권하는 것입니다."

때로는 전지적 참견 시점!

영업하는 과정에서 만나는 가망고객의 연령은 다양하다. 마찬가지로 영업사원의 나이도, 젊은층부터 나처럼 비교적 나이 많은 중년까지로 다양하다. 이 책에서 소개하는 예화들은 나의 경험에서 비롯된 것이니, 어쩌면

　　　　　　　　중급 구매를 이끌어내는 ①-②-③ 접근법

나와 비슷한 연령에게 특히 유용할 수 있다. 20대 후반이나 30대의 젊은 영업사원이 그대로 따라 하기에는 무리가 있는 부분도 많다.

한국사회는 장유유서가 사회 통념이다. 가망고객보다 나이가 많은 영업사원이라면 자신의 경험을 알려주면서 신뢰를 얻을 수 있다. 하지만 젊은 영업사원이 자신보다 한참 연장자인 가망고객에게 이런 식으로 접근하는 것은 실례다. 사회 통념상 나보다 어린 영업사원에게 배우고 싶어하는 가망고객은 존재하지 않는다. 이때는 3인칭시점으로 대화할 수 있어야 한다. 부모님이나 삼촌, 또는 존경하는 형님 등 가상의 인물에게 당부를 받았다거나 배웠다는 점을 강조하면서, 공감을 이끌어낼 수 있어야 한다는 말이다. 가망고객이 영업사원에게 불쾌함을 느끼는 순간, 공감이나 납득은 원천 봉쇄가 되기 때문이다.

영업사원 부장님. 고스톱 칠 줄 아세요? 요즘 제가 어머님 때문에 고스톱을 배우고 있습니다.

가망고객 왜죠? 저도 고스톱은 대충 알지만, 언제 쳤는지 기억도 없네요.

영업사원 어머님이 올해 벌써 일흔이 넘으셨어요. 최근에는 거의 매일 동네 친구들이랑 점에 10원짜리 고스톱을 치시느라 요즘 연락도 잘 안 되더라고요. 그런데 지난주 간만에 고향에 갔더니 난데없이 제게 고스톱을 치자고 하시더라고요. 귀찮기도 하고, 쪼그리고 돈 몇 푼 따려고 하시는 모습에 어이가 없어서 짜증을 좀 냈어요. 제가 드리는 용돈이 부족하면 더 드릴 테니, 그러지 좀 마시라고 짜증을 부린 거죠. 그랬더니 어머님께서 '이놈아, 이게 다 너 때문에 하는 것인데 너는 고스톱 한번 못 쳐주냐'라고 말씀하시는데 아차 싶었습니다.

가망고객 아이고, 어머님이 많이 서운하셨겠어요.

영업사원 네. 어머님은 고스톱이 치매에 좋다고 해서 열심히 하고 계시는 거였어요. 혹시라도 치매가 와서 자식인 저에게 부담이 될까 걱정하셨던 겁니다. 요즘 동네 어르신들 중 치매 판정을 받는 분들을 보고 겁이 나셨던 모양입니다. 그런 마음도 모르고 귀찮아서 짜증부터 부린 제가 얼마나 부끄럽던지. 정말 죄송하더라고요.

가망고객 그렇죠. 세상 부모님 마음이 다 그러실 것 같아요. 저도 부모님께서 연세를 드시니 비슷한 걱정을 하게 되더라고요.

보험 영업을 시작한 것이 37살. 당시 나보다 손윗사람인 40대 중후반의 '형님들'을 만나서 치매 간병비를 준비하는 보험을 영업할 때마다 활용한 대본이다. 직접적으로 자식을 위해 미리 준비해야 한다고 주장하기보다, 자연스럽게 부모님의 마음을 느낄 수 있는 이야기로 대화를 시작했다. 부모님들이 자녀를 위해 할 수 있는 것은 고스톱 정도뿐이지만, 우리는 지금부터 보험으로 준비해야 한다는 '이유'를 만들어주기 위한 인유였다. 당시 나보다 젊은 친구들은 치매에 관심이 없었지만, 형님뻘인 고객들은 나와 비슷한 상황이었기에 어머님 이야기를 통해 공감을 이끌어낼 수 있었다.

요즘 취업이 힘들다보니, 20대 후반이나 30대 초반의 젊은 후배들도 보험 영업을 해보겠다고 입사하는 경우가 많다. 원래 자신들이 속한 나이의 가망고객을 만나는 것이 영업에 성공할 확률이 높다. 공감대를 이끌 가능성이 크기 때문이다. 문제는 그들이 친구로 둔 20대 또는 30대는 아직 취업을 못했거나, 했더라도 소득수준이 높지 않다는 점이다. 이 때문에 친구들보다 좋은 직장을 다니거나, 상대적으로 소득이 많고 연장자인 고객을

중급 구매를 이끌어내는 ①-②-③ 접근법

만날 수밖에 없다. 이런 상황에서 젊은 영업사원 대부분은 '투자 수익'이나 '재테크'를 강조하는 방식을 택한다. 판매하는 상품을 숫자와 논리로 설명하며 계약을 따내려는 전략이다.

안타까운 일이다. 대화 능력이 떨어지는 것은 차치하더라도, 숫자나 논리로는 고객이 가입해야 할 이유가 만들어지지 않는데 이를 모르는 것이다. 젊은 영업사원이 아무리 말을 잘한다고 해도, 제시하는 논리가 빈틈없이 치밀하다고 해도, 잘 통하지 않는다. 사람은 쉽게 설득되지 않는다. 더군다나 나보다 어린 사람에게는 잘 배우려고 하지 않는다. 이야기하는 사람의 말에 힘이 실리기 위해서는, 그 사람이 보여준 결과물이 있어야 한다. 그래서 보험 영업은 젊은 사람보다 30대 중반 이후의 중년층이 유리하다. 영업사원이 경험한 모든 것을 일일이 보여줄 수는 없지만, 물리적인 나이가 주는 경험치를 무시하기 힘들다는 생각 때문이다.

그러므로 젊은 영업사원들은 자신의 이야기를 하기보다, 들은 이야기를 전하는 방식을 취해야 한다. 부모님이나 삼촌, 이모 등 자신보다 나이와 경험이 많은 분들을 통해 배웠거나 당부를 받았다는 식의 '3인칭시점을 활용한 인유'가 적절하다.

나이가 많은 영업사원이 젊은 가망고객을 만날 때도 마찬가지다. 가망고객 입장에서 영업사원이 나이가 많은 것은 부담이다. 혹시라도 '내가 살아봐서 아는데'라는 느낌이라도 주면, 그 순간 영업사원은 '꼰대'가 되어버린다. 고객이 영업사원에게 부담을 갖는 것은 당연하니 그냥 인정하자. 다만 대화가 통하지 않는다는 느낌을 주거나, 부모가 자식을 대하듯이 말하는 태도는 절대 금물이다. 이때도 가망고객과 비슷한 연령대의 조카나 선배의 자녀 이야기를 꺼내는 3인칭시점을 활용한 인유로 접근하자.

"제 막내 조카가 올해 31살이에요. 조카 친구들이 만나면 가장 먼저 이야기하는 주제가 여행(또는 코인 투자 등)이라고 하던데 ○○○님은 어때요?"

"저의 삼촌이 부장님 연배이기도 하고, 부장님처럼 여행을 엄청 좋아하십니다. 1~2년에 한두 번씩 해외여행을 하시는데, 그때마다 공짜로 비즈니스석을 예약하시죠. 부장님께도 그 비법을 알려드리고 싶습니다." (카드 영업을 하는 조카에게 해줬던 말.)

만약 젊은 영업사원이 삼촌이나 형님뻘 되는 고객에게 '제가 알려드릴게요'라고 하는 순간, 상대방은 부정적인 태도를 취한다. 아마 모르긴 몰라도, 속으로 '자기가 뭘 안다고. 어이없구먼'이라고 생각하고 있을 것이다. 당연히 가망고객이 영업사원에게 이런 말을 대놓고 하진 않는다. 대신 시간이 없다거나 바쁘다는 등의 우회적인 표현을 써가면서 대화를 피하려고 할 것이다.

나의 경우 30대 중반이었던 영업 초기, 연배가 있는 여성 고객을 만날 때는 '막내 이모'를, 반대로 형님뻘인 남성 고객들을 상담할 때는 '막내 삼촌'을 자주 등장시켰다. 듣는 사람의 입장에서 말할 수 있어야, 영업이 제대로 진행될 수 있다는 점을 꼭 기억하자. 특히 한국사회에서 나이는 중요한 순간 걸림돌이 될 때가 많다는 사실을 잊으면 안 된다.

납득의 마법!

아이들은 청개구리와 같다. 부모가 뭔가를 하라고 말하거나 지시하면 반대로 행동한다. 그런데 누군가 시키면 일단 저항하는 것은 어른도 아이와 크게 다르지 않다. 시키는 일을 하기 싫어하는 것은 인간의 본성이다.

누가 시켜서 하면 '스스로 알아서 한 것'이 아니라 '시켜서 한 것'이다. 내가 인정을 받아야 하는데, 시킨 사람이 인정을 받게 된다. 누차 강조하지만 인간은 인정욕구가 있다. 이런 이유로 인간은 스스로 하는 것에 더 열심이다. 부모가 자녀에게 엘리베이터에서 이웃을 만나면 인사하라고 시켰을 때를 가정해보자. 아이는 엄마의 권유에 '마지못해' 인사를 한다. 그리고 이웃이 멀리 사라지는 것을 확인한 후 이렇게 따진다.

"내가 인사하려고 했는데, 엄마는 매번 왜 그래? 정말 짜증나!"

사춘기의 반항이라고만 생각하면 안 된다. 스스로 하는 것을 좋아하고, 남이 시켜서 하는 것을 싫어하는 인간의 본성이라고 생각해야 된다. 어른도 마찬가지다. 다만 짜증을 참아내기 때문에, 아이와 다른 반응을 보일 뿐이다.

내가 스스로 하느냐 남이 시켜서 하느냐의 차이는 정말 크다. 이런 차이는 어떤 상품이나 서비스에 대한 구매를 결정할 때도 그대로 적용된다. 내가 스스로 구매를 결정한다고 느끼면 '계약'을, 반대로 영업사원이 시켜서 구매를 고민한다고 느끼면 '거절'을 한다. 고객이 스스로 결정해서 영업사원에게 전화한 것이 아니라 영업사원이 방문해서 결정한다면, 결국은 영업사원이 권유해서 한 것이 아니냐고 반문할 수 있다. 그럴 수 있다. 중요한 것은 영업사원이 제시하는 이유를 고객이 스스로 인정하느냐의 여부다. 이 차이를 만드는 기준은, 바로 고객이 '납득'을 했느냐 반대로 영업사원이 '설득'을 했느냐로 설명된다.

보험 영업을 처음 시작했을 때 배웠던 것이 설득 능력이다. 사람을 잘 설득할 수 있어야 계약을 많이 할 수 있다고 배웠다. 당연히 그 유명한 설득에 관한 심리학 책을 열심히 읽었다. 하지만 효과는 없었다. 그러다가 결론을 낸 것이 아래 명제다.

'사람은 설득되지 않는다.'

사람은 누구나 자신만의 생각을 가지고 살아간다. 그 생각에 반하여 타인이 원하는 방향으로 설득하려고 하면 다툼이 일어난다. 인간은 자신의 생각을 접고 타인의 생각에 설득당하는 것을, '지는 것'으로 받아들인다. 설득한 사람을 인정하고, 내가 그 아래로 들어가는 일이라고 여기는 탓이다.

영업 초기에는 고객을 열심히 설득해서, 내가 옳다는 사실을 증명해내는 싸움을 한 경우가 많았다. 실제로 이긴 적도 많았다. 보험료나 수수료 구조 등에 대해 논리적으로 반박해서 고객에게 승리했다. 그러나 영업에는 대부분 실패했다. 타인의 생각을 설득하려고 했던 게 문제였다. 이것이 인간의 본성이다. 사람은 강제로 시키는 일에도 반발하지만, 자신의 생각을 바꾸려고 하는 설득 행위에도 비슷하게 반응한다.

엄마가 인사하라고 말하는 것은 설득이자 강제로 시키는 일이 되지만, 자녀가 스스로 인사하는 것이 좋겠다고 '동의'하면 '납득'이 된다. 물론 납득을 시키려고 할 때도 싸우게 되는 경우가 많다. 이웃에게 인사하면 좋은 점이 무엇인지 논리적으로 설명한다고 해서, 아이가 납득하는 것이 아니다. '설명'으로 '설득'할 것이 아니라, 아이가 스스로 '인사하는 것이 좋겠다'라고 '동의'하도록 만들어야 '납득'을 한다.

중급 구매를 이끌어내는 ①-②-③ 접근법

설득은 이론적이고 논리적이며 딱딱하지만, 납득은 자연스럽고 부드러우며 감성적이다. 스스로 좋은 사람이라고 느끼게 되는 과정 속에 자연스럽게 납득이 된다. 아이가 이웃에게 인사를 잘했으면 하는 마음이라면, 혼내기보다 다음과 같이 납득을 시켜보자. 이런 대화는 당연히 둘이 있을 때 하는 편이 좋다.

"연준아. 이웃에서 우리 연준이 착하다고 칭찬하면 엄마가 기분이 좋을까, 나쁠까?

"좋을 것 같아."

"맞아. 정말 좋을 거야. 반대로 엄마가 연준이 때문에 이웃들에게 칭찬을 받는다면, 연준이는 기분이 어떨까?"

"음, 그러면 나도 좋을 거 같아."

"맞아. 연준이가 칭찬을 받으면 엄마도 연준이도 엄청 기쁘지. 연준이 덕분에 엄마도 칭찬받는 방법이 있는데 알려줄까?

"좋아. 알려줘."

"그것은 바로 엘리베이터에서 이웃을 만나면 큰 소리로 반갑게 인사하는 거야. 그렇게 하면 이웃들이 우리 연준이가 정말 인사성이 밝은 아이라면서, 엄마도 같이 칭찬할 거야. 우리 연준이 그렇게 해줄 수 있지?"

"알았어. 그렇게 할게. 걱정 마, 엄마."

"고마워, 연준아. 역시 우리 연준이야!"

이런 식의 대화가 이루어지면, 연준이는 엘리베이터에서 만나는 이웃에게 열심히 인사할 것이다. 스스로 그렇게 하겠다고 엄마에게 약속했기 때문이다. 이 과정에서 엄마는 연준이를 설득하지 않았다. 연준이 스스로 납득하도록 이끌었을 뿐이다. 반대로 아래처럼 지시했다면, 연준이는 어떤 반응을 보였을까? 대답은 독자 여러분이 이미 알고 있을 것이다.

"연준아, 이웃에게 인사하는 것이 예의야. 앞으로 무조건 인사해. 그래야 엄마가 이웃에게 칭찬받게 돼."

영업할 때의 가장 큰 오해 중 하나가, 고객이 사실을 잘못 알고 있기 때문에 설득되지 않는다는 생각이다. 그래서 많은 자료를 뽑아 제시하면서 설득해보지만, 결과는 이미 정해져 있다. 다시 말하지만 사람은 결코 쉽게 설득되지 않는다.

이와 비슷한 장면은 부부싸움을 할 때도 자주 목격된다. 객관적으로 보면, 누구의 잘못인지 분명할 때가 있다. 그런데 잘못을 저지른 사람은 절대로 먼저 사과하지 않는다. 그럴 때면 상대방은 이렇게 큰소리를 친다.

"지나가는 사람 누구를 잡고 물어봐도, 당신이 잘못한 걸 100퍼센트 인정할 거야. 그런데 왜 자기는 사과를 안 해? 사진도 보여줬잖아. 당신이 틀렸으니 빨리 사과해!"

몰리는 쪽이 아내든 남편이든, 이런 경우 절대로 사과하지 않는다. 부부싸움은 논리로 싸우는 것이 아니다. 감정으로 싸운다. 이는 부부싸움만이 아니다. 인간의 삶에서 흔히 벌어지는 광경이다. 이미 시작을 'NO'로 했기에, 반대로 말을 뒤집으면 자기를 부정하는 행위가 되어버린다. 쉽사리 사과하지 못하는 이유다. 그렇다면 사과는 언제 하게 될까? 한쪽이 먼저 사과하면, 그다음은 가만히 있어도 사과가 돌아온다.

"자기야. 조금 전에 내가 큰소리쳐서 미안해. 많이 놀랐지? 내가 생각이 짧았어."

연준이가 인사를 잘 하겠다고 엄마에게 약속한 것과 부부싸움에서 사과하는 것은 다르게 보일 수 있다. 하지만 근본은 같다. 두 가지 경우 모두 스스로 하겠다고 결정한 결과이기 때문이다.

대화를 통해 스스로 결정하게 하는, 즉 납득시키는 과정은 적당한 인유와 함께 고객의 입장에서 이유를 만들어주는 과정이다. 억지로 사과를 시킬 필요가 없듯이, 동의하라고 권유하거나 강요할 필요가 없다. 자연스럽게 스스로 하도록 만들면 그만이다. 그것이 납득이다.

고객이 영업사원과의 대화를 통해서 어떤 일이 필요하다는 이유를 납득하면, 그다음은 영업사원이 판매하려는 상품이나 서비스로 그 이유를 충족시키면 된다. 고객은 스스로 납득했다고 생각하지만, 영업사원이 자연스럽게 그 과정을 유도했다는 점이 중요하다. 어떻게 하면 그 과정으로 넘어갈 수 있는지 지금부터 살펴보자. 이런 납득의 과정은, 하지 않았으면 하는 어떤 것에 대해 다수의 사람들을 설득하는 데에도 유용하게 사용된다.

투 플러스 원 YES의 비밀

"납득이 안 돼. 납득이!"

기억하는 독자도 있을 것이다. 2012년 개봉했던 영화 〈건축학개론〉에서 조연으로 출연한 조정석(납뜩이)의 유명한 대사다. 1996년 대학 신입생 시절 연애 문제로 고민하는 친구 이제훈(승민)에게, 조정석이 답답해하면서 한 말이다. 납득이 안 된다는 것은, 이해하지 못했거나 상대방의 말을 받아들일 수 없다는 의미다.

설득은 나의 주장과는 다른 상대방의 생각을 억지로 바꾸려고 하는 것이다. 이는 부지불식간에 상대방과의 대결에서 '승리'한다는 뜻을 포함한다. 반대로 납득은 상대방이 다른 사람의 견해에 동의하는 것을 넘어, 스스로 이해했다는 의미다. 설득과는 완전히 결이 다르다. 어떤 상품이나 서비스를 스스로 생각하고 결정했다면 납득의 과정은 필요 없다. 하지만 생각하지 못하고 있던 상황에서 영업사원과 대화하다가 '필요하겠구나'라고 인식하게 되었다면, 그것은 납득을 한 것이다. 아니, 영업사원의 의견에 납득이 되어버린 것이다.

이때의 납득은 팔고자 하는 상품이나 서비스 등 특정 상품에 대한 것이 아니다. 그것들을 포괄하는, 보다 넓은 의미의 필요성에 대한 납득이다. 영업사원이 팔고자 하는 특정 브랜드의 자동차가 아니라, 새롭게 자동차를 구매해야 한다는 사실 그 자체에 대한 납득이다. 영업사원이 판매하는 특정 화장품을 구매해야 하는 이유가 아니라, 화장을 해야 하는 이유에 대한 납득을 의미한다.

고객이 먼저 전기차로 바꾸는 것에 대해 납득한 다음에야, 영업사원은 판매하는 회사의 자동차를 제안할 수 있다. 만약 고객이 전기차를 구매하고 싶거나 자동차를 바꾸고 싶은 마음이 없는데도 불구하고, 영업사원이 판매하는 자동차의 성능을 열심히 이야기하면 아무리 노력한들 성과를 거둘 수 없다. 고객 스스로 하고 싶어지는 납득의 과정 없이, 특정 제품을 판매하려는 의도가 보이는 순간, 고객은 영업사원을 적으로 간주한다. 다시 한번 말하지만 고객이 영업사원을 적으로 느끼는 순간, 영업은 끝이 난다. 적에게 마음을 여는 고객은 세상에 존재하지 않는다.

납득의 과정은, 설명이나 설득이 아니다. 자연스럽게 상대방이 스스로 깨닫게 하는 과정이다. 앞서 예시로 들었던 부부싸움의 과정을 다시 생각해보자. 분명 한 사람은 자신의 실수를 알고 있다. 그럼에도 상대방이 먼저 사과하기 전에는 사과하지 않았다. 왜 그랬을까? 그 이유도 역시 인간의 본성에 있다. 대화를 '부정어'로 시작하면 마지막까지 부정적으로 흐르고, 반대로 '긍정어'로 시작하면 긍정으로 마무리될 확률이 높다. 마치 자연에서 목격되는 '관성의법칙'과 같다. 자신이 했던 말을 번복하는 것은 관성의법칙을 거스르는 일인 탓에, 심리학에서 나오는 자기부정이 필요하다. 웬만큼 자존감이 높은 사람이 아니면, 감정적으로 지기 싫은 상황에서 자신이 한 말을 부정하기 어렵다.

마찬가지로 대화하다가 'YES'라고 답하면서 넘어갈 때는, 결정적인 질문에도 그렇게 답할 수밖에 없다. 아차, 하면서 'NO'라고 하려 해도 앞에서 자신이 말한 'YES'를 뒤집기가 쉽지 않다. 앞서 엄마의 질문에 계속 'YES'라는 의미의 답을 했던 연준이는, 대화의 말미에 인사를 했으면 하는 엄마의 당부에 'NO'라고 할 수 없었다. 설사 'NO'를 하고 싶었어도, 할 수 없었다는 이야기다.

정리하면 상대방에게 질문을 하고, 그 질문에 대한 답변이 'YES'가 되도록 만드는 과정을 거치면, 상대방은 자연스레 납득이 된다. 제대로 질문하고 그 과정에서 상대방이 두 번 정도 'YES'라고 답한다면, 마지막 결정적인 질문에 어쩔 수 없이 세번째 'YES'가 나오면서 납득하는 것이 일반적이다. 이를 구체적인 예화를 통해 살펴보자.

다음의 예시는 타이어 대리점을 운영중인 지인에게 만들어준 스노타이어 판매용 대본이다. 스노타이어를 사용해본 사람은 겨울철 눈길 운전에 스노타이어가 얼마나 중요한지 알고 있을 것이다. 그러나 사용 경험이 없는 사람은, 추가로 들어가는 비용에 부담감을 먼저 느낀다. 그 부담을 뛰어넘게 만들지 않는 한, 아무리 안전을 강조한들 소용이 없다. 안전을 가지고 설득하는 것이 효과를 내지 못한다는 말이다. 안전에 대한 설명에 앞서, 고객의 납득이 필요하다. 이때 납득은 '비용을 부담해도 괜찮겠구나'에 초점이 맞춰져야 한다.

> **영업사원** 많은 분께서 눈이 자주 내리는 겨울철에 스노타이어가 필요하다고는 느끼는데, 비용 때문에 부담스러워하시더라고요. 이미 사용하는 타이어가 있는데 스노타이어를 또 사면 비용이 추가로 든다는 걱정에 많이 망설이십니다. 손님도 생각이 비슷하겠죠?
>
> **고객** 네, 저도 마찬가지죠.

이때 숨어 있는 중요한 포인트가 있다. '고객이 스노타이어가 겨울철 안전에 필요하다는 점을 인정했다'고 이미 결론을 내린 상태에서 질문했다는 점이다. 더 나아가서 다른 사람도 비용 때문에 못하는 것이니, 돈이 없어서 못한다는 사정을 창피해하며 감추지 말라는 의미도 숨어 있다.

> **영업사원** 맞습니다. 제가 봐도 가격만 생각하면 부담이 생길 수밖에 없을 것 같아요. 그런데 손님 지금 구두 신고 오셨잖아요. 저도 구두가 있는데 한 켤레가 아니라 두 켤레를 가지고 번갈아 신고 있습니다. 멋을 생각해서 그런 것도 있는데, 두 켤레로 신어보니까 한 켤레로 신는 것보다 훨씬 오래 신더라고요. 비용을 아낀다고 한 켤레만 가지고 있다가, 다 떨어진 후 다시 한

켤레를 사면 그게 더 낭비였어요. 손님도 그런 것을 알고 계셔서 구두나 신발을 최소 두 켤레 이상 갖고 계시죠?

고객 네, 그렇죠.

영업사원 역시 손님도 같은 생각을 하고 계셨네요. 타이어도 마찬가지입니다. 차에게 타이어는 신발이잖아요. 한 켤레 더 구매해서 사용하면 하나만 사용할 때마다 훨씬 오래가고, 결국 비용을 더 많이 아끼는 방법이더라고요. 겨울철 눈길에 안전한 것은 덤이고요. 그래서 손님처럼 현명하신 분들은 처음에는 고민하시다가도, 결국 스노타이어를 선택해서 더 절약하시더라고요.

고객 음, 그렇게 생각해도 되겠네요.

일단 고객은 앞서 두 번의 'YES'를 했기 때문에 세번째 질문에 대해서도 동의했다. 비용에 대한 걱정을 구두나 운동화를 갈아 신는 비유를 통해 해결했다. 거기에 고객이 'YES'라는 답을 했기 때문에, 마지막 결정적인 순간에 반대 의견을 내기 어렵다. 세번째 질문에 'NO'라고 답변한다는 것은, 앞의 두 번의 'YES'를 모두 부정해야 하는 상황이 되기 때문이다. 만약 제시한 대본과 다르게, 아래처럼 대화했을 때를 생각해보자.

"비용에 부담이 되겠지만 중요한 것은 안전입니다. 눈길에 사고라도 나면 수리비가 더 들어갈 수도 있습니다. 거기에 몸까지 다치면 더 속상한 일이 됩니다. 그러니 스노타이어를 꼭 사용하셨으면 합니다."
"안전에 스노타이어가 도움이 된다는 것은 나도 알고 있죠. 그런데 꼭 사고가 나라는 법은 없기도 하고, 눈이 오면 운전을 안 하는 방법도 있잖아요."

이렇게 대화가 진행되면 타이어 대리점 사장님과 가망고객은 끝까지 싸우다가 헤어진다. 가망고객은 이미 감정이 상했으니 설사 스노타이어를 구매해야겠다고 결정하더라도, 다른 가게를 찾을 가능성이 높다. 납득을 시켰느냐와 설득을 했느냐의 차이는, 이처럼 영업 활동의 성과에 큰 영향을 준다.

납득으로 자존감을 지킨다

보험 영업에서도 납득의 과정이 큰 도움이 된다. 아래는 결혼을 앞둔 예비부부를 만났을 때 자주 활용하는 대본이다. 부부 중 한쪽, 특히 남자 쪽에서 보험 가입을 주저하는 느낌을 받을 때 많이 사용했다. 유용하게 사용할 수 있는 납득의 예시다.

영업사원 제가 많은 예비부부를 만나보니까, 결혼 전 가장 걱정하는 것 중 하나가 서로의 부모님께 어떤 모습으로 보여질까 하는 것이더라고요. 지금처럼 성실하고 예의바르게 생활하시면 되는데도 불구하고 많이 긴장을 하시더라고요. 두 분도 비슷하겠죠?

가망고객 네, 사실 살짝 걱정이 되기도 합니다.

영업사원 네, 맞습니다. 상대방의 부모님께 칭찬을 받을 수 있다는 것은, 서로에게 잘해야 가능한 일이거든요. 부부 사이가 엉망인데 부모님께 칭찬받는 일은 불가능하잖아요. 20년 전 제가 직접 사용해서 장모님께 신뢰를 듬뿍 얻었던 방법이 있는데, 알려드릴까요?

가망고객 네, 알려주세요.

영업사원 제 아내의 아버지는 아내가 초등학생 때 돌아가셨어요. 그래서 저는 결혼 전에 생명보험을 먼저 들었어요. 그리고 장모님께 아내를 사랑하기에 제가 죽어서도 책임지겠다는 다짐으로 생명보험에 가입했다고, 잘살겠다고 말씀을 드렸죠. 제 생각에는 그렇게 하면 칭찬받을 수 있을 것 같았거든요. 그렇게 말씀드렸을 때 장모님이 이렇게 말씀하시더라고요. 궁금하시죠?

가망고객 네. 뭐라고 하셨어요?

영업사원 뭐하러 보험에 돈을 낭비하느냐고, 한푼이라도 더 저축해서 빨리 기반을 잡을 생각부터 하라며 혼났습니다. 칭찬받을 줄 알고 한 말인데, 하하. 그런데 나중에 아내를 통해 들었어요. 그때 장모님께서 사위 말 듣고 너무 듬직하게 느꼈다고, 아내에게만 살짝 귀띔하셨다고 하더라고요. 다치고 죽고 그런 걸 어떻게 대비할 거냐고 여쭙기 전에, 제가 꼭 드리고 싶은 말씀은 보험은 바로 사랑의 표현이라는 것입니다. 사랑하는 사람을 위해 커피값 정도는 아낄 수 있는 마음, 그 마음 ○○○님도 갖고 계시죠?

처음 보험 영업을 시작했을 때는, 앞서 예시로 들었던 타이어점 사장님처럼 비용보다 안전이 중요하다는 식으로 영업했다. 영업하기 전부터 이미 보험을 생각하고 있던 고객을 만났을 때는 상관이 없었다. 그러나 대부분은 보험에 대해 고민하지 않거나, 혹은 부정적인 인식을 가진 사람이 많았다. 이런 가망고객을 만나서 '비용보다 안전'이 중요하다고 설득하고 웅변하고 다녔다. 잘될 턱이 없었다. 납득에 대한 의미도 배운 적 없었기에, 내가 옳다고만 열심히 주장했다. 당연히 성과는 없었다. 그때마다 그저 헌혈을 더 자주 했을 뿐이다.

그러나 납득의 중요성을 알고 나서부터는 많은 것이 달라졌다. 거절하려 했던 고객에게도 이 방법은 유용하게 활용되었다. 보험이 싫다는 고객을 만났을 때, 보험의 필요성을 강조하며 설득하는 일은 의미가 없다. 누군가의 가치관을 나의 직업관으로 바꾸려는 것은, 강요이며 싸움이다. 누군가와 싸우면 에너지가 낭비된다. 이럴 때는 괜히 맞서지 말고 우회하여 의견만 간단하게 전달하고, 물러나는 방법이 효과적이다.

영업사원 보험을 좋아하지 않으시거나 하나도 갖고 있지 않는 분들을 보면, 그 돈으로 저축을 하거나 펀드에 투자하는 등 재테크에 더 관심이 많으시더라고요. 보험에 부정적이신 것을 보니, 보험보다는 재테크에 열심일 것 같은데 맞으세요?

가망고객 네. 그렇죠, 뭐. 저는 보험은 낭비라고 생각해서요.

영업사원 네. 그렇게 생각하시는 것도 당연합니다. 그 생각, 존중합니다. 모두가 다치거나 암에 걸리는 것은 아니니까요. 그런데 제가 잠깐 질문 하나만 드려도 될까요?

가망고객 네. 어떤 질문이죠?

영업사원 제가 가정을 하나 해보겠습니다. 만약 선생님이 갑자기 돌아가셨습니다. 그렇게 되면 사모님과 아이들은 선생님께서 꼼꼼하게 준비하신 펀드, 주식, 저축 등을 고마운 마음으로 받아서 생활하시겠죠. 그런데 선생님의 유품을 정리하던 사모님께서 선생님이 가입하신 보험증서를 발견했습니다. 보험증서를 발견한 사모님은 돌아가신 선생께서 돈을 낭비했다고 서운해하실까요, 아니면 저축, 펀드와 함께 보험까지 가입하신 선생님께 고마

중급 구매를 이끌어내는 ①-②-③ 접근법

워하실까요?

가망고객 당연히 고마워하겠죠.

영업사원 네, 맞습니다. 남편의, 아빠의 따뜻한 준비에 고마운 마음을 느낄 것입니다. 그래서 저는 보험이 꼭 필요하다고 말씀드리며 영업하고 있습니다.

싸우지 않았다. 당연히 설득도 하지 않았다. 서로의 생각이나 가치관이 다름을 존중했을 뿐이다. 오랫동안 갖고 있던 누군가의 생각을, 한두 번의 대화만으로 혹은 납득만으로 바꿀 수 있다는 생각은 틀렸다.

그래서 나는 그저 내가 이런 생각으로 보험 영업을 한다고 전달하고, 영업을 마무리했다. 영업에는 성공하지 못했지만, 영업에 대한 부정적인 생각을 갖고 있는 고객에게서 나의 자존감을 지켜내는 것도 중요하기 때문이다. 자존감이 흔들리면 다음 약속에, 심지어 나의 직업에 의심이 생길 수 있다. 싸우면서 지킬 수 있는 것은, '자존감'이 아니라 '자존심'이다. 하지만 납득을 활용한 우회적인 대화법은 자존감을 지켜주는 좋은 방법이 되곤 했다.

납득이 될 때 관점이 바뀐다

2013년 여름, 평택에 있는 일본계 전자부품회사에서 회사 단체보험에 대한 상담 문의를 받았다. 당시 나는 생명보험회사에서 영업하고 있었지만, 교차 판매를 등록했기에 손해보험도 판매할 자격을 갖고 있었다. 담당

부서장은 회사의 복지 차원에서 직원이 다치거나 병원 치료를 받을 때, 비용 보전을 보장해주기 위해 손해보험 가입을 고려중이라며 견적을 내달라고 요청했다.

그런데 당시 회사 직원들은 이미 개인적으로 실손보험을 가입한 경우가 많았다. 그런데 실손보험은 중복 보장이 되지 않는다. 개인이 갖고 있는 보험이든 회사가 가입해준 보험이든 구별하지 않는다. 그렇다고 요즘은 평생직장 개념이 아니기 때문에, 회사가 손해보험에 가입시켜준다고 개인이 이미 갖고 있는 보험을 해지하는 경우는 드물다. 또한 예상을 넘는 큰 사고가 발생했을 때는, 직원과 회사 모두에게 생명보험의 보장이 훨씬 중요한 역할을 한다.

이러한 이유로 회사가 직원 복지를 위해 가입하는 단체보험이라면, 실손보험보다는 생명보험이 법인과 직원 모두에게 필요할 때 더 힘이 될 수 있다는 생각이었다. 견적을 부탁했으니 당연히 견적을 제출해야 했지만, 고민 끝에 보내지 않았다. 대신 담당 팀장을 통해서 최종 결정권자인 임원과의 미팅을 주선해달라고 부탁했다. 그리고 어렵게 성사된 미팅에서 단체보험에 대한 회사의 생각을 바꾸도록 만들었다. 내가 갖고 있던 단체보험에 대한 생각이, 결정권자의 관점을 바꿔주었던 덕분이다. 나는 그를 설득하지 않았고, 대신 납득시키는 데 주안점을 두었다. 아래에 당시 임원과 주고받았던 대화를 요약했다.

나 이사님, 회사가 손해보험 가입을 준비하고 있다는 말씀을 들었습니다. 회사 입장에서는 비용을 줄이는 것이 유리하겠지만, 직원에게 도움이 되는 것을 고민해서 결정하셨겠죠? 소식을 들은 직원들도 다들 기뻐할 결정을 하신 것 같습니다.

담당 임원 그렇죠. 혹시라도 직원들이 병원비로 고생한다면 직원 가정의 경제적 부담도 부담이지만, 그로 인해 회사의 생산성에도 손실이 올 수 있다고 생각했습니다.

나 네. 정말 좋은 결정을 하셨습니다. 그런 마음이라면 제가 이사님께 꼭 드리고 싶은 말씀이 있어, 뵙고 싶었습니다. 법인이 비용을 쓰시기로 결정하셨다면, 이왕이면 직원뿐 아니라 회사에도 도움이 될 수 있는 더 좋은 방법에 대해서입니다. 직원이 회사일을 하다가 다쳤다고 가정하겠습니다. 병원비가 부담이었지만 회사가 가입해준 보험이 있어서 해결했습니다. 그런데 반대로 보험을 가입하지 않았다고 해도, 아마 회사는 업무상 재해라면 산재 처리를 통해 직원의 병원비를 해결해줬을 것입니다.

담당 임원 네, 당연히 그랬겠죠.

나 두번째 가정입니다. 회사일을 하다가, 아니면 야유회를 갔다가 직원이 사고로 사망했습니다. 그렇다면 회사는 규정대로 충분한 보상을 할 것입니다. 산재보험을 통해서 추가 보상도 해줄 수 있을 것입니다. 그러나 남겨진 가족에게는 직원의 사망 소식이 청천벽력일 것입니다. 아무리 회사가 충분히 보상해준다고 해도 규정을 넘어설 수 없는 한계가 있기에, 그 범위가 제한될 수밖에 없을 것 같습니다.

담당 임원 네, 그럴 것입니다.

나 네. 그런 이유로 만약 직원을 위해 보험을 가입한다면, '일본계 회사라 역시 다르구나'라는 말을 들을 수 있는 보험을 고려해야 한다고 생각합니다. 반대로 '일본계 회사라서 이 정도밖에 보상을 안 해준다'라는 말을 들으면 안 될 것입니다.

담당 임원 네, 그게 무슨 말이죠?

나 가족의 입장에서는 일하다가 다쳤을 때, 병원비를 위해 손해보험에 가입하지 않았다고 정문 앞에서 항의 집회를 하지는 않을 것입니다. 그러나 사망 사고는 다를 것입니다. 가족을 잃으면 아무리 큰 액수로 보상해준다고 해도 만족할 수 없습니다. 그렇다고 회사가 규정을 넘어서까지 보상해줄 수도 없죠. 그런 일이 발생했을 때 이번에 가입한 단체보험에서 회사의 규정과 별도로 추가 보상을 해줄 수 있다면, 가장을 잃은 가족에게는 큰 힘이 될 수 있을 것입니다. 만약 그렇게 된다면 가족의 입장에서도, 그리고 회사 직원들이 생각할 때도 '우리 회사는 다르다'는 생각을 가질 수 있습니다. 어떤 보상을 해도 사고로 가족을 잃은 마음을 위로할 수는 없겠지만, 범위를 넘는 보상까지 고려해서 미리 준비했다는 사실은 회사에 대한 긍정적 시각을 만들어줄 수 있을 것입니다. '일본계 회사라 보상도, 직원과 가족을 생각하는 마음도 정말 다르구나'라고 말예요.

회사의 입장에서도 더 나은 솔루션은 개인의 부담을 넘어설 수 있는 큰 사고에서 위력을 발휘하는 생명보험입니다. 작은 비용은 설사 보험이 없다고 하더라도 불만을 표시할 가능성이 낮습니다. 반대로 사망 사고나 중대 재해로 인해 상해를 입는 경우에는 다를 것입니다. 그래서 단체보험을 고민하는 법인을 만날 때마다 저는 생명보험을 권하고 있습니다. 실제로 그런 사고가 자주 발생하지는 않았지만, 효과는 확실했습니다. 손해보험은 중복 보장이 되지 않지만, 생명보험은 개인이 갖고 있는 보험과 별개로 지급되는 장점도 갖고 있습니다. 회사는 회사 규정에 나와 있는 사망 위로금, 산재 처리로 인한 유족 연금에 더해 회사가 가입한 생명보험까지 지급하며 최선을 다해 가족을 위로할 수 있을 것입니다. 이사님이 유족의 입장이라면, 생명

중급 구매를 이끌어내는 ①-②-③ 접근법

보험과 손해보험 중 어떤 보험이 큰 사고가 발생했을 때 '역시 일본계 회사라 다르구나'라는 마음이 생길 거라 생각하시는지 궁금합니다.

담당 임원 아, 그럴 수 있겠네요. 회사와 직원 입장에서 모두 생명보험이 훨씬 좋은 방법이 되겠군요.

일주일 후 회사는 생명보험으로 설계된 단체보험을 가입하는 것으로 최종 결론을 내렸다. 만약 요청받은 대로 손해보험 견적을 제출했거나 생명보험이 훨씬 좋은 솔루션이라고 설득하려 했다면, 결과는 달라졌을 것이다. 일본계 법인이 단체보험을 생각하는 그 마음을 인정했고, 그렇다면 보다 넓은 관점을 고려할 수 있도록 하고 싶었다. 그렇게 된다면 납득할 수 있을 것이며, 납득이 되면 다른 결정을 내릴 수 있을 것이라 기대했기 때문이다.

"'일본계 회사라 이런 식이냐'가 아니라, 반대로 '일본계 회사라서 다르구나'라고 느끼게 해야 한다는 명로씨 말에 공감이 갔습니다. 진짜 중요한 것이 무엇인지 알게 해주셔서 고맙습니다."

직원을 위해 비용을 집행하기로 했다면, 직원과 함께 회사에도 더 큰 도움이 되어야 한다는 점에 공감했기 때문에 나온 결정이었다. 공감했다는 말은 회사 입장에서 납득이 되었다는 것을 의미한다. 질문을 통해서 생각의 관점을 납득시키고 공감하게 만들었으니 결과가 바뀔 수 있었다.

만약 당시 회사가 요구하는 대로 손해보험의 견적을 제출했거나, 일부 항목을 가지고 생명보험이 유리하다고 설득했다면, 이런 성과로 이어지지 않았을 것이다. 견적을 제출하는 순간, 회사는 가장 보험료가 싼 곳을 선택했을 가능성이 높다. 설득이나 설명이 아닌, 고객의 입장에서 자연스럽게 고개를 끄덕이게 만든 납득의 과정이 회사의 결정을 바꾸었다.

이처럼 납득은 고객의 입장에서 어떻게 질문할 것이며, 어떤 순서로 진행할 것이며, 어떻게 고객도 모르고 있었던 문제의 본질을 깨닫게 해줄 것인지가 중요하다. 고객이 '네'라고 답변하게 만드는 공감력 있는 질문과, 그러한 방향으로 관성을 갖게 할 수 있는 세 번의 'YES'를 통한 납득 과정이 큰 역할을 한다. 영업사원이 숫자를 제시하면, 고객은 숫자와 논리만 가지고 접근해 결정한다. 그러나 나는 일본계 회사라는 고객의 관점에서 가장 중요한 본질을 토대로, 질문을 통해서 새로운 관점을 제시했다. 영업사원의 질문으로 고객이 바라보는 관점을 바꾸는 것, 그것이 바로 납득이다.

스토리, 논리를 뛰어넘다

마케팅에서 자주 나오는 용어 중 하나가 '스토리텔링'이다. 상품이나 서비스를 판매할 때 무조건 좋다고 말하기보다, 사람들이 주목할 수 있는 스토리를 제시하는 편이 마케팅의 효과가 극대화된다는 것은 상식이다.

영업도 마찬가지다. 다만 이런 스토리가 효과를 보기 위해서는 두 가지 중요한 포인트가 있다. 하나는 내가 봤거나 들어본 적 있는 이야기여야 한다는 점이고, 또다른 하나는 비유를 활용해 천천히 스스로 깨닫게 만들어야 한다는 점이다. 나와 너무 멀리 떨어진 이야기이거나 현실성이 없다면, 그것은 스토리가 아니라 팔아먹으려는 이야기일 뿐이다.

다음은 내가 의사 가망고객에게 영업할 때 자주 활용했던 대화 방법이다. 대화중 의사 가망고객이 거절하려는 의도를 비칠 때 사용했던 대본이다. 의사가 자주 맞닥뜨리는 상황을 비유로 활용하여 효과를 본 이야기이므로, 독자 여러분도 활용할 수 있을 것이다.

나 선생님께서 환자를 치료하시는 마음이나 모습을 볼 때마다 저도 배우는 것이 참 많습니다. 저도 선생님처럼 개인의 이익보다 고객을 위하는 마음으로 영업하자고 다짐하거든요. 제가 몰래 선생님을 따라 하는 걸 혼내시지는 않으실 거죠?

의사 가망고객 부끄럽네요. 갑자기 저도 더 잘해야겠다는 생각이 듭니다.

나 선생님 제가 한 가지 궁금한 것이 있습니다. 선생님이 환자를 열심히 진료하신 후에, 치료를 위해서는 수술이 필요하고 약을 복용하라고 권유합니다. 그런데 그 말씀을 듣는 환자분이 나중에 하겠다, 좀더 생각해보겠다고 할 때도 있을 것 같아요. 그런 환자들에게 선생님은 '당신이 알아서 하세요'라며 포기하시나요?

의사 가망고객 아니죠. 그런 분들을 만날 때면 답답하긴 하지만, 환자의 치료와 건강을 위해서 제 의견에 따라야 한다고 당부하죠.

나 네. 저도 그렇게 알고 있습니다. 그런 분이신 것을 알기에 제가 원장님을 좋아합니다. 저도 그 마음으로 오늘 원장님을 상담했고, 그 결과로 원장님의 미래 재무 건강을 위해 처방전을 내렸습니다. 처방에 맞게 치료하고 예방하셔야, 지금보다 훨씬 건강해질 수 있다는 것 알고 계시죠?

누구든 어떤 업종에 종사하든, 자기 직업에서 요구되는 바른 마음가짐을 가지고 있다. 의사는 환자의 치료와 건강에 중점을 두고, 교사는 학생들이 바르게 자라서 훌륭한 인생을 살았으면 하는 사명감을 가지고 각자의 일에 최선을 다한다. 공무원은 국민의 삶이 편안했으면 하는 마음을, 군인은 국가의 안전을 지킨다는 책임감을 가지고 있다. 일반적인 사람이라면 직업이 무엇이든 자신의 일에 대한 사명감을 지닌다. 그렇기에 가망 고객 각자가 가지고 있는 그 마음을 상기시키고, 나도 그 마음으로 제안한다는 걸 전할 수 있으면 된다. 그것이 바로 비유를 통한 납득의 과정이다.

다시 강조하지만 사람은 설득되지 않는다. 그러므로 비유를 통한 스토리텔링이 필요하다. 이러한 진심을 담는 방법을 활용하면, 영업사원의 마음이 비교적 용이하게 전달되는 경험을 할 수 있다.

그런데 만약 앞의 비유를 의사가 아닌 일반인에게 했다면, 결과는 당연히 꽝이었을 것이다. 상대방이 전혀 경험한 바가 없다면 공감을 끌어내기 어렵다. 'YES'라는 답을 끌어내는 질문으로, 고객이 자신의 일에 가진 마음을 떠올리게 해야 한다. 앞서 의사가 자신의 진단을 거절하는 환자의 마음을 바꾸게 한 것처럼, 영업사원도 그것을 활용하자는 말이다. 자신이 환자의 거절을 받아들이지 못할 때 답답하다고 이미 대답했기 때문에, 나의 질문에도 부정하지 못한다. 비유를 제대로 활용하는 스토리는 이처럼 중요한 역할을 한다. 논리로 설득하면 논리로 거절한다. 그러나 스토리에 대해서는 부정할 수가 없다. 논리가 아니라 경험이기 때문이다.

연금보험을 상담할 때 가장 많이 듣는 부정적인 이야기는, 바로 '현재 가치'다. 미래에 받는 금액은 클 수 있지만, 현재 가치를 따지면 얼마 안 될 거라는 생각이 든다. 고객이 그런 이유를 들어 거절할 때, 조목조목 반박하며 설득하는 방법은 효과가 없다. 이미 상대방이 가진 생각을 바꾸게 하는 설득법은 세상에 존재하지 않는다. 어렵게 논리적으로 영업사원이 옳다는 바를 증명했다고 하더라도, 영업은 그걸로 끝이다. 이런 때에도 적절한 비유를 통한 납득은 상당한 위력을 발휘한다.

영업사원 과장님. 나중에라도 제가 지나는 길에 과장님이 보고 싶어 들르면 커피 한잔 정도는 사주실 수 있는 거죠?

가망고객 당연하죠. 커피가 아니라 식사도 같이해야죠.

영업사원 네, 고맙습니다. 제가 지난주에 어머님을 모시고 병원에 다녀왔습니다. 몸이 안 좋으시다고 해서요. 진료를 마치고 날도 춥고 해서, 병원 옆에 있는 스타벅스에 어머님을 모시고 갔다가 엄청 혼나고 왔습니다.

가망고객 아니, 어머님께서 왜요? 무슨 잘못이라도 하신 거예요?

영업사원 따뜻한 커피를 마시는 것까지는 좋았는데 가격표를 보고 놀라시는 거예요. 무슨 커피 한잔에 6000원이냐고. 집에 가서 믹스커피 한잔이면 되는데 왜 이렇게 큰돈을 쓰냐며 엄청 혼을 내시더라고요.

가망고객 어머님 입장에서는 그렇게 생각하실 수도 있겠네요.

영업사원 과장님이 저에게 커피를 사주신 것처럼 저희 어머님도 과거에는 지인들에게, 그리고 자식에게도 커피뿐 아니라 식사도 기꺼이 사주셨을 겁니다. 그런데 지금은 그렇게 화를 내시네요. 커피값 6000원에 왜 그렇게 화를 내셨을까 생각해봤어요. 그것은 아마도 소득이 있느냐 없느냐의 차이인 것 같습니다. 소득이 없어지자 어머님에게 돈의 현재 가치는 의미가 없고, 적게 쓰는 것만이 중요하게 되어버린 것이죠.

가망고객 그럴 수 있겠네요.

영업사원 과장님이 말씀하신 대로 현재 가치를 계산하면, 연금보험을 수령하실 때 받는 이 금액은 아주 적은 돈이 맞습니다. 그러나 적은 돈이라도 소득이 없어질 때는 아주 큰돈이 된다는 것이 어머님께 배운 인생의 교훈이더라고요. 제 어머님은 20년 전 국민연금에 왜 가입해야 하냐며, 엄청 뭐라고 하셨던 분이었어요. 그런데 지금은 노령연금이 그렇게 소중하다고 말씀하십니다. 그래서 제가 과장님께 적은 돈이라도 연금보험을 추가로 늘려가자고 말씀드리는 것입니다.

실제로 어르신들을 모시고 카페에 가면 가격표를 보고 놀라시는 분들이 많다. 뭐하러 이런 걸 마시냐고 나무라시기도 하고, 조금 저렴한 카페에 가서 비용을 아끼자는 말씀을 하시기도 한다. 당신이 자녀에게 부담을 주는 것 같아 미안한 마음이 들기 때문이다. 또한 소득이 없는 당신에게는 커피 한잔 값도 부담으로 느껴지기 때문이다.

이처럼 생활하면서 경험할 수 있는, 충분히 납득할 수 있는 인유는 상대방의 마음을 바꾸는 데 도움이 된다. 굳이 설득하려고 시도해 반발을 불러일으킬 필요가 없다. 자신의 경험을 바탕으로 상대의 이야기에 공감할 때 고객은 스스로 생각한다. 이번 인유도 의사 고객과 마찬가지로 경험 여부가 중요하다. 만약 이야기를 듣는 사람의 부모님이 아직 직장을 다니고 계셔서 커피를 마시는 데 부담이 없거나, 재산이 차고 넘쳐 비슷한 경험을 한 적이 없다면 통하지 않는다. 이처럼 비유나 인유를 통해 상대방을 납득시키고 싶을 때는 듣는 사람의 환경과 처지, 경험 등을 고려하는 세심함이 필요하다. 이 점을 감안하여 적절한 예를 찾아낸다면 영업 성과는 좋을 수밖에 없다.

5~10년 정도의 장기 저축보험 상품을 권유할 때도 이런 비유는 유용하게 활용된다. 오랫동안 저축하는 일은 쉽지 않다. 1년짜리 적금도 만기까지 지켜내는 사람이 많지 않은 요즘은 길게 납입해야 하는 상품에 대한 저항이 만만치 않다. 과거에는 10년 비과세가 좋다고 하는 등 세금 또는 단기 이자율보다 좋은 점을 들어 설명하는 것이 전부였다. 앞에서도 계속 강조했지만 영업할 때 숫자를 들먹이며 이성적으로 접근할수록 계약할 가능성은 떨어진다. 과거에 장기 저축보험을 들었다가 만기까지 지키지 못하고 손해를 본 경험도 있을 테고, 최근에는 다양한 투자 상품이 많아졌기 때문이기도 하다.

이성적으로 접근하면 고객도 숫자와 논리, 현재 가치로 대응한다. 그런 대응을 다시 논리로 반박하며 '설득'으로는 어렵다. 설득해봤자 감정만 상할 뿐이다. 이런 때에 필요한 것이 적당한 비유다. 책상 앞에 놓여 있는 돼지 저금통도 그런 이야기의 좋은 소재다. 요즘은 동전을 사용할 일이 거의 없다보니, 잔돈이 생길 때마다 저금통에 넣는다. 집에서도 마찬가지다. 어느 날, 속이 꽉 찬 돼지 저금통을 뜯었더니 약 3만 원이 나왔다. 그렇게 여윳돈이 생긴 어느 날 기분좋게 동료들에게 점심을 샀다. 그때 느꼈던 기분을 가지고, 고객에게 적은 돈도 저축할 필요가 있다며 납득시키는 데 활용했다.

나 ○○○님도 책상 위나 댁에 조그만 돼지 저금통 하나쯤은 갖고 계시죠? 요즘은 동전을 쓸 곳이 없어 생기기만 하면 저축하시는 분들이 많으시더라고요.

가망고객 네. 저도 사무실 책상에 하나 두고 있습니다.

나 제가 어제 돼지 저금통을 하나 뜯었습니다. 1000원짜리도 있고 해서 그런지 약 3만 원이 나오더라고요. 기분이 좋아서 동료들에게 밥을 샀죠. ○○○님도 그런 경험 한 번쯤은 갖고 계시죠?

가망고객 그렇죠. 누구나 다 그렇지 않나요?

나 네, 맞습니다. 평균적으로 서너 달에 한 번씩 돼지 저금통을 헐어서 그렇게 밥을 사다가, 어제 갑자기 이런 생각을 했습니다. 만약 그 돈을 5년이나 10년 동안 모아두면 적게는 100만 원에서 많게는 300만 원 정도가 될 거라고요. 만약 그렇게 큰돈을 받게 되었을 때도 제가 동료들에게 크게 쓴다며 밥이나 술을 사게 될까요?

가망고객 글쎄요. 저라면 그렇게 하지 않을 것 같아요. 여행을 가거나 아니면 더 중요한 데에 쓸 것 같아요.

나 네. 저라도 ○○○님처럼 할 것 같아요. 그래서 어제 제가 저금통에 넣을 정도의 돈을 금융 상품으로 전환하기 위해 새로 가입한 상품이 있습니다. 쉽게 쓰는 적은 돈도 조금만 길게 모으면, 여행을 가거나 아내에게 줄 선물을 살 정도의 돈이 되겠다 싶어서 낭비하지 않기로 결심한 것이죠. ○○○님도 저처럼 5년짜리 돼지 저금통을 하나 가져보시죠? 처음에는 귀찮겠지만 5년 또는 10년 후 큰돈으로 돌아오는 기쁨을 같이 느꼈으면 합니다.

간만에 또는 처음 만나는 사람에게 이자율이 높다며 상품 가입을 권유하면, 그것은 뻔한 영업이다. 뻔히 보이는 영업은 고객을 판매의 대상처럼 느껴지게 한다. 당연히 고객은 거절할 이유부터 찾기 마련이다. 이미 저축을 많이 하고 있는데, 영업사원이 무작정 권유하니 싫은 기분부터 든다. 영업하려는 의도를 알아챘으니, 아무리 적은 금액의 저축 상품이라도 마음이 동할 리가 없다.

하지만 고객의 입장에서 충분히 있을 법한 경험을 공유하며 대화하면 모든 게 달라진다. 세 번의 'YES'를 하면서 그것도 괜찮은 저축 방법이라는 것에 동의하는 순간, '한번 해볼까' 하는 마음이 생긴다. 그렇게 모은 돈으로는 동료에게 술이나 밥을 사는 대신 여행을 가는 등 자신과 가족을 위해 의미 있게 사용할 것 같다고 스스로 대답했기 때문이다. 적절한 예시는 이렇게 사람의 마음을 적절하게 움직이는 좋은 방법이다. 영업사원은 무턱대고 권유하기보다 삶 속에서 납득하기 쉬운 이야기로 대화를 풀어갈 수 있어야 한다.

현명한 사장님의 비밀

직장인들에게 주어진 점심시간은 대부분 한 시간 남짓이다. 짧은 시간 이내에 빨리 식사를 끝내고 업무를 재개해야 하므로, 점심때마다 어떤 음식을 먹을지 선택하는 것도 보통 일이 아니다. 구내식당이 있다면 매일 메뉴가 달라지므로 고민할 필요가 없다. 하지만 대부분은 회사 밖 음식점에서 끼니를 해결해야 하고, 그때마다 메뉴를 고민하며 에너지를 소모한다. 그래서 대부분의 사람은 동료들에게 뭘 먹을지 묻는다. 자신의 에너지는 아끼고 상대방의 에너지 사용에 기대겠다는 심산이다. 그것이 귀찮으면 음식점에 들어가서 메뉴를 선택하기도 한다. 가끔은 음식점 사장님께 '여기는 무엇이 맛있나요?'라며 의지한다. 이 질문에 어떻게 대답하느냐가 고객의 재방문 여부를 결정하기도 한다. 음식점 사장님이 가장 피해야 할 답은 이런 대답이다.

"우리 가게는 다 맛있습니다."

무엇을 먹을지 선택하기가 어려워서 사장님의 도움을 받고 싶은 마음이 었는데, 이런 대답을 들으면 질문한 사람은 실망한다. 고객의 입장에서는 뻔한 이야기로 들리기 때문이다. 또 사장님의 답은 아래의 말과 다르지 않다.

'나도 선택하는 것이 힘드니 당신이 알아서 하세요.'

여기에 더해 맛있는 메뉴를 추천하지 못한다는 것은, '맛있는 음식 또는 적극적으로 권할 대표 메뉴가 없다'는 뜻으로 해석되기도 한다. 일단 주문은 하겠지만, 다음에 다시 올 가능성은 거의 없다고 보면 된다. 모든 것을 잘하는 팔방미인은, 특출나게 잘하는 무언가 혹은 특별한 자신만의 장점이 없는 사람일 가능성이 높다. 음식점이 그래서는 곤란하다. 대답을 듣는 순간, 맛있겠다는 느낌을 주는 것은 자신감에서 비롯한다. 그래서 손님들이 많이 찾는 음식점에 가면 자신 있게 '셰프 추천'이라고 쓰여 있거나, '베스트 메뉴' 등이 표시되어 있다. 주문하는 손님에게도 이런 추천은 맛있을 거라는 기대감을 준다. 선택에 들어가는 에너지를 줄여주는 것은 덤으로 작용하며, 긍정적인 이미지를 남겨준다.

더 노련한 사장님이라면 이런 질문을 받을 때마다, 상대적으로 고가의 메뉴를 선택하게 할 기회로 활용하곤 한다. 고객이 어떤 음식을 원하는지 모르는 상황에서, 질문을 통해 특정 메뉴에 대한 욕구를 만들어주는 것이다. 이 메뉴를 시키는 것이 좋겠다는 '이유'를 만들어서 납득시키면, 고객의 욕구가 자극된다.

"혹시 맛을 중심으로 생각하시나요? 몸에 기운을 넣어서 오후에 활력을 가져올 수 있는 메뉴를 원하시나요?"

이렇게 답변하며, 다시 손님에게 공을 넘기면 선택지는 축소된다. 반대로 음식점 사장님은 비교적 가격이 비싼 음식을 판매할 명분을 만들어갈 수 있다. 아래와 같이 답하는 것도 손님의 선택을 조금 더 고가의 메뉴로 인도할 수 있다.

"조금 비싸더라도 이왕이면 맛있는 음식을 원하세요? 아니면 비교적 저렴한 메뉴를 추천받길 원하세요?"

두 가지 답변은 고객이 스스로 선택하는 것을 도와준다는 의미와 함께, 중요한 심리적 유혹이 포함되어 있다. 다시 또 '인정욕구'다. 사장님은 고객에게 다시 질문하면서 자연스럽게 인정욕구를 자극할 수 있다. 고객도 모르게, 상대적으로 비싼 메뉴의 선택을 은밀하게 '강제'할 수 있다는 말이다.

식당은 다른 사람과 함께 식사하는 공개된 장소다. 사장님의 질문에 고객이 답변하는 내용을 모두가 들을 수 있다. 즉 모두의 앞에서 '조금 비싸지만 맛있는 음식'을 주문해서 인정욕구를 채울 기회를 만들어준 것이다. 만약 이 대화가 전화를 통해 이루어지고 있다면, 인정욕구는 의미가 없다. 하지만 식당에 손님이 직접 방문했을 때는 다르다. 한 공간에 있는 다른 사람들이 들을 것을 아는 손님은, 은연중에 '나는 맛있으면서 비싼 음식을 주문하는 사람'이 되고 싶어한다. 특히 누군가를 대접하기 위해 식당을 찾은 사람이라면, 거의 대부분 비싼 메뉴를 선택할 수밖에 없다.

고급 레스토랑에 가면 코스 메뉴가 많다. 대부분 세 가지 코스로 구성된다. A 코스 5만 원, B 코스 7만 원, C 코스 10만 원처럼 가격을 기준으로 대부분 상중하로 나뉜다. 이것도 은연중에 고객의 인정욕구를 자극하기 위해 설정된 방식이다. 거의 대부분은 중간 가격인 B 코스를 주문한다. 연인과 방문한 사람이거나 인정욕구가 높은 사람은 C 코스를 주문하기도 한다. 사장님 입장에서는 비쌀수록 마진이 크니 고마운 손님이다. 그런데 사실 손님 입장에서는 B 코스가 가장 경제적이다. 사장님 입장에서는 C 코스를 주문하는 고객이 적기 때문에, 질적인 문제에 크게 관심을 두기 어렵다. 많이 주문하는 코스인 B 코스를 중심으로 음식점이 운영되기 때문에, 가장 신선하고 질 좋은 재료가 투입된다.

인정욕구는 음식점 외장에도 적용할 수 있다. 먹자골목 등을 가보면 식당 문에 다양한 메뉴를 광고한다. 이 광고에 가격을 써놓기도 하는데, 이는 영업에 도움을 주기보다는 오히려 방해가 되는 경우가 많다.

먼저 다른 집보다 저렴하다는 것을 강조하면서, 싼 가격을 메뉴 옆에 적어둔 음식점을 가정해보자. 친한 친구들이라면 가격이 싼 집을 거리낌없이 선택할 가능성이 높다. 그러나 연인이거나 거래처 관계, 또는 아직 친한 관계가 아닌 사람과 함께 간다면 저렴한 가격은 피하게 된다. 저렴하다고 음식이 맛없는 것은 아니겠지만, 내가 먼저 그곳을 선택하면 대접을 소홀히 했다고 여겨질 위험이 있다.

중급 구매를 이끌어내는 ①-②-③ 접근법

반대로 높은 가격도 문제가 될 수 있다. 가격이 비싸다는 점을 미리 알면, 돈을 내야 하는 사람이 부담스러워하며 가지 않으려 할지도 모른다. 그러므로 스마트한 사장님은 음식점 밖에 가격표를 공개하지 않는다. 맛있고 특별하다는 점만 강조해서, 손님이 식당 안으로 들어오게끔 유도한다. 일단 가게에 들어온 이상 설사 가격이 비싸도 고객이 나갈 확률은 높지 않다. 들어온 고객이 '여기 저렴하네'라고 말할 때는 '맛있는데 가격도 싸다'는 이야기를 하면 된다. 고객이 가격을 부담스러워하는 낌새면 비싼 이유를 만들어서 설명하면 된다.

"드셔보시면 그 차이를 아실 겁니다. 아마 깜짝 놀라실 거예요."

사장님이 이렇게만 이야기해도, 일단 들어온 손님은 웬만하면 여기서 주문하려고 할 것이다. 사람은 변화를 싫어하고, 한번 결정한 사항을 여간해서는 되돌리지 않는 본성을 가지고 있다. 음식점 광고도 이를 감안하여 '일단 식당 안으로 들어오게 유도하는 것'을 첫번째 목표로 삼아야 한다. 그러려면 손님의 관점에서 볼 수 있어야 한다. 주변 사람들에게 저렴한 음식을 먹으려고 하거나, 부담스럽게 대접하려는 사람으로 보이길 원하는 사람은 없다. 영업할 때 가망고객의 입장에서 생각할 수 있는 공감력이 필요한 이유다.

보이지 않는 '맛'과 '정성'을 전하는 법

요즘은 식당 경영에 있어, 온라인 광고가 필수적인 마케팅 수단이 되었다. 정말 맛있다고 입소문을 타기 전까지는, 사람들을 오게 하는 수단으로 블로그 등을 활용하는 것이 일반적이다. 네이버에서 ○○동 맛집을 검색하면, 작은 동네라도 여러 곳의 블로그가 검색된다. 대부분 돈을 받고 홍보를 대행하는 블로거들이다.

대형 식당이나 자본에 여유가 있는 음식점은 이를 이용할 수 있지만, 영세 식당에는 그림의 떡이다. 그렇다고 온라인 마케팅을 포기할 수는 없다. 결국 비용을 최소화하는 사진 위주의 홍보 방법을 택한다. 문제는 사진을 아무리 잘 찍는다고 해도, 음식의 맛을 사진 안에 담을 수 없다는 것이다. 그렇다고 고가의 사진 기술을 활용하기도 어렵다. 이런 사정은 음식점뿐 아니라 시골에서 농사를 짓는 분들도, 김치를 비롯한 반찬 사업을 하는 소규모 개인사업자들도 마찬가지다.

귀농해서 기존에 어머님이 운영중인 반찬가게를 도와드리는 친구가 있다. 온라인 홍보를 통해 전국에 유통하는 것을 꿈꾸고 있다. 코로나 팬데믹 이후 온라인·모바일 상거래가 활성화되자 기회로 생각하고 블로그를 만들고, 라이브 커머스도 진행했다. 하지만 홍보비를 높게 책정하기 어려운 형편상 지인들에게 홍보를 부탁하는 일 외에는 따로 방법이 없었다.

그의 고민도 사진에는 어머님만의 뛰어난 '맛'과 '정성'을 표현할 수 없다는 것이었다. 그렇다. 사진으로는 맛을 담을 수도, 보여줄 수도 없다. 그러나 글은 그것을 가능하게도 한다. 직접 맛있다고 주장하는 글은 아무도 믿지 않는다. 맛있을 거라고 느끼게 할 수 있어야 한다. 그러려면 만드는

중급 구매를 이끌어내는 ①-②-③ 접근법

사람의 정성이 글로 전달되어야 한다. 고민하는 친구에게 도움을 주고 싶은 마음에, 어머님이 어떤 마음으로 음식을 요리하시는지에 대해 듣고 나서 몇 편의 글을 써주었다. 사진과 함께 블로그에 활용하라고 했고, 힘들겠지만 앞으로는 그런 글들로 차분하게 사람들의 마음을 끌어낼 수 있었으면 좋겠다는 의견을 제시했다. 아래가 당시에 썼던 글이다.

어머니의 레시피

내(친구)가 대학에 입학한 것이 1988년이니 벌써 30년이 넘었다. 1월에 합격 통지서를 받고 3월에 개학할 때까지 약 2개월이 시간이 남았다. 어머니께서는 시골에서 식당을 조그맣게 운영하고 계셨는데, 개학하면 더이상 일을 도와드릴 수 없어 미안한 마음이 가득했다.

어느 날이었다. 그날도 어머니를 도와드리고 싶어서 식당에 갔는데, 주방 구석에 치워져 있는 한글 책이 보였다. 초등학교를 나오지 않으신 어머니가 이제 아들이 없으면 어떡하나, 걱정되셨는지 한글을 배우고 계신 것이었다. 그것도 이미 1년 전부터. 그날부터 나는 한 달 남짓한 시간 동안, 어머니의 한글 실력에 도움이 되고 싶어 다양한 방법을 동원했다. 가게문을 닫은 후에는 쪽지 시험도 봤고, 피곤하다며 주무시려는 어머니와 다투면서까지 공부를 도와드렸다.

그랬던 그 일을 까맣게 잊고 있었는데, 귀농 후 우연히 발견한 어머니의 작은 수첩이 그 기억을 다시 떠오르게 했다. 어머니가 커다란 주먹 글씨로 자신만 알아볼 수 있게 정리해둔 김치 레시피. 어머니의 올해 연세는 벌써 78세. 나이를 먹으면서 인간은 많은 분야에서 경쟁력이 떨어진다. 맛을 보는 능력도 마찬가지다. 맛을 보는 능력과 김치를 담그는 레시피를 떠올리는 기억력도 함께 떨어지니, 옛날의 그 맛을 재현하기 어렵게 될 수 있다. 그것을 막기 위해 어머니는 삐뚤빼뚤 주먹 글씨로, 무려 20년 전부터 정리해오고 계셨다. 그렇게 오랜 세월 준비한 노트만 열두 권. 놀랍고 신기한 마음에 어떻게 준비하게 되었는지 여쭸더니, 이렇게 답을 하신다.

"네 외할머니도 음식 솜씨가 정말 좋았지. 그런데 돌아가시기 전 언제부터인가 간이 조금씩 이상하길래 물어봤더니, 나이를 먹으면 그렇게 된다고 하셨거든."

어머니의 올해 연세는 외할머니가 돌아가셨던 당시의 연세다. 그럼에도 어머니의 맛은 예나 지금이나 달라진 것이 없다. 열두 권이나 미리 준비해두신 레시피 덕분이다. 의도하지 않았지만 이것으로 나도 배울 수 있게 되었으니, 어쩌면 어머니는 나의 귀농을 예상하고 계셨는지도 모른다. 잘 쓰지는 못하지만 한 글자 한 글자 적어둔 어머니만의 맛의 비밀. 건강하게 오래오래 사셔서 당분간 내가 레시피를 볼 수 없으면 더 바랄 것이 없다. 그럼에도 든든하다. 노트에 적힌 삐뚤빼뚤한 글씨에 담긴 어머니의 숨소리가 항상 내 곁을 지켜줄 것이므로. (후략)

시각은 인간에게 가장 중요한 감각이다. 진화적으로 봐도 고등 생물일수록 시각이 발달해 있다. 인간이 여느 동물과 다른 점 중 하나가 아름다움을 느낄 수 있다는 점이다. 꽃을 보면서 아름답다고 말할 수 있는 동물은 오직 인간뿐이다. 인간이 아름다움을 느끼는 것은 눈 때문일까? 아니다. 꽃을 보더라도 무심히 지나치는 사람도 있고, 잡초를 볼 때와 같이 감흥 없이 바라보는 사람도 있다. 같은 눈으로 보지만 다르게 평가하는 것은, 바로 마음 때문이다. 그러므로 인간이 아름답다고 느낄 수 있는 것은,

중급 구매를 이끌어내는 ①-②-③ 접근법

볼 수 있는 눈 때문이 아니라 마음 때문이다. 아름다움은 보는 사람의 마음에 달려 있다.

이와 비슷한 것이 맛이다. 맛은 혀로 느낀다. 쓴맛, 단맛, 짠맛, 신맛, 감칠맛 등의 느낌은 음식물이 혀에 닿을 때 판단된다. 이것은 단지 기술적인 판단에 불과하다. 우리가 어떤 음식을 먹을 때 '맛이 있다' 또는 '맛이 없다'라고 결정하는 것은, 혀가 아니라 마음이다. 마음은 바로 '뇌'가 작용한 결과다. 뇌가 맛이 없다고 하면, 맛이 없는 것이다.

과거 유명한 조미료 광고에 '고향의 맛'이라는 카피가 사용된 적이 있다. 하지만 시골에 가서 어떤 음식을 먹더라도, 고향의 맛을 느끼기는 쉬운 일이 아니다. 고향의 맛과 비슷한 것이 어머님의 맛이다. 어머님이 일찍 돌아가신 선배님은 어머님의 맛을 그리워하며 맛있는 음식을 찾아다니지만, 어디서도 그 맛을 느낄 수 없다고들 말한다. 당시 먹었던 음식과 함께했던 추억이 빠져 있기 때문이다. 고향의 맛에는 고향에서 있었던 행복한 기억이, 어머님의 맛에는 어머님의 정성이 깃들어 있다. 시간이 흐른 지금은 그 감각을 어디에서도 찾을 수 없다. 당시의 기억 속에 있는 맛과 함께했던 추억이 사라졌기에, 그 맛을 느낄 수 없는 것이다.

음식점을 홍보하기 위해 블로그에 잘 찍은 사진을 많이 올려도, 뇌가 맛있다고 판단하도록 만드는 데에는 역부족이다. 아름답다고 느끼는 원천이 눈이 아닌 마음인 것처럼, '맛있겠구나' 하는 마음을 갖게 하려면 시각을 넘어서는 다른 감성이 있어야 한다. 즉 음식이 맛있을 것 같다고 생각하게 만들기 위해서는, 소개하는 글에 그 마음을 담아야 한다. 준비하는 사람의 정성이나 사랑이 느껴지게 해야, 뇌가 움직일 수 있다. 어머님이 나를 위해 요리하시던 그 마음처럼, 음식점 사장님의 수고스러운 마음이 느껴져야 한다. 그 마음은 사진에 담기지 않는다. 사장님의 마음이 글로 전해질 때 비로소 뇌는 '맛있겠구나'라고 생각한다. 눈은 게으르지만, 뇌는 글을 읽으면 활발히 사고한다. 그래서 글에 마음을 담아내는 일이 중요한 것이다.

단순하게 음식 사진을 올리는 데 그치지 않고, 친구 어머님의 정성을 글로 전달할 수 있다면 블로그 마케팅의 효과는 극대화된다. 설사 경쟁 업체 사장님이 그 글을 읽는다고 하더라도, 틀렸다고 반박하거나 비난할 수 없다. 만약 글에서 설탕이 몇 스푼이고, 젓갈이 어쩌고 할 때는 틀렸다고 말할 수 있다. 모두의 입맛이 다르기 때문이다. 하지만 어머님의 레시피를 적어둔 삐뚤빼뚤한 주먹 글씨의 사연을 읽고서는 그럴 수 없다. 마케팅에서 스토리를 중요시하는 이유다.

요즘은 내 친구처럼 귀농해서 친환경으로 농사를 짓는 분들이 많아졌다. 마찬가지로 수확한 농산물의 사진 위주로 홍보하기보다, 어떤 마음으로 농사를 짓는지에 대해서 담담하게 밝히는 글로 홍보하는 전략이 필요하다. 매일 새벽부터 부지런하게 밭과 논을 돌면서 느끼는 마음들, 농약이나 화학비료가 아닌 훨씬 긴 시간과 많은 노력이 들어가는 친환경 미생물 비료를 준비하는 과정들, 포기하고 싶을 때마다 다시 일어서게 하는 다짐들이 농산물을 소개하는 글에 담겨야 한다. 그런 글을 읽는 순간 가망고객의 뇌는 이 농산물은 '믿을 수 있다'라고 작동하기 시작한다. 당연히 맛이 있어야 하겠지만, 어쨌든 맛은 구매 이후의 문제다. '맛있겠구나'라는 생각이 들게 만드는 것이 우선이다.

"그래서 권하는 것입니다"

상담은 대화를 통해 시작되고, 대화를 통해 완성된다. 영업이 아니더라도 누군가와 친해지는 가장 좋은 수단은 대화다. 어떻게 대화를 진행하느냐에 따라 상대방이 나에게, 또는 내가 상대방에게 얼마나 다가갈 수 있는지가 결정된다.

대화는 연설이나 웅변이 아니다. 처음 영업을 시작했을 때 가장 힘들었던 것이 '대화'였다. 처음 만나서 인사를 하고 대화한다고 생각했지만, 돌아보면 어느새 상대방의 관심 여부에 상관없이 팔려는 상품에 대해 웅변하는 내 모습이 떠올랐다. 오로지 내가 보는 관점에서 판매하려는 제품에 대한 설명과, 그 제품이 필요한 이유에 대해서만 열을 올리고 있었다. 대화는 없었고 주장과 연설, 웅변과 설득 그리고 강요만 있었을 뿐이다. 제대로 된 대화가 이루어지지 않는 한, 가망고객에게 내가 하는 모든 말과 행동은 적이 되는 행위에 불과했다. 당연히 계약은 줄어들었고, 실적은 떨어졌다.

대화는 나와 상대방이 함께 말하고, 묻고, 답하는 과정이다. 단 한 마디라도 상대방의 의견이 개진되고, 그것이 확인되면 가망고객은 나와 대화를 한다고 느낀다. 그래서 중요한 것이 질문이다. 대화의 주도권은 항상 질문하는 사람이 가져간다. 질문에 답변하기 위해서는 에너지를 모으고, 묻는 사람의 말에 귀를 기울여야 하기 때문이다.

이때의 질문은 취조와 구별되어야 한다. 경찰서에서 조서를 쓸 때 경찰관이 하는 질문은 취조다. 취조는 일방적인 방향으로 이루어진다. 맞장구나 공감이 없다. 오로지 질문하는 사람이 알고 싶은 내용으로 대답이 정해져 있다. 대화는 반대다. 내가 질문을 하지만 그 질문은 나의 호기심을 충족시키는 것이 아니라, 상대방의 생각을 들어주기 위한 것이다. 그렇게 나온 답변에 질문한 사람이 추임새를 넣으며 맞장구를 쳐주어야, 답변하는 상대방이 에너지를 사용하면서도 힘들어하지 않고 재미를 느낀다.

"휴가 다녀오셨어요?"

친하지 않은 사람에게 이렇게 묻는 것은 취조다. 너무 딱딱하고 '이 사람이 어째서 내 휴가에 대해 묻는 거지?'라는 생각부터 들게 만든다.

"저를 소개해주신 ○○○님은 지난주에 휴가를 다녀오셨다고 하더라고요. 친하신 분들은 일정을 맞춰서 같이 다니시기도 하던데, 혹시 같이 다녀오셨어요?"

좋은 질문은 상대방이 답을 하고 싶게 만든다. 대화의 포문을 열기 위해 질문할 때는, 상대방이 답하기 쉬운 분위기를 만들어주어야 한다. 이 경우에는 나와 상대방이 함께 아는 사람의 휴가 이야기로 질문하며 편한 분위기를 유도했다. 그렇게 대화가 시작되는 것이다.

"아닙니다. 저는 다음주에 강릉에 갈 생각입니다."

상대방이 나의 질문에 답했다. 이 답변에 내가 '네'라고 짧게 대답하면,

대화는 다시 끝이 난다. 강릉에 대해서 더 이야기할 수 있는 기회를 제공해, 대답한 사람이 스스로 빠져들도록 해야 한다.

"와, 요즘 강릉이 정말 인기 있는 여행지라고 들었습니다. 저도 언젠가는 가볼 생각인데, 여행 계획은 어떻게 세우셨어요? 저도 덕분에 조언을 듣고 싶습니다."

상대방에게 '조언'을 구하고 싶다는 말이나 '상담'을 요청하는 말은, 나를 낮추는 말이면서 동시에 상대방을 높이는 말이다. 누군가에게 조언을 요청하는 것은 그의 '지혜'를 빌린다는 의미다. 단어 하나로 상대방을 높여주면서 인정욕구를 채워주는 셈이다. 이렇게 말하면 상대방은 여행 전 강릉에 대해 조사했다면서 기분좋게 이야기를 풀어놓기 마련이다.

조언을 구하는 대화 방식은 관계 형성에도 도움을 준다. 직장을 옮기거나 동호회에 새로 가입할 때 또는 새로운 지역으로 이사갈 때는 누군가의 도움이 필요하다. 그럴 때 친해지고 싶은 사람이 있다면 '도움'을 구한다는 뉘앙스를 사용하면, 금세 거리가 가까워진다. 상대방이 조언을 해주는 위치에 서도록 하는 순간, 조언을 청한 나를 좋게 보기 때문이다. 상대방에게 인정을 받고 싶으면, 먼저 상대방을 인정해주자.

"여행은 항상 떨리고 행복한 마음을 느끼게 해줘서 좋더라고요. 문제는 비용인데, 어떻게 미리 계획하고 준비하시나요? 저는 1년 전부터 내년 계획을 위해 적금과 펀드를 가입해서 돈을 마련하고 있거든요. ○○○님도 그렇게 하고 계실 것 같아요."

영업사원이 누군가를 상담하는 목적은 저축, 보험, 펀드 등 재무적인 문제에 접근하기 위함이다. 사람이 하는 거의 모든 일은 돈과 관련되어 있다. 여행도, 취미도, 지금 하는 일도 결국은 경제적인 문제와 연관이 있다. 그렇다고 만나자마자 연봉이 얼마인지, 저축이나 보험은 어떻게 하는지 물으면 좋아할 사람은 아무도 없다. 반대로 그 이야기를 시작할 수만 있다면, 대화는 결국 저축이나 투자에 대한 이야기로 흘러갈 수밖에 없다.

내년에 혹은 은퇴 후에도 가끔 여행을 다니기 위해서는 미리미리 대비해야 한다는 말을 처음부터 직접적으로 이야기하지 않고, 상대방의 삶으로부터 꺼낼 수 있어야 한다. 여행이든, 취미든, 운동이든 그 무엇이든 간에 소득이 없는 은퇴 이후에도 계속할 수 있게 만들려면 돈 이야기를 해야 한다. 영업사원의 의도대로 가망고객이 그 점에 대해서 걱정하거나 문제의식을 가지기 시작하면, 조금 더 깊은 대화를 나눌 수 있다. 은퇴 이후의 여행을 위해서는 지금부터 준비해야 한다는 사실은 누구나 알고 있다. 그러나 대부분은 미룬다. 여유가 생기면 하겠다고 말을 하는 것도 '언젠가는 되겠지'라는 막연한 '미루기 신공' 때문이다. 그런 대답을 들을 때마다 나는 다시 이렇게 질문한다.

나 15년 후 모습을 한번만 상상해보세요. 친구들은 돈 문제로 서울 주변 산이나 지하철을 타고 탑골공원 등으로 나들이 정도만 다니고 있습니다. 그런데 저를 만나 미리 준비해둔 덕분에, ○○○님은 자주는 아니더라도 가끔은 이번처럼 강릉이나 다른 도시로 여행을 다녀오실 수 있습니다. 그렇게 여행 다니는 모습을 보고 친구들이 어떤 말을 할까요? 왜 돈을 낭비하느냐고 할까요? 아니면 도대체 어떻게 재테크를 했기에 그렇게 여행을 다닐 수 있는

냐며 ○○○님을 부러워할까요?

가망고객 당연히 부러워하겠죠. 지금도 자주 여행 다니는 사람을 보면 부러운데, 은퇴 후에는 더 그렇겠죠.

무언가 해야 한다고 말하지 않았다. 수익률이 어쩌고 비과세를 위해서 가입해야 한다고 영업사원의 입장을 밀어붙이지도 않았다. 나는 상대방에게 질문했을 뿐이다. '부러워하겠죠'라고 대답했다는 것은, 미래를 위해 미리 준비하는 것이 좋다고 스스로 인정한 셈이다. 미래의 모습이지만 상상 속에서 부러움을 받는 자신을 본다면, 당장에는 부담이 있더라도 준비하고 싶은 욕구가 생길 수 있다. 그렇게 답변을 들으면 나는 항상 이렇게 마무리를 지었다.

나 그래서 제가 노후 준비를 권하는 것입니다. 15년 후 친구들이 '넌 어떻게 했길래 여행도 다니냐?'라고 물을 때 '내가 가고 싶어서 미리 다 준비했지'라고 대답하시면 됩니다.

해야 할 이유를 만들어주는 일은 영업사원의 몫이다. 고객은 항상 미루고 싶어한다. 미루기는 인간의 본성이다. 그 본성을 설득하려 하지 않고, '스스로 해야 하는 욕구' 그리고 '그 이유'를 만들어주면, 고객이 계약할 확률이 높아진다. 권하는 영업사원의 입장에서도 이러한 대화를 통해 자존감을 지켜낼 수 있고, 더 강한 자신감을 가지고 고객에게 제안할 수 있다. 마지막에 이렇게 말할 수 있는 상황을 만들어야 한다. 물론 가망고객의 입장에서 말이다.

"그래서 권하는 것입니다."

납득을 시킬 때도, 욕구를 끌어낼 때도 핵심은 '질문'에 있다. 앞의 사례에서 연준이가 인사를 잘 하겠다고 답했던 이유도, 엄마가 제대로 질문했기 때문이다. 상대방의 마음을 얻기 위해 신뢰도를 높이는 과정에서도 가장 중요한 도구는 '질문'이다. 상대방이 하고 싶어하는 말을 내가 해주고, 상대방이 '네'라는 답을 할 수 있도록 기회를 만들어주어야 한다. 상대방이 스스로 꺼내기 민망한 말을 질문을 통해 먼저 언급해주자. 질문은 내가 하지만, 상대방의 마음이 풀린다. 얼마 전 절친의 아내가 암 진단을 받아 항암 치료를 시작했다. 아이들은 학생이니 간병은 모두 남편의 몫이다. 그의 마음을 위로해주는 질문은 무엇일까?

A 괜찮지? 그나마 암 초기 진단이라 다행이다.

B 많이 힘들지? 큰 병은 처음이라 아내도 복잡한 마음에 짜증을 낼 것이고, 그걸 너 혼자 온전히 감당해야 하니까 정말 힘들 것 같아.

정답은 당연히 B다. B의 질문에 담긴 말이 어쩌면 내 절친이 하고 싶던 말일 것이다. 하지만 차마 그렇게 말할 수가 없다. 그냥 태연한 표정을 짓고 있을 뿐이다. B의 질문에는 대부분이 이렇게 답을 한다.

"그냥 그렇지. 나보다 아픈 아내가 더 답답할 테니까."

실제 마음은 '정말 힘들다'라고 말하고 싶었을 것이다. 하지만 내가 '힘들지?'라고 질문했기에 그 말을 듣는 순간, 이미 마음이 많이 풀렸다. 힘든 것을 알아주는 친구가 있으니 고마웠을 테다. 만약 A와 같은 질문을 했다면 친구는 서운해했을 것이다. 직접 말하지는 않더라도 속으로는 '내 표정 안 보이니? 네가 직접 당해봐라, 얼마나 힘든지'라고 생각했을 수도 있다. 이렇게 질문만 제대로 해도, 누군가의 마음을 편안하게 해줄 수 있다. 권하는 말도 적절한 질문과 함께라면 상대방의 입장에서 해주는 것으로 느끼게 만들 수 있다.

이 과정은 3단계로 정리할 수 있다. 이 과정만 제대로 수행할 수 있다면 누구나 '영업의 신'이 될 수 있다. 당연한 소리지만 원리와 방법에 대한 끝없는 연구와 연습은 필수다.

1단계. 올바른 질문을 통해서 상대방의 마음을 얻고
2단계. 적절한 시점에 미래를 상상하는 질문을 해 욕구를 일으키며
3단계. '네'라는 답변을 하게 함으로써 고객이 스스로 움직이게 한다

태아보험이나 어린이보험을 상담하기 위해 부모를 만날 때도 질문을 적절하게 활용하면, 대화의 주제를 아이의 보험에서 부모의 생명보험으로 넓히기 수월해진다. 이때 중요한 포인트는 고객이 원하는 바를 먼저 해결해준 다음, 대화를 진행해야 한다는 점이다. 상담을 시작하자마자 본래 가입하려던 어린이보험이나 태아보험보다 부모의 생명보험이 중요하다는 식으로 말하면, 둘 다 실패할 확률이 높다. 고객의 요구를 먼저 해결해주지 않고 다른 상품을 팔려고 하면, 그 순간부터 적으로 오해받기 딱 좋다. 우선하는 욕구가 먼저 충족되어야, 다른 데에도 마음을 쓰는 것이 인간이기 때문이다.

영업사원 축하드립니다. 태아보험도 가입하셨으니 이제 건강한 아이만 출산하시면 되겠습니다.

고객 네. 덕분에 고맙습니다.

영업사원 그런데 고객님, 제가 궁금한 점이 있습니다. 오늘 가입하신 태아보험은 누굴 위해 가입하신 것인지요?

고객 당연히 아이를 위해서 가입했죠.

영업사원 맞습니다. 부모는 아이가 아프면 보험이 없다 하더라도 치료를 안 하지는 않겠죠? 그렇다면 태아보험은 엄밀히 따진다면, 치료비를 부담하는 부모를 위한 보험일 것 같은데요? 그럴 일은 없겠지만, 혹시라도 돈 걱정 때문에 아이를 잘 챙기지 못하는 슬픈 일을 막기 위해서이기도 하니까요.

고객 음, 그럴 수도 있겠네요.

영업사원 제가 이렇게 여쭈어본 까닭은 태아보험과 함께, 이제는 진짜 자녀를 위한 보험을 준비하셨으면 해서 그렇습니다. 태아보험이 없다고 해서 병원에 못 데리고 가거나 학원에 못 보내주지는 않을 것입니다. 어떻게든 고객님이 해결해주실 거니까요. 그러므로 진짜로 아이를 위해서 준비하는 일은, 혹 어떤 문제가 생기더라도 반드시 해결해줄 고객님을 위해 준비하는 일이 되어야 하지 않을까요?

고객이 원하는 것을 먼저 해결한 이후 이렇게 대화를 이끌어나갔다. 가능하다면 고객이 자녀를 위해 품었던 따뜻한 마음을 그대로 이어가고 싶었기 때문이다. 이때도 중요한 것은 질문이었다. 고객이 '네'라는 답변을 통해 스스로 문제를 인정하게 만들어주었다.

진짜 아이를 위한 보험은 크게 두 가지가 있다. 미리 학자금을 준비하는 저축보험 또는 펀드가 있고, 생명보험이 있다. 아이가 아프면 어떻게든 부모가 처리할 수 있지만, 부모가 잘못되었을 경우에는 아이가 할 수 있는 것이 없다. 그것을 이야기하고 싶어서, 이렇듯 적절한 시점에 올바른 질문을 해서 기회를 얻어냈다.

영업 실적이 좋아지길 원할 때에도, 질문은 중요한 역할을 한다. 이때의 질문은 스스로에게 하는 질문을 말한다. 자신에게 적절한 질문을 하고, 스스로 답변하는 것은 '셀프 납득'이 되었음을 의미한다. 자신이 직접 무엇을 해야 할지 질문하고 대답해보면, 그 영업사원은 알아서 움직인다. 이때 질문은 구체적이어야 한다. 영업 실적의 향상을 위해 고민하는 영업사원이 스스로에게 할 수 있는 두 가지 질문이 있다. 어떤 질문이 자신의 행동을 변화시킬 수 있을까?

A 어떻게 하면 내년에 실적이 더 좋아질 수 있을까?

B 좋은 실적을 위해 내가 가장 먼저 고쳐야 할 점은 무엇일까? 하루를 어떻게 시작하는 것이 좋을까? 잘하는 사람과 비교할 때 최우선적으로 바꿔야 하는 나의 영업 방법은 무엇일까?

좋은 질문은 B다. A도 안 하는 것보다 좋기야 하지만, 너무 포괄적이다. 구체적인 질문을 해야 구체적인 답변을 찾을 수 있다. 제안했을 때 고객이 거절하면 당장 화도 나고 짜증도 난다. 그러나 다시 그 실수를 반복하지 않기 위해서는, 스스로 '어떤 점이 문제였을까? 오늘은 어제와 다르게 어떤 점을 보완해야 할까?'라는 질문을 던져야 한다. 그 질문에 대답할 수 있다면, 바꿔야 할 부분이 보인다. 자문자답의 과정을 통해 방법을 찾아가다 보면 영업 실적은 자연스레 좋아진다.

영업뿐만이 아니다. 우리 인생도 마찬가지다. 변화하고 싶다면 먼저 스스로 달라져야 하는 점, 반성해야 할 점, 지금 당장 무엇을 하는 것이 우선인지 등을 질문할 수 있어야 한다.

고객에게 '딴지'를 걸어라

'보험이 있는 사람에게 영업하는 것이, 없는 사람에게 영업하는 것보다 더 쉬웠다.'

앞에서도 한 말이다. 보험 영업 초기, 착각했던 것이 기존에 보험이 없는 사람을 찾아야 계약할 수 있다는 생각이었다. 그 착각은 오래가지 않았다. 보험 없이 살고 있는 사람은 특별한 이유가 없는 한, 계속 그렇게 살아갈 확률이 높았다. 좋은 실적은 보험을 이미 가입하고 있는 사람에게 '증액해야 할 이유'를 어떻게 만들어줄 수 있느냐에 달려 있었다. 영업을 하다 보면 고객들은 보험을 가입하고 있는 것만으로도 준비가 충분하다고 느끼고 있음을 알게 된다. 그렇게 생각하는 분들에게 보험을 더 늘려야 한다고 말하는 것은, 서로 '적'이 되어 싸우자고 말하는 셈이었다. 이 문제를 넘어서기 위해서는 다른 접근 방법이 필요했다.

어떻게 하면 효과적으로 고객이 욕구와 필요를 느끼도록 만들고, 그 이유를 만들어줄 것인지 고민하다가 찾아낸 방법이 '반어법'이다. 이미 보험에 가입한 고객에게 그 보험이 굳이 필요하겠느냐고, 차라리 보험료를 아껴 저축하는 편이 낫지 않겠느냐고 반대로 물었다. 이제 모두가 알겠지만, 사람은 인정욕구에 민감하다. 인정욕구는 내가 과거에 한 행동에 대해 합리화하려는 태도로도 표현된다. 직접적으로 '당신이 틀렸다'라거나 '보험 잘못 가입했어'라고 말하면 반발을 불러온다. 자신의 선택을 부정하는 사람을 누가 좋아하겠는가?

반대로 직접적으로 말하는 대신에, 해명할 기회를 만들어주면 결과는 180도 달라졌다. 보험이 정말 필요하며, 그렇게 대비하는 것이 가족을 위해 잘한 일이라고 스스로 대답하면, 자신의 지난 선택을 인정하며 뿌듯해했다. 반어법은 고객이 자신의 욕구를 스스로 확인하게 만들고, 영업사원이 그 행위를 알아주고 인정해주는 동시에, 더 중요한 것이 있다고 고객을 납득시키는 좋은 방법이다. 내가 주장하는 것이 아니라, 고객 스스로 과거 보험을 가입했던 그 마음을 상기할 수 있도록 유도한 것이다.

두 명의 자녀를 둔 가장을 만났을 때를 예로 들어보자. 그는 암보험만 이미 두 개를 가입하고 있었다. 과거에는 암보험보다 생명보험이 더 중요하다는 식의 일방적인 설명으로 상담을 시작했다. 하지만 더이상 그렇게 하지 않았다. 거꾸로 들어가는 방법을 택했다.

나 ○○○님 암보험을 가입하고 계셨네요. 암에 걸리면 가족들에게 부담을 줄 수 있어서 그에 대한 대비로 가입하신 것 같습니다.

고객 네, 그렇죠. 요즘 주변에서 암 이야기를 많이 하기도 하니까요.

나 그런데 정말 암에 걸릴 확률이 얼마나 될까요? 통계를 보면 열 명 중 한

두 명만 암에 걸린다고 하던데요. 보험료를 아끼고 저축하는 편이 낫지 않을까요?

위와 같이 반어법으로 이야기하면, 가망고객은 상당히 어이없어하는 표정을 짓는다. 보험 영업을 하는 사람이 보험이 필요 없다는 뉘앙스로 말하고 있으니 한심했을 것이다. 그때부터는 오히려 고객이 나에게 더 강한 어조로, 보험의 필요성을 강조하기 시작했다.

고객 네? 요즘 주변에 암에 걸린 지인들 소식이 꽤 많아요. 암에 걸리면 간병비다 뭐다, 저축만으로는 감당하기 어려우니까 가입한 거예요.
나 그런데 만약 암에 안 걸리면 돈을 다 날리게 되는 셈이잖아요. 아깝지 않을까요?
고객 사람이 미래를 어떻게 알겠어요. 무슨 일이 있을지 모르니까 미리 대비하는 것이죠. 가족을 위한 일인데 돈을 아낄 수 없죠. 당연히 대비해야죠. 가장이니까.

모르는 사람이 이 대화를 듣는다면, 영업사원과 가망고객이 바뀐 것으로 착각할 수 있다. 영업사원이 밀어내려고 하니까, 되려 고객이 스스로 보험을 가입한 것을 정당화하고 있다. 고객이 스스로 주장했으니, 이제 영업사원이 할 일은 고객이 강조한 사실을 영업에 그대로 반영하는 것만으로 충분하다.

나 하하, 놀라셨죠? 맞습니다. 듣던 대로 ○○○님은 가족을 생각하는 따뜻한 마음을 갖고 계신 분이었네요. 정말 잘하셨어요. 가입한 보험을 봐도 제대로 설계가 되어 있어서 저도 기분이 참 좋습니다.

고객 네, 감사합니다. 저도 솔직히 갑자기 왜 이렇게 말씀하시나 싶었습니다. 혹시 내가 보험을 잘못 가입한 것은 아닌가 의심도 들었고요.

나 제가 오해를 불러왔군요. 죄송합니다. 정말 잘하셨고, 그런 마음가짐이라면 요즘 암보다 직장인들 사이에서 더 많이 발생하는 뇌출혈, 심근경색, 고혈압 부분만 보완하면 ○○○님께 완벽한 대비가 될 것 같습니다. 요즘 회사 스트레스 때문에 그런 사고가 많이 나더라고요.

이렇게 대화를 진행하면, 암보험은 이미 있으니 이제 다른 질병을 대비하자고 성급하게 말하는 것보다 훨씬 효과적이다. 보험이 필요한 이유에 대해서 고객이 스스로 강하게 의견을 피력했기 때문이다. 물론 조심스러운 말투로 해야 한다. 빈정거리거나 비꼬는 말투로 들리면, 고객이 화내며 싸우게 될 수도 있다. 부드럽게 상대방의 화를 불러일으키지 않는 선을 지키는 것이 반어법에서 가장 중요한 포인트다.

적은 사망 보장금의 생명보험을 가입하고 있는 고객을 만났을 때도 반어법은 효과적이다. 만나자마자 현재 보험의 사망 보장금이 적다고 말하면, 일단 부정적인 반응이 나오기 마련이다. 그저 새로운 보험을 가입시키려는 영업사원으로 간주되면서, 그 순간 적이 되어버린다. 그러니 다음과 같이 반어법으로 질문해보자.

나 ○○○님은 5000만 원의 사망 보장금이 있는 보험을 갖고 계시네요? 결혼하실 때 가장의 의무를 다하시려고 가입하신 것 같습니다. 그런데 고객님께서는 건강관리도 잘하고 계신데 굳이 사망 보장이 필요할까요? 그냥 보험료를 아껴서 저축하는 편이 좋지 않을까요?

가망고객 네? 미래를 알 수가 없잖아요. 혹시라도 잘못되면 가족에게 큰 짐을 남기는 것이니 사망보험을 가입했죠. 가장이면 다들 그러지 않나요?

나 네, 맞습니다. 그런데 ○○○님은 건강관리에도 관심이 많으신 것 같아서요. 그렇게 조심하고 계신데 설마 돌아가시기야 할까요?

보험설계사가 이렇게 이야기하면 십중팔구 대부분 황당해한다. 다른 누구도 아니고 영업사원이 보험을 더 가입해야 한다거나, 실손보험이 더 중요하다고 추가로 가입해야 한다고 설득하지 않으니 고객의 예상을 벗어나 있다. 왜 사망보험에 가입한 거냐며 반어법으로 물었고, 한술 더 떠서 건강한데 설마 죽겠느냐고 말하고 있으니 고객은 어이가 없다. 당연히 고객은 사람 일은 모르는 것이고, 혹시라도 그런 일이 생기면 큰일이니 최소한으로 가입했다고 강변하게 된다. 앞에서 암보험을 가지고 이야기했던 과정과 비슷한 흐름이 펼쳐진다. 나는 이렇게 대화를 하다가 중간에 꼭 다음과 같이 물었다.

나 네, 잘하셨습니다. 가장이니까 그렇게 생각하시는 것이 맞습니다. 보험설계사로서 ○○○님과 같은 마음을 갖고 계신 고객분들을 만나면, 참 기분이 좋습니다. 그런데 한 가지만 여쭤어볼게요. 설마 그럴 일은 없겠지만, 혹시라도 고객님께서 돌아가시게 되면 가족에게 정말 필요한 돈은 얼마일까요? 2억, 아니면 5억이면 될까요?

이렇게 대화를 하면, 가망고객이 얼마 정도는 있어야 진짜 도움이 될 것이라고 말을 해줄 때가 있다. 스스로 말한 금액이기 때문에 증액을 진행하기가 생각보다 쉬워진다. 영업사원이 나서서 증액이 필요하다고 하면 강요가 되지만, 고객이 스스로 말하니 상황이 훨씬 더 부드러워진다. 이처럼 기존에 가입한 상품에 대해서 고객이 스스로 가입 당시의 이유를 찾아내도록 유도하는 데 성공하면, 그 이유를 기반으로 증액을 권하기가 수월해진다.

신념이 있다면 당당하게!

모든 영업 상황에서 대화를 통한 납득이 꼭 필요한 것은 아니다. 때로는 단순히 질문 하나만 잘해도, 모든 과정이 일사천리로 진행되는 경우도 있다. 대표적으로 태아보험이 그랬다. 가입하는 것이 당연하다는 듯이 이야기하면 끝이었다. 다만 이를 위해서는 영업사원부터 태아보험이 꼭 필요하다는 믿음을 가져야 한다. 그렇지 않으면 영업사원의 말에 무게가 실리지 않는다.

"아직도 태아보험에 가입하지 않으셨다고요? 나중에 어쩌려고 그러셨어요?"

고객이 임신했다는 이야기를 하면, 태아보험은 당연하게 가입해야 한다고 생각했다. 그것이 내 신념이었다. 태아보험은 어린이보험에 비해 상대적으로 비싸다. 그래서 건강한 아이가 태어난 후에는 그 보험을 해약하고 저렴하게 재설계한다. 하지만 그전에는 어떤 일이 발생할지 아무도 알 수 없다. 그래서 무조건, 강제로 설득해서라도 가입을 시키겠다는 것이 나의 생각이자 의지였다. 일일이 내용을 설명하지도, 납득의 과정을 거치지도 않았다. 아이를 임신한 부모라면 무조건 해야 한다고 상식처럼 간주하며 이야기했다.

이런 비슷한 예는 자동차 영업에도 적용된다. 자동차는 옵션을 선택해서 가격을 조절할 수 있다. 아내가 탈 자동차를 새로 구매하기 위해 만났던 영업사원은 모든 옵션을 설명하면서, 어떤 것을 선택할지에 대해서 우리에게 물었다. 우리가 택하는 대로 옵션을 포함시키겠다는 태도였다. 안타까운 마음에 그에게 앞으로는 이렇게 이야기를 해보는 것이 어떻겠냐고 의견을 냈다.

"안전에 관련된 옵션은 무조건 하실 것이고……"

자동차에서 안전은 가장 중요하다. 빨리 달리는 자동차일수록 안전 장치가 강화된다. 운전할 때 사고는 피할 수 없다. 그렇기에 안전에 대한 대비는 무조건 필수적인 옵션으로 취급해야 한다. 사람이 타기 때문에 어떠한 상황에서도 자동차는 무조건 안전해야 한다. 운전을 아무리 잘한다고 해도, 아무리 주의한다고 해도, 사고의 가능성은 항상 열려 있다. 운전중 발생하는 사고는 나의 운전 실력이나 주의력에 관계없이, 다른 차량에 의해서도 발생한다. 어떠한 경우에도 운전자를 포함한 동승자의 안전이 확보되어야 한다. 사람의 생명보다 중요한 것은 없기 때문이다.

중급 구매를 이끌어내는 ①-②-③ 접근법

나 역시 자동차의 안전에 필요한 옵션은 필수가 되어야 한다고 생각한다. 그러나 담당 영업사원은 그렇게 하면 안 된다고 했다. 고객이 선택할 수 있도록 해야지, 강요하면 민원이 제기될 수 있다는 말을 덧붙였다. 그래서 이렇게 물었다.

"운전에서 안전이 가장 중요하다고 믿고 있나요?"

영업사원은 그렇게 생각한다고 대답했다. 그거면 된다. '구매하라고 강요하는 것'과 '당연하게 이야기하는 것'은 다르다. 영업사원은 자신의 신념을 판매하는 직업이다. 당연시한다고 해서 구매를 강요하는 것은 아니다. 고객이 정말 돈이 없거나, 고객의 생각으로 안전 기능의 일부를 죽여도 하기 싫다고 하면 어쩔 수 없다. 하지만 일단은 안전이 가장 중요하기 때문에, 당연하게 간주하고 이야기할 필요가 있다. 내 이익 때문에 그렇게 해야 한다는 뜻이 아니다. 고객님의 안전이 더 중요하다고 생각하기 때문에, 해야 하는 일이다.

직장인과 자영업자를 대상으로 재무 상담을 할 때도 이와 유사한 상황이 있다. 최소한의 보험과 함께 세액공제를 받기 위해서 연금저축(펀드) 또는 IRP(개인형 퇴직연금) 가입을 당연하다는 듯이 말한다. 자영업자든 직장인이든, 일하는 이유는 돈을 벌기 위해서다. 번다는 것은, 다른 의미로 덜 쓰는 것까지 포함한다. 세금을 적게 내는 것은 결국 버는 것과 같은 이치다. 이런 생각이 있기에 아래와 같은 말이 가능한 것이다.

"IRP는 월 납입 금액을 고민해보아야 하겠지만, 무조건 가입하셔야 하고……"

이러한 나의 설명에 대부분은 큰 반대 없이 가입했지만, 가끔은 가입하기 싫다고 말하는 고객이 있었다. 주식투자나 다른 투자를 위해 저축하는 편이 낫지 않겠느냐면서 말이다. 이런 상황에서는 주장이나 설득이 아닌, 납득을 시키는 것이 정답이다. 영업사원이 고객이 가입해야 할 이유를 만들어주고, 고객이 이에 동의하면 된다. 나는 앞선 글에서 설명했듯 질문을 통해서 고객을 납득시켰다. 물론 아래의 말에도 납득하지 않을 때는 어쩔 수 없었다.

"누군가 ○○○님에게 일정 금액을 저축하면, 무조건 최소 12퍼센트의 수익을 보장하는 상품이 있다고 하면 가입하시는 것이 맞겠죠? 그것도 제가 아니라 국가에서 보장을 해줍니다. 이런 좋은 기회를 포기하실 생각은 없으시죠?"

사람은 비교에 민감하다. 무인도에서 나 혼자서 산다면 상관없지만, 현실에서는 의도하든 의도하지 않든 타인과의 비교를 피할 수 없다. 가장 큰 스트레스는 누군가와 비교당할 때 생기곤 한다. 많은 사람들이 이 상품을 가입하고 있다고 가입이 당연하다는 듯이 말을 이어가면, 쉽게 받아들이기도 한다. 내가 하고 싶은 것을 넘어, 다른 사람들도 모두 하고 있으니 그냥 가입해야겠다고 생각하도록 만드는 것이다.

이때 중요한 것은 영업사원도 정말로 그렇게 생각하고 있는가다. '신념'의 문제다. 자동차의 안전 옵션을 판매해서 돈을 벌었다고 생각하지 말고, 고객이 안전하게 운전할 수 있도록 도왔다고 생각해야 한다. 고객이 안전해야 나의 실적이 오르고 보람도 느낄 수 있다. 이런 식으로 당연하게 또는 무심하게 계약을 이끌어내는 말들은 아래와 같다.

"여행을 좋아하시니 1년 만기로 월 20만 원씩 적립식 펀드는 당연히 가입
하는 것이고……"

저축을 권하는 영업사원의 입장에서는 무조건 덜 쓰게 하는 것은 선善이
다. 너무 과도한 저축은 반대지만, 적은 돈으로라도 저축하면 결국 덜 쓰
게 되는 것이니 무조건 잘하는 일이다. 이런 제안에 펀드가 위험하다고 말
하는 고객을 만날 수도 있다. 그럴 때에는 이렇게 말했다. 대부분은 간단
하게 납득했고, 어렵지 않게 서명을 받아냈다.

"네, 맞습니다. 펀드는 변동성이 있어서 위험합니다. 하지만 반대로 수익이
높을 수도 있거든요. 그런데 저는 여행 등의 취미생활이 목적이라면 펀드를
권합니다. 제주도에 갈 생각으로 가입했는데 운이 좋아 수익이 많이 나면
괌으로 여행 갈 수도 있고, 반대로 조금 손해를 보면 강릉이나 부산으로 가
셔도 큰 문제는 없으니까요."

대화에서 중요한 비중을 차지하는 부분이 말하는 사람의 표정이다. 코
로나 팬데믹 이후 아이들의 소통 능력이 떨어지고 있다는 뉴스가 나왔다.
마스크를 착용하고 있어 상대방의 표정을 볼 수 없다는 문제도, 그 원인
중 하나일 것이다.

말하는 사람이 아무것도 아니라는 듯 생각하면, 그것은 표정에 나타난
다. 반대로 중요하다고 믿는 표정과 함께 당연하다는 듯이 말하면 상대방

도 그렇게 생각할 가능성이 높다. 영업사원이 그렇게 생각하고 실제로 자신도 그런 마음으로 가입하거나 보유하고 있다면, 가망고객에도 그대로 전달하면 된다. 이런 마음은 이심전심으로 통한다. 당연하다는 듯이 전달할 때 사용하는 몇 가지 표현을 함께 보자.

> "여행을 좋아하시니 마일리지 적립 카드는 당연히 하시는 것이고……"
>
> "새 자동차를 구입하셨으니 자동차보험 자차(자기차량 손해보험)는 당연히 하셔야 하고……"
>
> "광주에 처음 여행을 오셨다고 하니 육전은 맛을 보아야 할 것이고……"
>
> "운전하고 계시죠? 당연히 운전자보험은 가입하셨죠? 네? 아직 가입하지 않으셨다고요? 나중에 어떻게 하시려고 안 하셨어요?"

리크루팅도 납득이다

나는 2011년 그를 처음 만났다. 출판사에서 과학 분야 도서의 편집을 맡고 있던 신창삼 과장. 당시 그는 38세였다. 중년을 향해 달려가고 있는데, 주식투자 실패로 큰돈을 잃고 충격에 빠져 있었다. 가진 것이 아무것도 남지 않았던 그에게 저축부터 다시 시작하면, 기회는 있다고 설득했다. 다행히 그는 내 말에 동의하고 적금부터 가입했다.

2년 후 다시 만난 신과장은 처음 만났을 때와는 많이 달라져 있었다. 매주 한 권의 독서를 꾸준히 하고 있었고, 적금 만기가 된 돈도 잘 관리하면서 기회를 기다리고 있었다. 그런 그에게 내가 일하고 있는 푸르덴셜생명보험에서 보험 영업을 해보는 것이 어떻겠느냐고 권유했다. 성실하게 달라진 모습이 인상적이었고, 그가 나에게 소개해준 사람들이 보여주는 신뢰감이면 영업에서 성공할 수 있다고 판단했다. 채용을 담당하는 매니저에게 신과장의 연락처를 주면서 만나보면 좋겠다는 의견까지 첨부했다. 그러나 이후 1년이 지나도 채용 담당 매니저는 진척을 보이지 못했다. 답답한 마음에 내가 직접 매니저와 함께 그를 만났다. 아래 문구는 동행했던 매니저가 당시 신과장에게 보험 영업을 권유하면서 했던 말이다.

"보험설계사는 소득도 높고, 시간도 자유롭게 이용할 수 있어 정말 괜찮은 직업입니다."

이 말을 듣는 순간 아차 싶었다. 그리고 매니저의 낮은 리크루팅 실적도 곧바로 이해가 되었다. 철저하게 자신의 입장에서 직업을 바꿀 때의 이점을 설명하고 있었다. 채용도 결국은 영업이라고 말할 수 있다. 그렇다면 신과장이 보험 영업에 뛰어들 만한 이유가 있어야 하고, 그 이유는 당연히 신과장 입장에서 나와야 한다.

성능 평가에서 세계 1등을 했다고, 고객만족대상을 10년간 받았다고 해도 자동차를 팔려는 마음은 숨길 수가 없다. 고객 입장에서 자동차를 구매하거나 바꿀 이유를 제시하지 않았으니, 거절은 이미 정해진 수순이다. 신과장이 어떤 삶을 살았고, 어떤 고민이 있는지에 대해서 제대로 파악도 하지 않고서, 보험 영업의 장점만을 주장한 것도 마찬가지다. 당연히 신과장은 그 말을 '권유'가 아니라 '유혹'이나 '시키는 일'로 간주하며 주저했다. 매니저의 말이 끝나자 신과장은 이렇게 답을 했다.

"글쎄요. 아직은 그럴 생각이 없습니다. 나중에 고민해보겠습니다."

나중에 고민해보겠다고 했지만, 확실하게 거절의 뜻을 보여준 셈이다. 보험 영업을 해본 사람에게는 잘할 경우 수입도 좋고, 시간도 적절하게 관리할 수 있다는 발언이 적합할 수 있다. 이미 경험을 해봤기 때문이다. 그러나 해본 적 없는 사람에게 보험 영업을 권유할 때는 다르다. 그저 감언이설이거나 꼬드기는 말로 받아들이기에 딱 좋다. 내가 좋다고 상대방도 좋을 거라고 생각하면 오산이다. 내가 갖고 있는 상품에 대해서, 내가 좋게 생각하고 있으니 당신도 구매해보면 좋을 거라고 말하는 것과 다를 바가 없다.

더이상 대화는 진척되지 않았고, 나는 서둘러 그 자리를 마무리했다. 그로부터 정확하게 1년 후 그는 푸르덴셜생명보험에 입사했고, 2023년 4월 현재 일을 계속하고 있다. 그가 입사를 결정하게 된 가장 큰 이유는, 내가 제시한 이유에 납득했기 때문이다. 그는 당시 여덟 살 아래의 연인과 만나고 있었다. 주식투자로 큰돈을 벌려고 했다가 날린 돈은 사실 결혼 자금으로 들어갈 돈이었다. 결국 조그만 전셋집을 구하기도 어려운 형편이라 마흔을 넘기고도, 청혼할 엄두도 내지 못하고 있었다. 그에게 이렇게 질문했다.

"신과장, 박대리에게 언제쯤 청혼할 거야? 내가 보기에는 경제적인 문제 때문에 계속 미루고 있는 것 같은데?"

"그러게요. 돈이 문제죠."

"신과장도 신과장이지만 박대리 마음도 힘들겠어. 나이 차가 있어서 부모님께 하루라도 빨리 소개해야 할 텐데. 그 문제로 고민하고 있을 수도

중급 구매를 이끌어내는 ①-②-③ 접근법

있겠다."

"네, 맞습니다. 그래서 저도 고민이에요."

"신과장, 다니고 있는 출판사에서 부장 정도 되면 연봉이 올라서 결혼 준비에 도움이 되겠지? 지금 과장인데 혹시 부장으로 진급하려면 얼마나 걸릴까?"

"아무리 빨라도 10년쯤 걸리지 않을까요?"

"10년이면 오십하나잖아. 내가 하나만 묻자. 신과장은 둘 중 어떤 사람이야? 내가 고생하고 힘든 게 싫어서 사랑하는 사람과 결혼을 계속 미루는 사람, 아니면 내가 고생하고 힘들더라도 사랑하는 사람을 위해 빨리 결혼하고 싶은 사람."

"제가 힘들고 고생하더라도 빨리 결혼하고 싶죠. 당연히요."

"그래서 내가 신과장에게 보험 영업을 권하는 거야. 신과장처럼 성실하고 인내심 있고 타인의 말을 잘 들어주는 사람이라면 보험 영업을 1년만 해도 결혼 준비를 끝낼 수 있어. 내가 도와줄 테니 빨리 청혼하고, 박대리 마음고생도 끝내자. 신과장은 충분히 할 수 있어. 그걸 알고 있기에 보험 영업을 권하는 거야."

그로부터 3개월 후 그는 출판사를 그만두고 영업을 시작했다. 처음 6개월은 예상과 달리 고생했지만, 잘 이겨내 현재까지도 영업 일을 잘하고 있다. 매니저의 권유와 나의 권유에는 어떤 차이가 있었을까? 매니저의 권유에는 거절했지만, 나의 권유에는 그의 마음이 움직였던 핵심은 무엇일까? 바로 신과장의 입장에서 '이유'를 제시했던 점이다. 그 이유에 대해서 신과장이 동의했기에 이직을 결정할 수 있었던 것이다. 더 쉽게 이야기하면 이유에 납득했던 것이다.

보험 영업을 했던 지난 16년간 나는 리크루팅에 대한 책임이나 인센티브와 관계없이 총 일곱 명을 입사시켰다. 매니저만 보내 권유하면 거절했던 사람도, 내가 직접 대화하면 이내 보험 영업을 시작했다. 당사자의 입장에서 이유를 제시하는 게 유효했다. 그만큼 상대방의 입장에서 나오는 이유는 강력했다. 영업이라는 일을 통해서, 그가 현재 직면했거나 앞으로 직면할 문제를 해결할 수 있다고 말해주었다. 이유에 수긍하고 납득하면 그다음 행보는 정해져 있었다.

푸르덴셜생명보험에서 근무하다가 지금은 미래에셋생명보험으로 이직한 박준기 팀장도 이와 비슷한 과정을 겪었다. 국립암센터에서 근무했던 그는 13년 전 높아지는 아파트 전세금에 대한 부담으로 영등포에서 일산으로 이사했다. 그로부터 2년 후, 모으는 돈보다 빠르게 올라가는 전세금에 다시 일산에서 더 외곽으로 이사를 갔다. 자식을 낳고 아이의 보험을 위해 나를 만났던 그는, 다시 2년 후에는 어떻게 해야 할지 막막하다며 답답함을 토로했다. 나에게 소개해주겠다며 자신과 친한 의사 명단을 들고 왔던 그에게 나는 이렇게 말했다.

"다음에는 그다음에는 또 어디로 이사할 거야? 급여소득으로 전세금을 따라가기는 어렵고, 계속 대출로 감당하기도 만만치 않을 것 같은데?"

"그러게요. 이제 아이까지 생겨서 더 답답합니다."

"준기야, 그러지 말고 푸르덴셜생명에서 보험 영업을 해보는 것은 어때? 네가 조금 고생하더라도, 아내가 살고 싶어하는 분당으로 가는 편이 더 낫지 않겠니?"

"네? 갑자기 무슨 말씀이세요?"

"네가 내 고객이 된 지 벌써 2년이야. 네가 소개한 사람들은 정말 부동
자세로 나를 기다리고 있을 정도로, 너에 대한 신뢰감이 대단했어. 너라면
충분히 성공할 수 있어. 네가 가져온 그 의사 명단, 네가 입사해서 직접 상
담하는 건 어때?

6개월 후 박팀장도 푸르덴셜생명에 입사를 했고 신과장과 마찬가지로
일을 잘했다. 자신이 영업 일에서 성과를 내야 하는 이유가 분명했고, 그
이유 때문에 더욱 열심히 일했다. 신과장은 입사 후 2년 만에 양가 가족을
모시고 괌에서 결혼했고, 박팀장은 얼마 후 분당으로 이사했다.

물론 내가 입사를 권했던 사람들 중에는 영업에 실패하고 그만둔 사람
도 있다. 그러나 성공 여부를 떠나서, 입사를 결정했던 사람들은 모두 내
가 제시한 이유에 대해서 납득했다. 일단 납득하면 설사 영업 일을 거절
하더라도 선택을 미루거나 회피하는 것이 아닌, 새로운 도전을 택하는 등
의 계획을 세웠다. 이처럼 스카우트를 하거나 직업을 바꾸는 모험에도,
그 이유는 구매와 비슷한 납득이 작용될 수 있었다. 누군가에게 입사를
제안하거나 전직을 권유한다면, 상대방의 입장에서 어떤 이유를 만들어
줄 것인지 먼저 고민해보아야 한다. 욕구를 자극하고, 그 욕구에 기반하
여 새로운 도전을 해야 하는 이유를 제시할 수 있다면 리크루팅은 성공할
수 있다.

하지만 이런 순서와 다르게 흘러가는 리크루팅도 있다. 기존에 있는 영
업 기반을 모두 포기하고 경쟁 업체로 옮길 때는, 욕구나 이유만으로 이직

하지 않는다. 앞에서 신과장이나 박팀장은 전혀 다른 업종에서 새 출발을 했다. 지인이나 친구를 포기하고 영업하는 것이 아니라, 기존의 인간관계를 바탕으로 영업을 시작하게 되기에 '욕구와 이유'가 생기면, 해볼 수 있겠다는 생각이 들었던 것이다.

그러나 보험회사에서 다른 보험회사로 옮기려 할 때는 완전히 다른 문제가 된다. 회사를 옮기고 나서 기존 고객에게 찾아가 전 회사를 욕할 수도 없고, 지금 보험회사가 더 좋다고 말하면서 기존 보험을 해약시킬 수도 없기 때문이다. 이런 상황에 처하면 기존의 영업 기반을 포기하고, 아무것도 없는 황무지에서 다시 시작해야 한다는 막막함이 판단을 어렵게 한다. 이런 때는 욕구나 이유에 앞서, 새로운 직장에서 내가 성공할 수 있는 '방법'이 제시되어야 한다. 그 방법에 동의하고 납득한다면 결국에는 이직 결정을 하기 마련이다. 리크루팅에도 '이유'와 '납득'이 중요하다.

거절을 거절하기

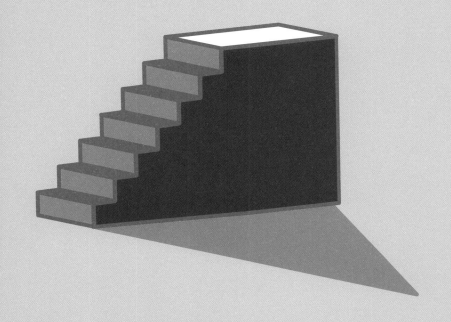

열 번 찍으면, '고객'이 아니라 '영업사원'이 넘어간다

　이제 영업의 마무리, 계약을 할 시간이다. 소개를 받고, 전화를 했으며, 만나서 공감력을 발휘해, 고객의 신뢰를 얻었다. 그 신뢰를 바탕으로 고객의 욕구를 이끌어냈고, 고객의 입장에서 계약할 이유까지 제시해 납득까지 이루어졌다. 이제 서명만 하면 된다.

　마무리는 영업에서 가장 중요하다. 문제는 생각보다 쉽지 않다는 점이다. 앞의 모든 과정이 착착 진행되었다고 하더라도, 계약하지 못하면 당연히 공염불이 되고 만다. 이는 영업사원의 멘털에도 치명적이다. 계약하리라 예상하고 만났는데, 거절을 당하면 힘이 빠진다. 그런 상황이 반복되고 누적되면 자신감이 떨어진다. 자신감 하락은 곧 자존감 하락으로 이어지기 십상이다. 그렇기에 이번 장에서는 계약을 이끌어내는 어떤 방법들이 있는지 자세하게 살펴볼 예정이다.

아닐 것 같다면 포기하자

처음 일을 시작했을 때 매니저에게 배운 영업의 과정은 크게 두 가지였다. 첫번째는 고객과 직접 만나서 그의 니즈를 파악하는 APapproach 단계, 두번째는 AP를 했던 고객에게 보험 상품에 대하여 설명하고 계약을 권유하는 PCpresentation & closing 단계였다. 두 단계를 순차적으로 진행해야 한다고 배웠는데, 대략 이런 식이었다.

'첫 만남에서 AP를 한 뒤 다시 만날 약속을 잡는다. 그뒤에 다시 한번 만나 PC를 진행한다. 만약 PC 단계에서 계약을 체결하지 못했다면, 향후 '2nd PC' '3rd PC' 약속을 잡고 계속해서 거절 처리를 한다.'

가망고객이 어떤 마음으로 나를 만날지, 또는 내가 어떻게 해야 계약을 체결할 확률이 높아지는지에 대해서는 아무도 알려주지 않았다. 그래서 일단 고객을 만나면 '급여가 얼마인지' '저축이나 보험이 있는지'에 대해서만 열심히 조사했고, 부족한 부분이 있다 싶으면 제안을 했다. 당연히 영업사원의 입장에서 계약해야 할 이유만 있었을 뿐, 가망고객의 입장에서 이유를 만들어주지는 못했다. 당시 AP 단계의 목적은, 오로지 PC 단계를 위한 새로운 약속을 잡는 것뿐이었다.

영업을 해본 사람은 안다. 만남의 목적이 그저 '계약하게 만드는 것'이 되어버리면, 가망고객의 입장은 간과되기 일쑤다. 하지만 이를 몰랐을 때는 AP 후 PC 약속만 잡아도 성공으로 간주했다. 안심하며 기쁜 마음으로 사무실에 돌아와, 고객이 현재 보유한 보험의 크기와 급여만 고려해 계산기를 두드렸다. 얼마 정도의 보험료를 제안하면 가입할지만 고민한 뒤 청약서를 출력했다. 하지만 안타깝게도 고객은 나의 의도를 파악하지 못했다. 영업사원이 다시 오겠다고 하니, 그러라고 했을 뿐이었던 것이다.

다시 만나자마자, 나는 준비해온 보험에 대해서 설명했다. 현재 고객의 급여 수준을 감안할 때 추가로 보험이 필요하다며 계약해야 한다고 권했다. 하지만 고객은 당황할 뿐이었다. 보험을 청약하겠다고 말한 적이 없는데 바로 계약을 하자고 하니 황당해하는 것이 당연했다.

보험은 한두 달 납입한다고 끝나지 않는다. 적어도 10년에서 길게는 20년 동안 납입해야 한다. 그래서 가입하려면 아내 또는 부모님과도 상의가 필요할 때도 있다. 그런데 영업사원은 무작정 설득한다. 그렇게 밀어붙이면 결국 가망고객은 거절한다. 조금 더 생각해보겠다고 하거나 아내와 상의해보고 연락을 주겠다고 말한다. 그러나 그걸로 끝이다. 더이상 연락은 없다. 그렇게 몇 번의 거절을 당하다보면 멘털은 박살나고, 실적이 안 나오니 마음만 더 급해진다. 영업사원이 힘들다고 하니까, 매니저는 대수의 법칙을 이야기한다. '많이 만나면 결국 계약에 성공할 거'라며 '대수의 법칙을 믿고, 계속해서 약속을 잡고 만나고 또 만나라'라고 말한다. 하지만 실패는 계속 누적되고, 결국 마음이 무너질 대로 무너진 영업사원은 일을 그만두는 경우가 부지기수다.

나 역시 여러 번의 실패를 거듭한 후 열심히 연구하고 고민했다. 그 결과 마침내 실패의 원인을 알게 되었고, 과정을 바꾸었다.

AP를 할 때 고객의 입장에서 이유를 만들어줬고, 그 이유에 동의한 고객하고만 PC 약속을 잡았다. 만약 내가 제시하는 것에 납득하지 않거나 공감하지 못한 사람과는 약속을 잡지 않았다. AP만 하고 PC 약속은 잡지 않았던 것이다.

영업을 하다보면 보이는 숫자에 현혹될 때가 많다. 하지만 뛰어난 영업 사원은 '보이는 숫자'가 아니라 '보이지 않는 가망고객의 마음'에 집중한다. AP를 할 때 가망고객이 계약할 이유에 공감하면, 청약할 확률도 높다. 반대로 고객이 그것에 대해 납득하지 못하거나 동의하지 않을 때는, 다시 만난다 해도 청약할 가능성이 거의 없다. 이럴 때는 계약을 권유하기 위해 만나서는 안 된다. 고객이 영업사원이 만들어준 '이유'에 동의하지 않았다면, 계약에 대한 욕구나 니즈가 생길 수 없다. 마음이 없는 사람에게 계약하라고 권유하는 것은 강요다. 누차 이야기하지만, 강요하는 사람이 되는 순간 모든 가능성은 사라진다.

만약 AP에서 납득과 공감이 이루어지지 않은 고객과 만날 약속을 잡았다면, 바로 PC를 진행해선 안 된다. 다시 처음부터 고객의 입장에서 이유를 만들어내는 일에 집중해야 한다. 나의 경우 AP 단계에서 제시한 이유를 받아들이지 못한 고객과는 PC를 진행하지 않았지만, 계약을 권유하기 전까지 이유를 납득시키기 위해 여러 번 만나는 것은 일반적인 일이다. 계약서를 들이밀지 않은 상황이라면, 고객은 계속해서 영업사원을 만나줄 수도 있다.

급할수록 돌아가자

여기까지 읽다보면 분명 다음과 같이 생각하는 독자가 있을 것이다.

'그것은 선배님처럼 영업을 잘하는 분들 이야기 아닌가요? 한 명이라도 절실한, 저처럼 실적이 안 좋은 영업사원에게는 한 사람 한 사람이 다 소

중합니다.'

맞는 말이다. 배가 고파서 먹을 것을 찾는 사람에게, 체지방 관리를 위해 탄수화물을 줄여야 한다는 말은 사치다. 실적이 나쁜 영업사원은 만날 사람이 부족하다. 앞에서는 '만날 사람을 만들어내는 능력이 계약의 90퍼센트를 차지한다'고 말하더니, 이제 와서 '계약할 확률이 높은 사람만 만나라'라는 말은 '배부른 소리'처럼 들릴 것이다. 없는 설움에 짜증이 날 만하다.

하지만 계약이 이루어지지 않으면, 그만큼 영업사원의 자존감에는 상처가 날 수 있다. 그런 실패의 반복은 결국 영업을 관두는 결과로 이어질 수 있기에 하는 이야기다. 계약 확률이 높은 가망고객에게 집중하는 것은, 영업사원의 자존감을 보호하고 결국 성과를 높이는 방법이다.

영업사원은 점쟁이가 아니다. 가망고객의 얼굴만 보고 성공 확률을 따질 수 없다. 계약 확률이 낮다는 것은, AP 단계에서 영업사원이 '고객의 입장에서 만들어준 이유'에 고객이 동의하지 않았다는 의미다. 그러면 말 그대로 계약할 가능성이 낮다.

이 점을 기억하길 바란다. 구매 생각이 없는 사람에게 하는 모든 종류의 권유는, '팔아먹으려는' 영업사원의 강요일 뿐이다. 영업할 때 강요하면, 계약의 기회는 영원히 사라진다. 이유에 동의하지 않는 사람에게 PC를 하지 말라는 말은, '한 사람이라도 소중하기 때문에 보호하자'라는 의미다. 시간이 걸리더라도 다시 처음부터 시작해야 한다. 아직 적이 되지 않았으니 다시 만날 약속을 잡기는 어렵지 않다. 이때 중요한 것은 했던 이야기를 반복하라는 것이 아니라, 다른 주제로 대화할 기회를 만들어야 한다는 점이다.

영업사원이 제시한 이유에 고객이 동의하지 않는 데는, 제품이 필요 없다는 판단 때문일 수도 있다. 혹은 아직 영업사원에 대한 신뢰가 쌓이지 않아서 그런 것일 수도 있다. 오로지 자기 자신만 생각하는 막무가내형 영업사원이 아니라면, 고객과의 연결선을 계속 잡고 있어야 한다. 학창시절 친구와 친해지는 과정과 비슷하다. 입학과 동시에 바로 가까워질 수도 있지만 대부분은 서로의 성격이나 비슷한 처지, 상황에 공감하는 과정을 거치며 친해진다. 영업사원 입장에서는 처음 한 번의 만남에서 기회를 얻는 것이 최선이지만, 매번 그럴 수는 없는 법이다. 급할수록 돌아가야 진짜 기회를 얻을 수 있음을 기억하자.

'열 번 찍어 안 넘어가는 나무 없다'라는 우리 속담이 있다. 포기하지 말고, 모든 일에 최선을 다하라는 의미의 좋은 속담이다. 그러나 납득하지 못하는 가망고객을 계속 만나서 계약을 위해 열심히 찍으면, 넘어가는 대상은 고객이 아니다. 찍다가 지친 영업사원이 먼저 자빠지기 십상이다. 즉 '열 번 찍으면 고객이 아니라 영업사원이 넘어간다'.

영업사원이 자주 계약을 하지 못해 멘털이 무너지면, '나는 이것밖에 안 된다'라고 자책한다. 이렇게 스스로를 탓하기 시작하면, 모든 상황이 부정적으로 보인다. 부정적인 사람을 좋아하는 사람은 없다. 그렇기에 영업사원은 실패를 거듭하는 상황에서도 긍정적인 자세로 자신을 다스려야 한다. 기다리고 인내하며, 혹시 내가 부족한 점이 있어서 그럴 수 있다는 마음가짐과 태도로 멘털 관리를 할 수 있어야 한다.

열심히 한다고 해서 잘하는 것이라고 말할 수 없다. 적절한 방법으로 노력해야, 진짜 열심히 하는 것이고 결국 잘할 수 있다. 준비가 안 된 가망고객을 인내심을 가지고 제대로 이끌어줄 수 있어야 한다. 대수의 법칙을 통해 영업 성공으로 가기 위해서는, 무조건 달려가기만 하는 것이 능사가 아니다. 올바른 방향으로 나아가는 것이 중요하다. 내가 먼저 지쳐 넘어가지 않기 위해서라도, 다시 원점으로 돌아갈 필요가 있다. 결국은 그게 '더 빨리' 가는 길이다. 가망고객의 입장에서 생각하며 조금 더 깊은 수준의 대화를 나눌 때까지, 계약을 권유하지 말자. 고객의 관점에서 이유를 만들어 낼 때까지 기다려야 한다는 뜻이다.

집착과 사랑은 다르다. 집착은 승부욕이나 다름없다. 상대방은 아직 마음을 열지 않았는데, 어떻게든 비집고 들어가려 한다. 연인이 되는 과정에서도, 나의 행동을 상대방이 납득하느냐의 여부가 중요하다. 나 혼자 좋다고 과도하게 접근하면, 상대방은 피하기 마련이다. 사랑이 아니라 집착이기 때문이다. 집착은 대개 낮은 자존감에서 나온다. 자존감이 낮으면 자존심만 세다. 무조건 내 뜻을 관철해야 기분이 좋아지기 때문에 타인의 생각을 고려하지 않는다.

영업도 이와 비슷하다. 가망고객이 영업사원을 만날 때 가장 경계하는 것이, 자신이 '판매의 대상'이 되는 일이다. 고객의 마음이 아직 준비가 안되었는데, 일방적으로 밀어붙이는 것은 반드시 계약해야만 하는 영업사원의 '필요' 때문이다. 영업사원의 필요를 위해 계약해주는 고객은, 그의 가족 외에는 아무도 없다. 판매의 대상만을 찾는 것처럼 보이는 영업사원은 차단이 답이다. 괜히 그런 사람을 상대하느라 시간과 에너지를 낭비하면 고객도 힘들어지기 때문이다.

이 말을 해주고 싶다. '딱 한 번만 제대로 경험하면 곧 성공이 시작된다.' 영업을 하고 있지만 좋은 실적을 내지 못한다면, 그 이유는 아직 제대로 된 방법을 모르기 때문일 수 있다. 충분한 신뢰가 쌓이기도 전에 고객에게 팔려고 시도했거나, 아니면 고객의 입장이 아닌 영업사원의 입장에서 이유를 제시해서 그런 것일 수 있다. 정확한 풀이법을 모르고, 그저 문제를 들입다 풀기만 하면, 지치고 힘들 뿐 성과는 없다. 엉뚱한 방향으로 달려가는 기차와 다를 바가 없다.

이 책을 통해 제대로 된 영업 방법을 습득했다면 서두르지 말자. 딱 한 번만이라도 절차에 따라 제대로 영업하자. 영업사원이 제시한 이유에 대해서 고객이 납득하는 경험을 한 번만 제대로 하면, 그 이후의 영업은 이전과 완전히 달라질 수 있다. 영업하기 위해 사람을 만나는 일이 즐거워지고, 빨리 고객을 만나고 싶은 마음에 알람 없이도 아침에 눈이 저절로 떠진다.

지금 하는 일을 잘하게 되면, 그 일을 좋아하게 된다. 좋아하게 되면, 일을 즐길 수 있다. 인내심을 가지고, 이 책에서 제공하는 대본대로 잘될 때까지 따라 해보자. 딱 한 번만 제대로 경험하면 된다. 급한 마음에 준비되지 않은 고객을 압박하지 말자. 대신 '단 한 번의 올바른 경험을 위한 연습'이라고 생각해보자. 딱 한 번만 해낸다면, 그 이후에는 스스로 어떻게 해야 되는지 깨달을 것이다.

고급 거절을 거절하기

1보 후퇴 2보 전진

"보험사를 선정하는 최종 결정 권한을 갖고 계신 분은 이사님이십니 다."

앞에서 예시로 들었던 일본계 회사가 단체보험을 생명보험으로 계약했 을 때를 다시 이야기해보자. 견적 요청을 받고 내가 담당 팀장에게 가장 먼저 했던 질문은 '최종 결재권자가 누구인가요?'였다. 어쩌면 담당 팀장 이 나의 고객이었기에, 이사와의 만남을 주선해준 것일지도 모른다. 그러 나 여기서 중요한 사실은, 내가 최종 결재권자가 누구인지를 파악하려 했 다는 점이다. 만약 그 과정을 빠뜨리고 '일본계 회사라 다르다는 이야기를 들을 수 있어야 합니다'라는 말로 담당 팀장만 납득시켰다면, 결과는 달라 졌을 것이다.

팀장이 담당 이사에게 나의 의견을 제대로 전달하기란 쉽지 않다. 영업을 하는 당사자가 아니라면, 대부분은 논리적인 부분에 집중한다. 에너지도 아끼고, 객관적으로 말할 수 있기 때문이다. 즉 올바른 질문을 적절한 순서로 꺼내면서 이유를 끌어내는 작업이 아니라, 아마도 나에게 들은 바를 그대로 전달하는 수준에 그쳤을 것이다. 그렇기에 계약을 결정할 수 있는 최종 결정권자가 누구인지 파악해, 그를 직접 상대하는 일이 영업에서 아주 중요하다.

다시 하는 것이 아니라 새롭게 해야 한다

"아내와 상의하고 연락드리겠습니다."

영업 초기, 거절당할 때 가장 많이 들었던 변명이다. 이는 영업사원의 반격을 막는 최고의 대답이다. 아내 또는 남편과 상의해야 한다고 말하는데, 그냥 혼자 결정하라고 할 수는 없다. 아차 싶어서 부부가 함께 상담할 기회를 잡아달라고 청하면, 대부분은 이미 충분히 들었으니 자신이 이야기를 전하면 된다고 답한다. 이렇게 말하는 고객에게 영업사원이 꼭 직접 만나서 설명해야 한다고 주장하기는 어렵다. '당신은 제대로 설명하기 어렵다'라고 하는 셈이기 때문이다.

만약 계약을 권유하는 PC 단계를 진행하기 전, 배우자와 상의가 필요한 상황을 알아냈다면 부부를 같이 만나는 약속으로 이끌어내야 한다. 기왕 만나는 것, 부부가 함께 동석하면 배우자의 궁금증도 해소해줄 수 있다는 식으로 접근하자. 이미 영업사원과의 대화를 통해 고객이 납득한 상태라고 하더라도, 그가 아내 또는 남편에게 전달하는 것과 영업사원이 직접 대화를 진행하는 것은 차이가 클 수밖에 없다.

다음번 만남에 남편이나 아내가 새롭게 합석하면, 이전 AP에서 진행했던 과정을 다시 할 필요가 있다. 새로운 가망고객으로 등장한 배우자에게도, 처음 했던 것과 동일한 과정을 그대로 되풀이해야 한다는 의미다. 공감력을 발휘하여 상대방의 처지와 상황을 알아주는 대화가 이루어져야 하고, 공통의 관심사를 찾아 영업사원에 대한 신뢰를 확보하는 과정을 또 한 번 거쳐야 한다. 이전에 권유했던 상품을 제안하기 전에, 새로 만난 배우자를 납득시키는 과정부터 거쳐야 하는 것이다.

처음엔 남편만 만나고 이후 아내를 보게 된 경우, 앞서 남편에게 제안한 이유가 아내에게도 통할 거라는 생각은 금물이다. 다시 새로운 가망고객을 만났다는 생각으로 접근하여, 아내의 입장에서 이유를 찾아주어야 한다. 이미 남편이 동의했으니 서명만 받으면 된다는 마음으로 접근하면 낭패를 겪을 수도 있다. 인간은 낯선 사람을 경계하며 영업하는 사람에 대해선 더욱 그렇다. 영업사원에 대한 경계심을 감안하여, 서두르지 말고 처음부터 다시 순서대로 접근해야 한다.

부부 상담을 할 때 내가 가장 중요하게 생각하는 점은, 아내와 남편 사이에서 중간자 입장으로 두 사람의 관점과 생각을 서로에게 이해시키는 일이다. 사람은 원래 이해하는 것보다 이해받는 것을 더 좋아한다. 이해하는 것은 상대방의 입장에서 생각해야 하므로 에너지를 필요로 한다. 반대로 이해받을 때는 나의 에너지를 절약할 수가 있다. 에너지를 사용하지 않고 비축할 수 있으니, 인간은 항상 받는 것을 더 기대한다.

가족일수록 더 쉽게 상처받는 까닭은, 이런 기대와 현실에서 오는 불일치 때문이다. 상대가 타인이라면, 이해받기 위해 먼저 이해하려고 노력한다. 하지만 가족이기 때문에 내(남편 또는 아내)가 기대하듯, 상대방도 같은 기대를 한다. 내가 먼저 이해해주지 않아도, 당연히 상대가 나를 이해해줄 거라는 기대다. 그래서 가족 사이에서는 서로 상처받거나 서운함을 느끼는 일이 오히려 더 자주 발생할 수 있다.

강원도 홍천에서 근무하는 군인 남편과 아내를 상담하기 위해, 가정방문을 했을 때의 이야기다. 아내를 먼저 만나 생명보험에 대해 상담했고, 최종 결정은 남편이 한다고 해서 주말에 함께 보기로 약속을 잡았다. 그런데 한 가지 다른 이슈가 있었다. 남편은 자신의 급여가 적어서 되도록 지출을 줄이려 노력중이었지만, 아내는 경차를 하나 샀으면 하는 마음이었다. 그래서인지 남편이 계속 반대하고 있었다. 남편은 아이가 이제 막 돌을 지났으니 조금만 더 절약하길 원했고, 반대로 아내는 남편이 훈련을 나갔을 때 곤란을 겪을 수 있으니 돈이 들더라도 자동차가 있었으면 했다.

아내의 이야기를 듣던 남편은 급히 차가 필요한 일이 생길 가능성은 높지 않고, 설사 그런 일이 생기더라도 자신에게 전화하면 해결할 수 있으니 걱정하지 말라며 설득했다. 둘 사이에 있던 나는 아내가 왜 자동차를 사고 싶어하는지 알 것 같았다. 두 부부가 싸우면 안 된다는 생각에, 제삼자의 입장에서 아내의 마음을 보여주기 위해 이런 질문을 했다.

"제가 느끼기에는 아내분이 자동차가 없어서 겪었던, 남편에게 미처 말씀하지 못했던 일이 있었던 것 같아요. 남편분께서 훈련 기간 동안 집을 비웠던 때에 무슨 일이 있었던 같은데요? 그 일을 알면 남편이 걱정할까봐 지금까지 말씀을 못하신 것 같은데 들려주실 수 있을까요?"

"한 달 전 남편이 훈련으로 사흘간 집에 못 들어올 때 새벽에 아이가 아

고급 거절을 거절하기

파서 이러지도 저러지도 못하고 정말 힘들었거든요. 그런 일을 또 겪을까 걱정입니다."

아내의 말을 듣던 남편은 왜 자기에게 연락하지 않았느냐며 따지기 시작했다. 전화했으면 자기가 부대에 연락을 하든, 주변 지인에게 부탁을 해서든 해결했을 것이라며 화를 냈다. 남편을 배려한 아내의 마음을 몰랐기에 그랬던 것이다. 이런 때에는 간단한 질문 하나만 추가해주면, 서로 상대방의 입장을 이해하기 수월해진다.

"훈련장에 전화해서 고생하는 남편을 걱정시키지 않으려고 하셨던 것 같습니다. 혹시라도 훈련에 차질을 빚는 상황도 원하지 않으셨을 것 같고요. 그런 마음에 사모님이 혼자 감당하셨겠지만, 정말 답답하셨을 것 같아요. 자동차가 있다면 그럴 일이 없을 거라고 생각하시는 거죠?"

이 질문에 아내는 이렇게 대답했다.

"다들 자는 새벽에 제가 누구에게 전화를 하겠어요? 남편에게 전화해도 마찬가지였을 거고요. 다행히 해열제로 안정을 시킨 후 다음날 새벽같이 택시를 불러 병원에 다녀왔어요. 그런데 이런 일이 다시 생기면, 남편이 고생하는 걸 알면서도 원망하게 될 것 같아요. 그렇게 되기 싫어서라도 자동차를 사고 싶은 것인데 남편은 자꾸 낭비라고 하니까……"

그날 부부는 서로의 마음을 확인했고, 얼마 후 중고 경차를 구입했다는 연락을 받았다. 물론 나와 생명보험도 계약했다. 만약 아내와 이미 이야기가 끝났다고 나 혼자서 결론을 내려놓고, 남편을 만나 PC 단계부터 진행했다면 결과는 장담할 수 없었을 것이다. 한푼이라도 더 아끼려고 했던 남편을 생각해보면 보험을 거절했을 가능성이 높다. 하지만 두 부부의 삶 속에 들어가서 얻어낸 신뢰, 그리고 납득의 과정은 보험 계약과 함께, 부부가 서로의 마음을 마주보게 만드는 일까지 해냈다. 아래는 당시 남편에게 생명보험 가입의 이유를 제시했던 클로징 멘트이다.

"급한 일이 생겼는데도 쉽게 연락할 수 없던 아내분의 마음에 공감하셨을 것입니다. 그런데 만약 혹시라도 남편이 세상을 떠나 아예 연락할 수 없는 상황이 되어버린다면, 그때는 경차로는 해결할 수 없을 겁니다. 그래서 제가 생명보험을 권하는 것입니다."

부모의 마음이 보이는가?

막 직장을 얻어 스스로 경제활동을 시작한 청년들을 상담할 때도 이와 비슷한 상황을 만나게 된다. 오랜 학창시절을 보낸 후 드디어 취업을 했고, 마침내 자신의 힘으로 돈을 벌기 시작한 청년들은 꿈이 많다. 자신들은 모든 일을 제대로 할 수 있을 거라 생각하지만, 부모가 보기에는 아직 어리기만 하다. 이런 마음 때문에 대부분의 부모는 자녀에게 어떻게 급여를 저축하고 사용하면 좋을지 조언해주고 싶어한다. 그리고 많은 부모가 자녀에게 다른 재테크보다 저축을 권한다.

그런데 어느 날 자녀가 집에 와서 보험을 가입하겠다고 한다. 당연히 부모는 안 된다며 반대할 가능성이 높다. 만약 가입하더라도 부모가 잘 아는 설계사를 통해 진행하기를 바란다. 이렇기에 자녀 스스로 계약한 보험은, 부모님의 반대로 대부분 철회가 이루어지곤 한다. 이후에 부모를 다시 만

고급 거절을 거절하기

나려고 해도 소용이 없다.

자신과 상의도 없이 보험을 가입한 것은 자녀의 잘못이 아니다. 부모 입장에서는 이제 막 사회생활을 시작한 자녀를 꼬드긴 영업사원이 나쁘다고 생각한다. 부모의 관여 여부를 확인하지 못한 영업사원의 실책이다. 이런 경우는 복구가 어렵다. 부모님의 괘씸죄에 걸리기 때문이다.

영업사원이라면 계약을 진행하기 전 이런 상황을 미리 파악할 수 있어야 한다. 그리고 부모를 만나서 처음부터 다시 영업을 진행해야 한다. 부모의 동의 없이 자녀가 혼자 결정한 것을 밀어붙이면, 앞에서 이야기했듯이 영업사원은 나쁜 사람이 된다. 부모가 영업사원에 대해 안 좋은 선입관을 가지면 어떤 말도 통하지 않는다. 호미로 막을 수 있었던 것이 가래로도 해결하기 어려워진다. 그러므로 부정적인 선입관이 생기지 않도록 사전에 대비해야 한다.

이때 중요한 점은 부모가 자녀의 마음을 대견하게 받아들일 수 있도록 어떻게 전달하느냐에 달려 있다. 급한 마음에 보험의 장점이나 수익률 등 영업사원 관점에서의 이유를 설명하면, 그걸로 끝이다. 본격적인 대화는 부모의 마음을 알아주는 일에서 시작해야 한다.

"한푼이라도 절약하고 모아야 하는데, 자녀가 덜컥 보험부터 가입한다고 해서 속상하셨죠? 취업도 했으니 재무관리를 제대로 해야 한다고 생각하시고 계실 겁니다. 지금 열심히 저축해서 결혼도 하고 집이며 차며 사야 하는데, 그걸 모르는 듯해서 답답하셨을 것 같아요."

보험회사 영업사원이 찾아온다고 하면, 대부분 부모는 '자기네 보험이 좋다고 할 거야'라고 예상한다. 그런데 영업사원이 자신들의 걱정을 잘 알고 있는 것처럼 말해주니, 일단 경계심이 풀린다. 계속 강조하지만 계약은 숫자나 논리로 따내는 것이 아니다. 이론적 사고와 접근은 과학이나 수학에 유리할 뿐, 영업에서는 오히려 불리한 상황을 만든다. 자녀의 보험 때문에 만난 것이지만, 우선 부모의 입장에서 납득할 수 있도록 접근해야 한다. 보험 하나 팔아먹으려는 사람이 아니라, 부모의 마음을 이해하면서 자녀에게 도움을 줄 수 있는 사람이 되어야 한다.

이렇게 부모님을 안심시켰다면, 그다음 순서는 자녀가 취업하는 데 들어간 부모의 노고를 인정하는 일이다. 그리고 클로징에서는 보험을 가입하려고 하는 자녀의 마음을 보여줄 수 있어야 한다. 혹시라도 병원비나 치료비로 부모에게 민폐가 되지 않으려는, 자녀의 따뜻하고 훌륭한 효심이면 좋다. 이런 효심은 설명이나 설득으로 보여줄 수 없다. 취업을 했지만 미리 보험을 가입하지 않아 곤란에 처한 다른 자녀의 사례를 들려주는 편이 더 효과적이다. 부모가 그 스토리에 공감해야 보험 계약이 이루어질 수 있다.

거절을 먼저 거절하기

PC 일정을 잡기 전, 미리 거절할 이유를 찾아주는 것도 유효한 방법이 될 수 있다. 사람은 어떤 결정을 앞두고 여러 고민을 하기 마련이다. 특히 보험료처럼 적어도 5년 이상의 긴 지출이 필요한 상품이나 서비스를 결정할 때는 더 그렇다. 현명한 선택인지 걱정되고, 서명하기 전까지는 조그만

변수에도 계속 흔들릴 수 있다.

납입 기간이 길거나 금액이 조금 부담스럽다고 느껴지는 보험의 가입을 고민하는 사람의 주변에는 크게 두 부류가 있다. 친구나 직장 동료 등 지인이 가입을 반대하거나, 부정적인 의견을 내놓는 경우가 대부분이다. 반대로 유일하게 격려하면서 할 수 있다고 말하는 사람은, 앞에 있는 영업사원뿐이다.

이렇게 나뉘는 것을 감안할 때, 당사자가 듣고 싶어하는 이야기도 이해관계에 따라 달라진다. 이해관계가 없는 지인에게는 잘했다는 격려와 칭찬을, 반대로 영업사원에게는 약간 반대하는, 말리는 뉘앙스의 말을 듣고 싶어한다. 주변 지인에게 보험을 가입하려 한다고 말하는 이유는, 좋은 생각이라는 이야기를 듣고 싶기 때문이다. 그런데 반대로 영업사원이 그 말을 하면, 자신이 가입해야 할 이유를 스스로 납득했다고 하더라도 좋게 들리지만은 않는다. 오히려 판매에 성공하기 위한 계산적인 이야기로만 받아들일 수 있다.

이런 점을 감안하여 영업사원은 계약 직전 살짝 밀어내려는 뉘앙스의 의견을 제시하는 편이 좋다. 마치 연인들처럼 '밀당'을 하자는 말이다. 다음 예시는 이미 고객이 계약을 결정했고 서명을 위해 만날 약속만 정하면 될 때, 내가 항상 고객에게 물었던 말들이다.

"사모님 의견이 필요하지 않을까요?"

"갑자기 ○○○님 재무 계획에, 기존에는 없던 보험이 새로 생기는 거잖아요. 혹시라도 무슨 일이 생길지 모르니, 조금 줄여서 하시는 것은 어떨까요?"

"친구분도 보험 영업을 한다고 들었는데, 저에게 가입하시는 것이 고객님께 부담이 될까 걱정입니다."

"이번 달이 12월인데 연말에 돈 쓸 곳이 많이 생기잖아요. 차라리 새해부터 시작하는 것은 어떨까요?"

"가입하시면 최소 10년은 납입하셔야 합니다. 중간에 깨시면 무조건 손해입니다. 한번 더 생각해보지 않으셔도 괜찮으시겠어요?"

"제가 생각을 해봤는데 이번 금액은 너무 큰 것 같아요. 혹시라도 나중에 못 내시면 몽땅 손해를 보실 수도 있습니다. 이번에는 조금 줄여서 계약하시는 것은 어떨까요?"

눈치가 빠른 독자들은 이미 파악했을 것이다. 위에 제시한 모든 예시는 고객 입장에서 말해주는 질문이다. 고객을 걱정하는, 혹시라도 잘못되면 안 된다는 마음을 담은 질문이다.

이런 질문을 받는 가망고객은 대부분 '걱정 없다'라고 말한다. 이것 역시 인정욕구다. 영업사원이 걱정하지 말고 계약하라 청하는 대신 조금 줄여서, 천천히 하라고 권하니 오기 또는 호기가 생긴다. 영업사원이 당기는 대신에 밀어내면, 보통은 영업사원을 밀어내기 마련인 고객이 오히려 영업사원을 당긴다. 스스로 할 수 있다고 말하려는 의지가 생기곤 하는 것이다.

고객의 입장에서 한번 더 생각하도록 의견을 물어주는 영업사원은 많지 않다. 대부분 아래와 같은 표현을 쓴다. 영업사원의 입장에서 고객을 설득하는 표현이다. 앞에서 제시했던 문장들과 아래의 문구를 비교하며 음미해보자. 분명 그 차이를 느낄 것이다.

"중간에 납부를 못하시면 몽땅 손해볼 수는 있지만, 이 정도는 문제없겠죠? 이왕 하시는 것 크게, 과감하게 결정하는 것이 잘하시는 일입니다."

"어차피 연말에는 돈 쓰는 만큼 손해이니, 미리 보험료를 납부해서 절약하는 것도 방법입니다. 12월부터 하시기로 한 것은 아주 잘한 결정입니다."

"보험을 친구에게 가입하는 것이 부담되기도 하더라고요. 나의 재무 상황을 자세하게 알려줘야 하니까요. 차라리 잘 생각하셨습니다."

모든 거절의 99퍼센트는 돈 때문이다

똑같은 상품이나 서비스라고 할지라도, 거절의 이유는 사람마다 다양하다. 아마 거절하는 이유를 모두 모아본다면 수천 가지도 넘을 것이다. 아내가 반대한다는 핑계를 들기도 하고, 구매를 고민중인 상품이나 서비스를 가족이 영업하고 있어서 이왕이면 가족을 통해 사고 싶다며 거절한다. 이직을 고민중이라거나, 사업을 새로 시작할 수도 있기에 돈을 함부로 쓸 수 없는 상황이라는 변명을 하기도 한다. 심지어는 아침 출근길에 앞차가 운전을 제대로 하지 못해 스트레스를 받았다며, 지금은 중요한 결정을 하기가 어렵다는 이유를 들기도 한다.

잘되는 집안은 딱 한 가지 이유만으로도 잘되지만, 안되는 집안은 수천 가지의 이유로 안된다는 말과 같은 상황이다. '핑계 없는 무덤은 없다'라는 옛말은 하나도 틀리지 않다. 그렇다고 계약을 하는 데 있어 이렇게 다양한 이유를 모두 예상하고, 사전에 거절 처리를 하기란 불가능하다. 거절의 이유를 알아내기 위해 이것저것 꼬치꼬치 캐물을 수도 없으니 답답한 노릇이다.

그런데 정말 그럴까? 다음 예화를 읽어보면 거절의 이유가 다양할 것이라는 여러분의 생각이 달라질 수도 있다.

지난주 홍길동은 회사에서 보너스를 받았다. 생각지도 못했던 여윳돈이 생기자, 오래전부터 구매를 고민해온 골프 드라이버를 사기로 마음먹었다. 친구들과 몇 번 라운딩을 하면서 자신의 오래된 드라이버가 창피하기도 했고, 드라이버 비거리를 위해서라도 바꾸고 싶었다. 이미 브랜드도 결정을 해두었다. 골프 숍을 방문했으니 결정해둔 드라이버를 들고, 돈만 지불하면 된다.

그러나 잠시 후 그 생각은 바뀌게 된다. 다른 드라이버로 시타를 해보다가 더 마음에 드는 제품를 발견한 것이다. 드라이버는 곧 비거리다. 골퍼라면 대부분 조금 비싸더라도, 이왕이면 더 멀리 나가는 것을 사는 편이 좋다고 생각한다. 어차피 드라이버는 한번 바꾸면 적어도 10년은 사용해야 한다는 계산까지 더해진다. 더 좋은 상품으로 사야 할 다양한 이유가 나타나기 시작한 것이다.

'어차피 쓰는 돈인데 조금 더 보태서 마음에 드는 것을 사자.'

그렇게 결정한 뒤 마음에 드는 골프채를 들고 가격을 물어본다. 앗! 가격이 예상했던 범위보다 무려 100만 원이나 더 비싸다. 그런데 직원은 카드로 결제할 거냐 현금으로 할 거냐 묻는다. 이런 상황을 만나면 거의 대부분 이렇게 대답하며 골프 숍을 빠져나온다.

"마음에 드는데 먼저 아내와 상의해야 할 것 같아요. 나중에 다시 오겠습니다."

읽으면서 자신이 경험했던 일과 비슷하다고 생각하는 독자가 많을 것이다. 아니면 '다른 브랜드 골프채도 보고 있어 더 생각해보겠다'라고 말할 수도 있다. 더 많이 당황한 사람은 잠깐 화장실에 다녀온다고 하고 가게를 나온 뒤, 다시는 그 근처에 가지 말자는 다짐을 할 수도 있다. 어떤 이는 곧바로 인터넷을 통해 최저가를 검색하며 조금이라도 싸게 살 수 있는 방법을 찾아본다.

예산을 초과하는 금액을 보고 나니, 너무 비싸다는 생각이 들기 시작한다. 무슨 골프채가 그리 비싸냐고, 바가지라고 하면서 사지 말아야 할 이유를 찾고 정당화한다. 가격표를 확인한 후부터는, 반대로 사지 말아야 할 이유가 생기기 시작한 것이다. 그는 '역시 나는 현명한 소비자다. 골프는 장비가 아니라 연습과 근력이 중요하다'라며 굳이 비싼 드라이버는 필요 없다는 말로 자신을 다독인다.

이런 모습은 골프채를 구매할 때만 발생하지 않는다. 옷이든, 화장품이든, 전자제품이든, 어떤 제품을 구매할 때 얼마든지 생길 수 있는 상황이다. 사야 할 이유는 갑자기 생긴, 보너스로 받은 돈이다. 그런데 그 마음을 바꾸려고 한 이유도 역시 돈이다. 그래서 나는 모든 거절의 사유는 99퍼센트 '돈' 때문이라는 결론을 내렸다. 물론 돈이 없어서 살 수 없다고 말하는 사람은 드물다. 그렇게 말하는 순간 돈 없는 사람이라는 걸 스스로 인정하는 꼴이 된다. 이 책에서 계속 강조하는 인정욕구를 정면으로 거스르는 일이다.

이 사실을 깨닫자, 거절 처리에 대한 고민도 쉽게 정리되었다. 돈 이야기를 내가 먼저 꺼내면 되겠다고 생각했는데, 그 결과는 놀라웠다. 영업사원이 먼저 가격 부담을 이야기하자, 다른 거절의 이유를 말하는 사람은 없었다. 이렇듯 거절의 이유를 정확하게 알게 되자 기존보다 빠르게 청약을 진행할 수 있었다. 아울러 PC를 진행한 횟수 대비 청약률도 상승하기 시작했다.

우리가 살아가는 사회는 자본주의에 의해 돌아간다. 우리는 학교에서 그리고 사회에서 돈으로 사람의 가치를 평가해서는 안 된다고 배운다. 하지만 안타깝게도 이는 일반론일 뿐이고, 실제는 다르다. 자본주의사회에서는 상품, 서비스뿐 아니라 사람의 가치도 그의 재산이 얼마인지, 연봉이 얼마인지 등 돈으로 평가된다. 결과보다는 과정, 속도보다는 방향이 중요하다고 많은 이들이 강조하지만 현실은 그렇지 않다. 가난은 불편한 것일 뿐이라고 배웠지만, 실제로 그렇게 생각하는 사람은 극히 드물 것이다.

점원에게 돈이 없어서, 예상보다 비싸서 살 수 없다고 말하는 사람은 거의 없다. 타인 앞에서 그렇게 말하는 것은, 자신이 생각하는 인정욕구에 반하는 일이다. 사정을 눈치챈 직원이 싼 것은 성능이 떨어지니, 부담되더라도 비싼 것을 사보라고 권해도 소용없다. 그렇다고 대충 눈치를 살펴서 가격이 저렴한 제품을 권하는 것도 실례다. 고객 입장에서는 '당신은 돈이 없으니까'라는 말로 들릴 수 있기 때문이다. 가격에 놀랐던 고객은, 구매 결정을 미루는 이유가 비싸기 때문이라고 말하지 않는다. 자존심이 상해서다. 대신 '사면 안 되는' 다양한 이유를 만들어낸다. 거절에 대한 그 많은 핑계는 이런 식으로 생기는 것이다.

　　　　　　　　　　　　　　　　　고급 거절을 거절하기

고백해야 고백을 받는다

만약 가망고객이 비싼 가격 때문에 구매하지 못하겠다고 진실을 말해주면, 영업사원은 대안을 고민해서 해결할 방법을 제시할 수 있다. 하지만 아쉽게도 진짜 이유는 뒤로하고 아내, 가족, 다른 상품과의 비교 등 가짜 이유를 말하기 때문에, 영업사원이 어찌할 도리가 없는 것이다. 진짜 거절의 이유를 아내 때문이라고 거짓으로 답했는데, 영업사원이 곧이곧대로 받아들여 그럼 아내와 같이 만나자고 하면 고객은 당황한다. 정말 아내와 함께 만났다가는 '돈이 없어서' 거절한 사실이 밝혀질 수 있기 때문이다. 그러니 답은 영업사원을 피하는 것뿐이다.

진실을 숨기고 있는 고객에게 계속 전화해서 만나자고 하면, 종국엔 전화번호도 차단된다. 거짓말도 한두 번이다. 계속하자니 마음이 힘들어지고, 그것을 모면하는 최후의 방법은 화를 내고 다른 꼬투리를 잡아 영업사원과 '작별'하는 것이다. 영업사원은 이런 나선spiral과 같은 악순환의 고리에 빠지는 것이다.

만약 고객이 스스로 '좀 비싸네요'라고 먼저 말한다면 그 이후의 영업은 어떻게 진행될까? 거절 처리가 쉬워지고, 영업 성공의 확률이 높아질 것이다. 진짜 이유를 알았으니 대응 방안도 명확해지기 때문이다.

고객이 이처럼 솔직하게 말하도록 만드는 방법은 예상외로 어렵지 않았다. 고객이 비싸다고 말할 구실을 영업사원이 만들어주면 그만이었다. 영업사원이 먼저 비싸다고 말하면, 고객도 생각보다 쉽게 '그렇다'라고 맞장구를 쳤던 것이다. 타인이 비싸다는 말을 꺼냈으니, 거기에 동의한다고 해서 자존심이 상하지는 않는다는 것이 포인트였다.

"지난주 드라이버를 바꾸려고 골프 숍에 갔는데 괜찮은 드라이버를 발견했어. 그런데 가격을 보고 깜짝 놀랐어. 어떻게 그리 비싼지. 도저히 살 수가 없더라. 드라이버가 그렇게 비싸도 되는 거냐? 내가 쓰고 있는 드라이버보다 세 배가 비싸더라고."

모임에서 한 친구가 사려던 드라이버가 비싸서 사지 못했다는 말을 꺼낼 때를 가정해보자. 지난번 골프 숍에서 못 사고 나왔던 자신도 그 말에 쉽게 맞장구치게 된다. 구매할 여력은 있지만, 터무니없는 가격 때문에 사고 싶은 생각이 없어졌다고 말할 수 있는 것이다.

마찬가지로 영업사원이 파는 상품이나 서비스에 대해 자기가 생각해도 비싸다고 먼저 말해주면, 이와 비슷한 상황이 연출된다. 다만 이때는 '고객이 비싼 것을 살 수 없는 사람처럼 보인다'라는 말처럼 들리지 않게 주의해야 한다. 그저 영업사원이 생각하기에도 너무 비싸서 황당하다는 투로 이야기가 전달되어야 한다. 그래야 가망고객도 맞장구를 치면서 가격이 비싸다고 솔직하게 말할 수 있다.

그 점에 착안해서 나는 계약을 진행하기 직전 이렇게 이야기를 했다. 그리고 이는 대본이 되었다. 어떤 보험이든, 어떤 펀드든 가리지 않고 서명을 권유하기 전에 반드시 이렇게 말했다. 다음 대본은 보험 영업 과정에서 PC 단계 직전에 사용한 것이지만, 보험에만 한정하지 않았으면 한다. 왜냐하면 구매하지 못하는 거의 대부분의 이유가 돈이기 때문이다. 소득이 많은 사람이라면 아내의 의견을 물을 필요도 없고, 부모님의 반대가 장애물이 되지 않는다. 고객이 말하는 거절의 진짜 이유는 결국 '돈' 때문이라는 사실을 명심하고, 앞으로는 다음 대본처럼 이야기해보자.

나 지금부터 지난번에 말씀드렸던 것에 대해 설명을 시작하겠습니다. 이번 제안의 중요한 요점을 세 가지로 정리해보겠습니다.

첫째, 제가 제안하는 보험은 철저하게 ○○○님 입장에서 설계되었습니다. 지난번에 나누었던 대화를 기반으로, ○○○님이 바라시는 미래 설계를 제대로 준비하는 데에 초점을 맞추었습니다. 회사나 저의 이해관계보다 고객님의 이익을 위해 설계했다고 자신 있게 말씀드릴 수 있습니다.

둘째는 보험료입니다. 잠시 후 고객님은 보험료를 보시고 깜짝 놀라실 수 있습니다. 설계를 하다보니 보험료가 정말 많이 나왔습니다. 영업사원의 입장에서 봐도 비싸다고 생각할 정도면, 고객님이 보시면 더 놀라실 수 있을 것입니다. 보험료가 너무 비싸서 약속을 연기하고, 고객님께 먼저 상의를 드려야 할까 고민할 정도였습니다. 궁금하실 것이니 일단 보험료를 보여드리겠습니다. 예상보다 비싼 보험료이지만 보여드리기로 결심한 까닭도, 앞에서 말씀드린 고객님 입장이 우선이라고 생각했기 때문입니다. 잠시 후 먼저 보험료를 보여드리겠습니다.

마지막 셋째는 이대로 무조건 계약해야 하는 것은 절대 아니라는 것입니다. 제가 생각해도 비싸기에 분명 고객님도 그렇게 느끼실 겁니다. 고객님이 생각하실 때 향후 감당하실 수 있는 금액을 꼭 말씀해주셨으면 합니다. 중요한 것은 납입에 대한 부담이므로, 보장 내용은 괜찮은데 보험료가 부담스럽다고 느끼신다면 꼭 말씀을 해주세요. 보험료는 고객님의 입장에 맞게 보장 금액 또는 납입 기간을 조정하여, 원하시는 금액으로 맞춰볼 수 있습니다. 이상 세 가지가 중요한 요점이었습니다. 그럼 보험료부터 보여드리겠습니다.

가망고객 네, 알겠습니다. 도대체 보험료가 얼마이길래 그렇게 말씀하시는지 궁금합니다.

이렇게 이야기를 하고 나는 보험료를 보여주었다. 보험료를 확인한 가망고객의 반응은 두 가지 외에는 다른 것이 없었다. 두 가지 답은 아래와 같다. 이때 보험료가 비싼 수준이 얼마인지 궁금한 독자가 있을 것이다. 하지만 금액의 구분은 따로 없었다. 금액에 상관없이 모두 비싸다고 이야기했다는 말이다.

A 그렇네요. 말씀하신대로 보험료가 비싸긴 하네요.
B 괜찮은데요. 저도 이 정도 금액은 예상하고 있었거든요.

고객의 반응에 따라 당연히 나의 대응도 달라졌다. 먼저 A로 답했을 때다. 만약 내가 비싸다는 이야기를 하지 않고, 곧바로 PC 단계를 진행했다면 A와는 다르게 답변했을 것이다. 아내와 상의해보겠다고 하거나, 또는 더 생각해보고 연락하겠다고 했을 것이다. 보험료가 부담이라는 것을 말하지 않으니, 다음 순서로 넘어갈 방법이 없다. 몇 번 더 연락하고 만나자고 하다가 흐지부지 끝날 가능성이 높다. 하지만 지금은 보험료가 비싸다고 고객이 솔직하게 답했으니 그다음은 쉽다. 질병을 치료할 때 정확한 원인을 찾은 이후에 치료가 시작되는 것과 같은 이치다. 정확한 이유를 고객이 스스로 밝혔으니 이제 그 문제만 해결하면 되는 셈이다. 이후 상황도 살펴보자. 아래는 그다음 나의 답변이다.

"네, 맞습니다. 영업사원인 제가 생각해도 보험료가 비싸다고 생각했을 정도이니까요. 그렇다면 ○○○님 생각에 얼마 정도의 보험료가 적당한 금액일까요?"

고급 거절을 거절하기

이미 AP 단계에서 '고객의 입장에서 만들어준 보험을 가입해야 할 이유'에 납득한 고객이라면, 남아 있는 관문은 이제 보험료뿐이다. 그런데 그것에 대한 저항이나 고민을 영업사원이 쉽게 풀어주고 있으니, 고객은 자신에게 적당한 보험료 수준을 편히 고민하기 시작한다. 이때 영업사원은 아무런 이야기 없이 고객이 스스로 답할 때까지 기다려주기만 하면 된다.

청약을 권유하기 바로 직전에 세 가지로 요약해 이야기하는 것은 고객의 주의력을 집중시키는 효과도 있다. 영업사원이 먼저 보험료가 비싸다고 말하지 않았다면, 고객은 돈이 없어서 못한다는 진짜 이유를 덮기 위해 다른 이유를 생각했을 것이다. 그렇게 되면 청약의 확률이 떨어진다. 그래서 나는 가장 큰 부담을 차단하기 위해 미리 보험료가 비싸다고 이야기한 것이다. 이로써 고객의 결정에 부담이 될 수 있는 다른 요인들도 알아서 차단됐다.

이는 마치 자연에서의 관성의법칙과 같다. 영업사원이 만들어준 이유에 대해 납득했던 상황을 그대로 끌고 가기 위해서는, 이후의 저항을 줄여줘야 한다. 혹시나 있을지 모르는 다른 요인들을 오로지 돈, 보험료의 문제로만 좁혀주는 것이다. 그렇게 되면 보험료는 얼마가 적당할지에 대한 고민으로 한정되니, 해법도 명료하게 보인다. 고객이 스스로 적당하다는 금액을 제시하면, 영업사원은 거기에 맞게 다시 설계해서 제시하면 된다. 그럼 영업은 설계해둔 거절 처리 과정대로 쉽게 진행되고, 성공 확률 역시 높아지는 것이다.

다시 앞의 이야기로 돌아가서, 고객이 B로 답하면 '계약할 생각으로 왔는데 보험료도 괜찮은 금액입니다'라고 말한 것으로 간주해도 된다. 그렇다면 다음에 내가 할말도 정해져 있다.

"솔직하게 말씀드리면 저도 ○○○님의 소득이나 미래를 준비하고자 하는 마음을 고려했을 때, 이 정도 금액은 큰 문제없겠다는 생각을 하고 있었거든요. 빠르게 판단하시고, 결정하시는 것까지 정확하십니다. 그래서 현재 좋은 위치에 계신 것 같습니다. 그럼 여기에 서명하시죠."

겁먹지 말아야 한다. 영업사원들이 가장 주저하는 일 중 하나가 서명하라며 계약서를 꺼내는 일이다. '혹시 거절당하면 어떻게 하지?' 하는 걱정이 앞서기 때문에 주저한다. 그러나 앞에서 말한 대로 돈이 문제가 되지 않으면, 그 어떤 거절의 이유도 없다고 간주하자. 이미 내가 만들어준 이유에 고객이 납득했고, 동의했고, 보험료도 괜찮다고 답변했다. 그 말은 고객이 바로 서명할 거라는 뜻으로 받아들여야 한다. 혹시라도 서명하라는 말에 고객이 당황스러워하면 이렇게 말해보자.

"먼저 서명하신 후에 처음부터 자세하게 설명을 드리겠습니다. 다시 강조하지만 첫번째로 말씀드렸듯이 철저하게 ○○○님 입장에서 제대로 준비했습니다."

계약의 과정을 크게 '전화해서 약속 잡기' '만나서 상담하기' '청약하기' 세 가지 과정으로 분류한다면, 영업사원은 '만나서 상담하기'의 과정에 전체 계약 과정에서 쓸 에너지의 약 80퍼센트를 사용해야 한다. 그만큼 중요하다는 이야기다. 만난 후에 신뢰를 쌓고, 고객의 입장에서 이유를 만들

고급 거절을 거절하기

고, 그 이유에 대해 납득시키는 과정에서 거의 모든 것이 결정이 된다.

납득하지 못한 고객에게는 계약을 제시해선 안 된다. 반대로 이미 납득한 고객에게는 돈에 대한 부담이나 저항 외에는 어느 걸림돌도 존재하지 않는다. 펜이 싸구려거나 만년필이 아니어서 서명하지 않는 고객은 없다는 말이다. 그렇다면 돈에 대한 부담을 영업사원이 먼저 인정해주고, 그것에 대한 저항을 정리해주는 방향으로 진행하면 된다. 결국은 모든 이유가 돈 때문이라는 점만 기억하고, 그것을 넘어서는 방법만 고민하면 그다음은 일사천리로 진행될 수 있다. 이번 거절 처리의 대본은 기계적으로 암기하고, 계약할 때마다 사용해야 한다. 그렇게 해서 딱 한 번만 성공을 경험하면, 여러분도 나처럼 절박한 마음으로 시작한 영업에서 성과를 내기 시작할 것이다.

끝날 때까지 끝난 것이 아니다

계약을 성공시킨 후라고 할지라도 영업사원은 불안하다. 1개월 이내에 철회가 가능한 보험 영업은 특히 그렇다. 고객에게 전화라도 올 경우에는 혹시 하는 생각에 덜컥 겁이 나기도 한다. 정도 차이가 있지만 자동차, 카드 등 다른 영업도 거의 비슷할 것이다. 어쩔 수 없다. 영업은 원래 그런 것이다. 혹시라도 벌어질지 모를 불행한(?) 일을 막기 위해 계약 이후에도 계속 노력하는 수밖에 없다.

그것을 사후 클로징이라고 한다. 계약을 했다는 말은 영업 활동을 마감 closing했다는 의미다. 사후 클로징은 이미 한 계약에 대해 고객으로 하여금 '잘했다'라는 생각을 갖도록 만드는 일이다. 계약 후 보험료를 납입하는 기간 동안 벌어질 수 있는 저항에, 고객이 버틸 수 있도록 면역력을 높여주고자 하는 전략이다.

고급 거절을 거절하기

이번 계약은 정말 잘한 선택이라고만 말하는 것은 사후 클로징이 아니다. 영업사원의 그 말을 곧이곧대로 받아들일 고객은 없다. 잘한 계약이라고 말하는 화자가 영업사원이 아니라 고객 자신일 때 계약 유지 확률은 높아진다. 인간의 본성을 고려할 때, 자신의 행동을 스스로 말을 바꾸는 '자기부정'은 보통 어려운 일이 아니다. 그 점을 활용하여 사후 클로징을 하는 것이 좋다. 당연히 반어법을 이용한 질문이 효과적이다. 다시 한번 '밀당'을 하라는 말이다.

"혹시 계약한 것을 후회하고 계시는 것은 아닌지 궁금합니다. 미래를 위한 준비는 하루라도 빨리 하는 것이 좋은 일이기는 하지만, 보험료 부담이 있으니까요. 괜찮으세요?"

이런 질문은 정색하고 하면 안 된다. 얼굴에 미소를 머금고 부드럽게 해야 한다. 심각한 표정으로 이렇게 질문하면, 고객은 진짜로 잘못 선택한 것은 아닌지 걱정할 수 있다. 웃으면서 농담하듯이 말해야, 고객도 웃으면서 대답한다. 분명 아니라고 답할 것이다. 자신이 한 일을 잘했다고 생각해야 계약 유지 기간 동안 다른 저항을 넘어설 수 있다. 적당한 여유와 함께 웃으면서 하는 이야기에 그런 힘을 담아낼 수 있다. 고객이 환한 표정으로 답하면 나는 다음의 말을 보탰다. 적당한 비유를 통해 고객 스스로 자신이 잘했다라는 것을 느꼈으면 하는 마음에서 고안해낸 방법이었다.

나 직장생활을 한다고 하면, 1년 중 자기가 가고 싶을 때 휴가를 쓸 수 있잖아요. 그런데 만약 회사에서 1월부터 12월까지 한 달에 딱 한 명만 휴가를 보내준다고 가정해보겠습니다. 어떤 사람은 1월에, 고객님은 마지막 12월에 휴가를 얻었습니다. 1월 휴가자가 알려지면 많은 사람들이 그를 부러워할 것입니다. 그런데 그가 휴가를 다녀온 후에는 어떨까요? 계속 먼저 다녀온 사람을 부러워할까요, 아니면 다음에 휴가 가는 사람을 부러워할까요?

고객 당연히 다음에 갈 사람을 부러워하겠죠. 다녀온 사람은 며칠 후부터는 괜히 일찍 휴가를 썼다고 후회할 수도 있을 것 같고요.

나 네, 맞습니다. 저는 미래를 위해 적립하는 보험료도, 휴가와 비슷하다고 생각합니다. 당장 쓰면 지금은 즐거울 것입니다. 하지만 즐거움의 일부를 미래를 위해 뒤로 미뤄뒀다가 연금으로 돌려받으실 때는, 모두에게 더 큰 부러움을 받게 될 것입니다. 보험을 들지 않고 현재를 즐기는 사람들은, 추후 고객님이 연금으로 돌려받을 때가 되면 과거의 자신의 선택을 후회하게 될 것이니까요. 저는 이번 계약을 그렇게 생각합니다.

사후 클로징에서도 이론이나 논리는 중요하지 않다. 논리나 숫자로는 사람 마음을 사로잡을 수 없다. 자동차를 산 사람에게 이 가격이 얼마나 저렴한 건지, 나중에 살 때보다 얼마를 절약한 건지 알려주는 것은 논리다. 하지만 새로 구입한 자동차를 타고 여행할 고객의 모습 또는 친구들이 부러워할 고객의 미래를 그려주면, 그 효과는 논리로 설명해주는 것보다 훨씬 커진다. 그래서 고객으로 하여금 계약한 서비스나 상품으로 인해 펼쳐질 행복한 미래를 떠올리게 만들어야 한다. 화장품을 판매했다면 좋은 피부에 놀라는 친구들의 모습이나, 피부 미인이 진짜 미인이라며 칭찬하는 주변 사람들의 말을 떠올리게 하자.

이처럼 사후 클로징에서 가장 좋은 방법은, 고객이 스스로 미래를 상상하게 만들어주는 것이다. 스토리텔링은 상상력을 불러일으키는 좋은 무기다. 미래의 모습을 즐겁게 떠올려보고, 타인이 자신을 부러워하는 모습을 상상하는 것만으로 계약을 지켜갈 힘이 더 강해진다.

시간차의 효력

사후 클로징을 하는 시기는 계약 후 일주일 이상 경과한, 증권을 전달하기 위해 방문했을 때가 가장 적당하다. 너무 빠르게 진행하면 이미 계약할 당시에 했던 생각이 있기 때문에 효과가 적다. 적절한 시차를 두고 진행하면 흔들리려고 하는 마음에 기운을 보탤 수 있다.

사후 클로징을 한 후에는, 향후 내가 달라질 수 있다는 사실도 미리 전해주면 좋다. 영업사원은 계약 이전과 이후가 달라질 수밖에 없다. 계속 새로운 고객과 계약을 해야 실적을 올리기 때문이다. 하지만 고객 입장에서는 영업사원이 계약 전에는 자주 연락하다가, 계약하고 나니 변했다고 느낄 수 있다. 직접 영업을 해보지 않는 이상, 고객이 영업사원의 입장을 생각해주는 일은 거의 없다. 차라리 미리 그럴 수 있다는 점을 알려주는 편이 오해할 여지를 줄이는 방법이다. 그래서 나의 경우 마지막에는 이렇게 말하며 헤어지는 방법을 택했다.

"제가 미리 사과드릴 말씀이 있습니다. 앞으로는 제가 계약하기 전처럼 자주 연락을 못 드릴 것입니다. 또 새로운 영업을 해야 하거든요. 하지만 ○○○님이 전화하시거나 만나자고 요청해주시면 언제든 응하겠습니다. 곧바로 달려오겠습니다. 이 점 양해해주실 수 있으시죠?"

　이렇게 미리 말하면 대부분의 고객은 양해를 한다. 미리 지금처럼 연락을 자주 못한다고 했으니, 화장실 들어갈 때와 나올 때가 다르다는 생각도 차단할 수 있다. 영업사원의 부득이한 한계를 인정해주는 너그러운 고객이 된다는 느낌은 덤이다.

명인의 길

끝내기 8문 8답

지난 2013년부터 2017년까지 약 5년 동안, 나는 매년 30시간 '이기는 영업'이라는 주제로 푸르덴셜생명보험에서 후배들을 대상으로 강의했다. 회사에서도 이런 노력을 인정해주고 '푸르덴셜 사내 교수'라는 명칭을 부여해줬다. 이 책 역시 5년 동안 수강생들에게 해주었던 강의를 바탕으로 집필한 것이다. 당시 수업과 별도로 많은 후배들을 상담했고, 그때마다 여러 질문을 받았다. 당시에 받았던 질문들과 나의 대답을 부록으로 모아 공개한다. 본문에서 기술적이고 실용적인 점들을 강조했던 만큼, 부족할 수 있는 정성적인 이야기로 간주해도 된다. 모든 상황에 적용되는 해법은 존재하지 않듯이, 기술적인 부분이든 정성적인 부분이든 결국에는 영업사원 스스로에게 달려 있다.

영업을 하기로 결심한 사람들은 모두 이유가 있다. 정도의 차이가 있을 뿐, 영업을 통해 돈을 벌고자 하는 목적은 동일하다. 돈이 되는 일에 쉬운 일은 없으며, 결국 영업도 마찬가지다. 대신 영업은 대가가 확실하다. 문제는 영업에 뛰어든 모두가 그 대가를 받을 수는 없다는 점이다.

16년간 보험 영업을 하며 겪은 바로는 영업하는 사람의 5퍼센트는 뛰어난 실적을, 5퍼센트는 나름대로 괜찮은 실적을, 그다음 20퍼센트는 영업을 계속할 수 있는 실적을 보여준다. 약 상위 30퍼센트 정도만 목표를 달성할 수 있는 셈이다. 이 부록은 아직 30퍼센트 안에 들지 못한 사람에게, 당신도 할 수 있다는 희망을 전하고 싶은 마음에 정리했다. 물론 자신의 노력으로 이미 그 안에 속한 사람에게는, 더 높은 위치로 가는 데 도움을 줄 것이다. 영업을 잘하는 사람이 어떤 생각을 하고, 어떻게 노력하며, 무슨 마음으로 일하는지 담담하게 말하는 내용이라고도 볼 수도 있다.

결코 잘난 체하거나 누군가를 낙담시키려고 적은 글이 아니다. 읽는 사람의 마음에 따라 다르게 받아들여질 수 있지만, 자신과 생각이 다르다고 가볍게 넘기지 않았으면 한다. 어제와 다르게 해야, 내일 더 나은 결과를 얻어낼 수 있는 것이 삶의 이치다. 달라지고 싶고, 좋은 성과를 올리고 싶은 사람이라면 쓴소리를 받아들일 수 있는 여유와 용기가 필요한 법이다.

변화에는 항상 용기와 인내가 따른다. 어렵고 힘들다는 핑계로 변화하지 않으면, 세상이 나를 변화하게 만든다. 그때는 정말로 힘들고 아프다. 무엇보다 내 뒤에서 나를 믿는 가족이 힘들어진다. 가족을 위해, 그리고 나 자신을 위해 어려운 영업을 선택했던 마음이 있으니, 여러분도 그 변화를 주도할 수 있다. 그런 용기와 의지가 없었다면, 영업을 선택하지 않았을 것이다. 자신도 바뀔 수 있다는 믿음과, 지속하는 힘만 있으면 된다. 이제 스스로를 믿어보자. 당신도 할 수 있다.

Q 1

어떻게 하면 영업을 잘하게 될까요?

"저도 선배님처럼 영업을 잘하고 싶습니다. 어떻게 해야, 무엇부터 시작해야 영업을 잘하게 될까요? 조언 부탁드립니다."

운동도 공부도 그리고 영업도 마찬가지다. 특정한 하나의 행동만으로 잘하게 되는 비결은 없다. 사람들은 지름길을 원하지만, 오랫동안 기초 체력을 기르고 끈기 있게 연습하고 또 연습하는 것 외에는 방법이 없다. 그렇다고 처음부터 쓴소리로 답하면, 열심히 해보고자 하는 의욕까지 꺾어버릴 수 있다. 그래서 이런 질문에는 또다른 질문으로 받아쳤다.

"아침에 일찍 나오는 영업사원이 일을 잘할까요, 아니면 일을 잘하는 영업사원이 아침에 일찍 출근할까요?"

마치 닭이 먼저냐, 달걀이 먼저냐라고 묻는 질문이라 생각할 수 있다. 하지만 이 질문에는 중요한 의미가 담겨 있다. 수학을 잘하기 위해서는 가장 먼저 구구단을 암기해야 하고, 영어를 잘하기 위해서는 단어부터 외워야 한다. 단번에 공부를 잘하는 방법은 없다. 족집게 학원을 다닌다고 하더라도, 효과를 보려면 그 강의를 자기 것으로 만들 수 있는 능력이 있어야 한다. 같은 강의를 들어도, 듣는 사람에 따라 결과가 천차만별인 것도 이 때문이다. 듣는 사람의 가슴속에 있는 그릇 크기에 따라 결과가 달라진다.

영업도 마찬가지다. 중요한 것은 기초 체력이다. 그리고 영업에서 가장 중요한 기초 체력은 '태도'다. 태도는 습관에서 나온다. 스스로 영업을 잘하기 위한 몸과 마음을 같이 만들어야, 강의도 지식도 도움이 된다. 이런 생각으로 앞의 질문을 했다. 이 질문에는 대부분 쉽게 답하지 못한다.

"글쎄요. 질문한 저도 무엇이 정답인지는 모르겠습니다. 다만 제가 하고 싶은 말은, 일을 잘하기 위해서는 잘하는 사람을 닮아가야 한다는 것입니다. 아침에 일찍 나오는 것은 특별한 노력이 필요하지 않습니다. 알람을 맞추고 일어나서 사무실에 출근만 하면 됩니다. 대부분 일을 잘하는 사람들은 일찍 출근합니다. 저는 이걸 말씀드리고 싶어서 질문했습니다. 일을 잘하고 싶다면 일 잘하는 사람을 따라 하자. 가장 쉬운 것이 일찍 출근하는 것이니, 그것부터 해보셨으면 합니다. 일찍 출근하는 것이 습관이 되었다 싶으면, 독서 등 자신이 배우고 싶은 사람이 하는 것을 계속 따라 해보세요. 결국은 일을 잘하게 될 것입니다."

인간은 사회를 이루고 모여서 살아간다. 사회 안에서도 사람은 또다시 끼리끼리 모인다. 그래서 나는 인간의 정체성을 결정하는 것은 가방이나 자동차가 아니라, 누구를 만나느냐 혹은 누구와 친구로 지내느냐라고 생각한다. 서로에게 좋은 영향을 주고받으면서 발전하는 사람들, 그들과 함께하며 성장해나가는 것이 중요하다는 뜻이다. 좋은 사람을 만나고 싶다면, 내가 먼저 좋은 사람이 되어야 한다. 그 방법을 모르겠으면, 일단 좋은 사람이라고 생각되는 사람의 행동을 따라 하면 된다. 가장 쉬운 것부터 시작하자. 그렇게 따라 하다보면 결국은 내가 좋은 사람이 되고, 영업 실적도 좋아지기 마련이다.

기껏 일찍 출근해서, 인터넷 서핑을 하고 커피를 마시면서 쉬는 것으로 만족하면 안 된다. 일 잘하는 사람은 대부분 일찍 나와서, 그날 진행할 영업을 준비하고 방법에 대해 고민하거나 독서를 한다. 아니면 운동이라도 하면서 체력을 단련한다. 일찍 나왔다면 이제 따라 할 일이 또 생겼다. 그대로 해야 한다. 하루이틀이 아니라 계속해서 잘하는 사람을 따라 하면 결국 그 사람도 나를 도와주기 시작한다. 자주 마주치다보니 '열심히 하려는 의지'가 읽힌다. 말을 걸고, 노하우도 알려준다. 함께 커피를 마시고 대화를 나누며 긍정적인 에너지를 전달받는다. 운동이든, 공부든, 영업이든 처음부터 잘하는 사람이 아니라면, 이런 식으로 잘하는 사람이 되어가야 한다.

Q 2
아내 동료를 소개받는 방법이 없을까요?

앞에서 강조했듯 만날 사람을 만들어내는 능력이 영업의 90퍼센트를 좌우한다. 사람을 만나는 최고의 방법은 '소개'를 받는 것이다. 소개를 가장 잘해줄 수 있는 사람은 나와 친한 지인이며, 최고의 지인은 가족이다. 아내가 직장생활이나 동호회 활동 등을 활발하게 한다면, 당연히 동료 등을 소개받으면 좋겠지만 현실은 정반대인 경우가 많다.

나 또한 처음으로 아내에게 누군가를 소개받은 때가 영업 시작 후 1년이 지난 시점이었다. 아내는 내가 영업을 잘하게 된 이후에야 소개를 해주기 시작했다. 아내 입장도 충분히 이해가 갔다. 우리 사회에서 영업은 '을'이 되는, 힘든 일이다. 아내가 영업하는 남편을 지인에게 소개할 때는 '하나 들어줄 수 있는' 가능성을 보고 하는 것이다. 보험은 들어주는 것이 아니라고 말해도 소용없다. 자신의 남편이 그들에게 거절당하는 모습을 상상하는 것만으로도, 정신적으로 고통을 받는 탓이다. 그래서 '들어줄 가능성이 높은 사람'만 소개하려 한다. 또한 남편이 '영업'을 한다고 말하는 일에는 용기가 필요하다. 그러므로 아내에게 소개를 받기 위해서는 내가 먼저 준비가 되어 있어야 한다.

최고의 준비는 당연히 실적이다. 실적이 좋아서 경제적으로 나아지면 소개를 받기도 쉽다. 남편이 잘하고 있기 때문에 영업한다는 사실을 주변에 굳이 숨기지 않아도 된다. 만약 아직 만족할 만한 실적을 올리지 못했다면 열심히 일하는 모습, 성실하게 사는 모습을 아내에게 보여줘야 한다. 그러지 않으면 소개 이야기를 꺼내는 순간 부부싸움이 시작될 수 있다. 그래서 이런 질문을 받으면 영업 실적과 함께 가장 먼저 이렇게 묻는다.

"몇시에 출근하시나요?"

이렇게 질문하면 거의 대부분 일찍 출근하는 것과 소개받는 것이 무슨 관계가 있느냐고 묻는다. 일을 잘 못하고 있는 사람이라면 십중팔구 늦게 일어나고 출근도 늦다. 무슨 일이든 잘하면 재미가 있고, 재미가 있으면 일찍 시작하게 되어 있다. 반대로 일을 못하면 재미가 없으니 일터로 나오는 것 자체가 고역이다. 마음이 힘들면 몸은 더 게을러진다. 나태해지다보니 에너지가 남아돈다. 밤에 잠도 오지 않는다. 당연히 늦게 자고, 늦게 일어나는 악순환에 빠진다. 이런 모습을 보는 아내 입장을 생각해봐야 한다. 아무리 남편이지만 이렇게 대충 살아가는 게으른 사람에게 지인을 소개해줄 리 없다. 소개해주면 욕먹지 않을까 하는 걱정부터 든다.

"아내가 늦게 출근하는 남편을 보면서, 어떤 생각을 하는지 생각해보셨나요? 본인은 일이 안 되니 일찍 가봐야 딱히 할일도 없고, 천천히 출근하자고 생각하시겠지만요."

"글쎄요. 아내에게 그런 이야기를 들어본 적이 없어서요."

"제가 알려드리죠. 분명 아내분은 이렇게 생각하고 계실 것입니다. '저렇게 게을러터졌으니 일이 안 되는 것은 당연하지. 아이고, 속 터져.'"

사람은 누구나 열심히 사는 사람을 도와주고 싶어한다. 아무리 부부라도 남편의 게으른 모습을 자주 보면, 도와주고 싶은 마음이 생기지 않는다. 남편도 답답하다. 잘하고 싶어서 이것저것 안 해본 것이 없다. 빌딩도 타보고 동창회 명부를 뒤져가며 무작정 전화도 해봤다. 하지만 쉽지 않았다. 아내가 한두 명만 소개해줘도 실마리가 될 수 있을 것 같다. 하지만 아내가 유일하게 본 장면은 '늦게 자고 늦게 일어나는 게으른 모습'이 전부다. 일을 하더라도 사무실에서 했으니, 무슨 일을 얼마나 어떻게 했는지 알 수 없다. '우리 남편이 정말 치열하게 살고 있구나'라고 느끼게 할 수 있어야 한다. 저렇게 열심히 한다면 시간이 걸리기는 하겠지만, 언젠가는 성공할 거라고 생각하도록 만들어야 한다. 그런 생각이 들 때 도와주려는 마음이 생긴다.

"아이는 부모의 등을 보고 자란다."

고 노무현 대통령이 하셨던 이야기다. 아이들은 부모가 살아가는 모습을 그대로 배우면서 자란다는 뜻이다. 아내도 마찬가지다. 그래서 감히 이렇게 말하고 싶다. 아내를 감동시켜야 한다. 일이 되든 안 되든 치열하게 살아가는 태도를 보여주면, 아내가 아니라 옆집 아저씨라도 도와주려고 하는 것이 인지상정이다. 아내에게 가장 쉽게 보여줄 수 있는 모습은 일찍 일어나고 일찍 출근하는 태도다. 비가 오나 눈이 오나, 전날 밤 술을 마시고 늦게 들어오든지 상관없이 무조건 새벽같이 일어나서 출근하면 결국 소개로 돌아온다.

"아내는 남편의 등을 보고 소개를 합니다."

이때 '일찍'이라는 말에 시간을 정해두지 않으면 의미가 없다. 나는 2007년 7월 보험 영업을 시작한 이후 만 10년 동안 5시 기상, 5시 30분 출근을 지켜냈다. 일하기 싫은 날에도 예외는 아니었다. 설사 출근 후에 농땡이를 쳤을지언정, 일단 일찍 출근하는 남편의 모습을 지켜냈다. 꾸준한 모습을 보여주자, 차츰 아내도 나를 응원하며 지인을 소개를 해주기 시작했다.

Q 3
배운 대로 해도 안 되는 사람은 어떻게 하죠?

"아이가 셋이나 있는 가장인데 무조건 보험이 싫다고 합니다. 아예 대화 자체가 안 됩니다. 이런 사람은 어떻게 해야 하나요?"

지난 10년 동안 보험 영업에 대한 강의를 할 때마다 빠지지 않고 나왔던 질문이다. 강의나 수업시간에 배웠던 것처럼 소개의 영향력을 통해서 만났고, 신뢰감을 얻기 위해 대화를 진행했지만 결과로 이어지지 않은 고객에 대한 질문이다. 보험 이야기만 꺼내면 무의식적으로 알레르기 반응을 일으키는 사람은, 어떻게 대처해야 하는지에 대한 질문이다. 그 질문에 나는 이렇게 답했다.

"안 되는 사람은 어쩔 수 없어요. 그 사람의 가치관을 존중해줘야죠."

나는 장어를 먹지 않는다. 고등학교를 졸업하고 처음으로 술을 마셨을 때 안주가 붕장어였는데 좋지 않은 기억이 남았다. 뱀을 워낙 무서워하는 마음도 섞여 있다. 장어를 좋아하는 사람이 나의 이야기를 들으면 이해하지 못할 수도 있다. 몸에도, 그리고 맛도 좋은 장어를 먹지 못한다고 하면 안타까워하면서 한 번만 먹어보라고 설득한다. 하지만 나는 내 뜻을 굽히지 않는다. 내가 가지고 있는 취향이니 그리 쉽게 바뀔 수가 없다. 사람은 쉽게 설득되지 않는다.

보험도 마찬가지다. 영업사원이 모르는 이유가 분명히 있을 것이다. 자녀가 셋이나 있는데 보험을 왜 안 드느냐고 주장하는 것은 싸우자는 말이나 다름없다. 그 생각은 나의 가치관일 뿐이다. 보험이 없다고 반드시 문제가 생기는 것도 아니다. 건강하게 장수하면서 사는 사람도 많기 때문이다.

나의 말에 고객이 납득하지 않았다면 그것으로 포기해야 한다. 상대의 생각을 바꾸려고 계속 주장을 펼쳐서 결국 이긴다고 하더라도 의미가 없다. 서로 감정만 상하고 헤어질 것이 뻔하다. 보험이 싫다고, 이유를 말하지 않지만 무조건 아깝다고 주장하는 사람은 그냥 받아줘야 한다. 상대방의 생각을 그 자체로 인정해줘야 한다. 그런 가망고객을 만나면 대신 항상 건강관리에 유의하고, 안전하게 운전하라는 당부 정도만 하는 것으로 마무리하자. 그게 최선이다.

"행복한 부부생활을 위해서는 두 가지를 당부합니다.

첫째는 서로의 취향을 암기하십시오. '왜 돼지고기를 싫어해? 김치를 싫어하는 것이 이해가 안 돼'라고 말하는 것은 다름을 인정하지 않는 태도입니다. 그럴 때 다툼이 시작됩니다. 남편과 아내는 20~30년 넘게 다른 환경에서 살아온 만큼 자신만의 취향이 있습니다. 차이가 있음을 틀린 것으로 해석하여 이해하지 못하면 싸움이 시작됩니다. 서로의 취향을 암기하여 인정하고, 그것을 배려하는 삶을 살아야 합니다.

두번째는 'Why'라는 단어 대신 'What'을 사용하셔야 합니다. '왜 이렇게 늦었어? 왜 돼지고기를 싫어해?'라고 질문하는 것은, 말하는 사람 기준입니다. 내 생각과 다른 것은 틀렸고, 다른 이유가 있음을 용납하지 않겠다는 것과 같습니다. 용납하지 않는 말투는 싸움을 불러옵니다. 상대방의 입장은 고려하지 않은 채 자신에게 맞추라는 강요입니다. 다음부터는 이런 상황에서 이렇게 질문해보세요. 부드러운 대화가 이어지고 결혼생활이 더 행복해질 것입니다. '돼지고기를 싫어하는 이유가 궁금해. 그게 뭔지 알려줄 수 있지?' '퇴근이 늦었네. 무슨 일 있었어?'"

5년 전쯤이다. 후배의 결혼식에서 주례사 대신에 좋은 이야기를 해달라는 부탁을 받았다. 위의 문장은 아끼는 후배를 축복하는 마음에 그 부탁을 수락하고 했던 말이다. 서로의 가치관을 인정하고 받아주는 태도가 행복한 결혼생활의 조건이라는 이야기였다.

이는 영업에서도 필요한 말이다. 상대방을 꺾으려 하거나, 나의 생각과 다른 점을 틀렸다고 생각하지 말자는 뜻이다. 다름을 인정하고, 내가 모르는 무슨 이유가 있을 것이라고 인정해주자. 타인의 생각이나 주장은 바뀌지 않는다. 타인의 생각을 바꾸려는 시도는 강요이고 싸움이다. 스스로 바뀌기 위해서는 때가 되어야 한다. 그렇게 될 이유가 생겼을 때나 변화가 가능하다.

자기 고집이 확실한 가망고객을 만났을 때에는 그 생각을 인정하고, 향후에 생각이 바뀌었을 때 최우선적으로 나를 떠올리게 만드는 것이 최선이었다. 그래서 이해가 안 되는 사람을 만날 때에는 이렇게 생각하라고 당부한다.

"이해가 안 될 때는 암기를 하자. 암기를 해두면 다음에 만날 때는 그 사람을 이해할 수 있다."

ⓠ 4
대화를 하다가, 언제 보험 이야기를 꺼내야 하나요?

신뢰를 쌓고자 최선을 다해 가망고객의 이야기를 듣고 있는 중에도, 영업사원은 끊임없이 '영업' 이야기를 꺼낼 기회를 찾는다. 그 기회를 찾는 데만 너무 집중하다보면 상대방의 말을 잘 듣지 못한다. 제대로 듣지 못하면 반응이 느려지고, 때늦은 반응이 몇 번 누적되다보면 영업은 고사하고 이미 사용한 시간과 들인 노력도 수포로 돌아가기 십상이다. 그래서 고민이다. 언제쯤 내가 영업하는 보험, 자동차, 화장품, 건강보조식품을 이야기해야 한다는 말인가? 하루종일 한 사람만 상대할 수도 없는 노릇이니 답답하다. 도대체 언제 시작해야 할까?

가장 좋은 상황은 고객이 먼저 대화 주제를 내가 판매하고 있는 상품으로 전환해주는 것이다. 하지만 그런 상황이 벌어지는 경우는 가뭄에 콩 나는 정도다. 결국은 내가 직접 말해야 하는데, 언제 말을 꺼내야 할까? 수학이나 과학의 공식처럼, 대화에서 정해진 시간은 없다. 상대방의 이야기를 어디까지 들어준 다음 이야기하면 된다는 공식 같은 것도 없다. 어디까지나 영업사원 스스로 판단하는 수밖에 없다.

대화 속에서 실마리를 찾아야 한다. 휴가나 여행을 갈 계획을 이야기하다 보면, 이동 수단인 자동차를 주제로 꺼낼 기회가 생긴다. 열심히 일하는 사람이고 노후에 대한 걱정을 한다면, 당연히 돈이 주제가 되고 이를 재무관리로 연결할 수 있다. 사귀는 사람이 있거나 잘 보이고 싶은 사람이 있을 때는 피부나 화장품 이야기로 넘어갈 수 있고, 운동이나 나이에 대해 말하다 보면 건강보조식품 이야기로 대화가 이어질 수 있다. 만나자마자 무턱대고 내가 파는 상품을 이야기하지 말자. 인내심을 가지고 고객의 삶이나 상황 속에서 기회를 찾아야 한다.

인내심을 가지고 잘 들으며 대화해도 기회가 오지 않을 때는, 영업사원의 시간을 이용할 수 있어야 한다. 너무 오랫동안 한 명의 가망고객에게 시간을 할애하고, 대화를 많이 해도 역효과가 난다. 그런 때는 대화를 끊어서 나의 이야기를 정리할 시간을 확보해야 한다. 만약 내가 모든 에너지를 모아서 지금까지의 대화에 집중했다면, 다음과 같이 말한 후 잠깐이지만 영업 이야기를 꺼낼 수 있을 것이다.

나는 어떤 가망고객을 만나도 평균적으로 40분 이상의 시간을 사용하지 않는다. 40분 정도가 지나면 10분 후에는 출발해야 한다고 말씀을 드리고 양해를 구하면서 내 이야기를 꺼낸다.

"죄송합니다. 제가 다음 약속이 있어서 10분 후에는 여기서 나가야 합니다. 그래서 잠깐 동안이라도 제 이야기를 해도 될까요?"

이렇게 얻어낸 기회에서 당장 상품 이야기를 꺼내면, 지금까지의 시간과 노력이 물거품이 된다. 고객이 나에게 시간을 준 것은, 상품을 소개하라는 기회를 준 것이 아니다. 그 점을 오해하면 안 된다. 고객은 그저 내게 발언권을 잠시 넘겼을 뿐이다. 아직 준비되지 않은 고객에게는 상품이나 회사 이야기를 꺼내지 않는 것이 좋다. 대신 고객이 납득할 수 있는 관점을 제시하고, 그것에 대해서 대화를 진행해야 한다. 대화를 통해 고객의 입장에서 내가 판매하는 상품이 필요한 이유를 찾고 제시해야 영업이 진행된다.

Q 5
증권회사에 다니는 사람을 스카우트하고 싶은데, 어떤 '톡Talk'을 써야 하나요?

"이명로 LP님은 증권회사 직원을 많이 아실 것 같습니다. 제가 내일 증권사 직원을 만나는데, 어떤 '톡'을 사용해야 리크루팅에 성공할 수 있을까요?"

후배 세일즈 매니저 한 명이 증권회사에 다니고 있는 직원을 스카우트하려는 목적으로 만나기 전 나에게 했던 질문이다. 영업회사에서는 함께 영업할 직원을 충원하는 일도 중요한 업무다. 일하는 사람이 많아야 실적이 좋아지기도 하지만, 새로운 영업사원이 들어와서 실적을 올리면 기존 영업사원들도 더 긴장해서 움직이기 때문이다. 보험회사도, 자동차 판매회사도, 방문판매회사도 마찬가지다. 그래서 영업사원이 영업도 하면서 리크루팅을 진행하기도 한다. 리크루팅 전담 매니저를 두는 회사도 많다.

KB라이프파트너스에서는 세일즈 매니저가 인력 충원을 책임지는 업무를 한다. 안타깝다. 영업도 마찬가지이지만, 리크루팅도 말 한마디로 이루어질 수는 없다. 상대방과 충분한 대화를 통해서 얻어낸 정보를 바탕으로, 증권회사가 아닌 보험회사에서 영업할 이유를 만들어줄 수 있어야 한다. 그 이유에 공감할 때, 상대방의 입장에서 납득할 수 있을 때야 보험 영업을 고민하기 시작한다. 톡으로 누군가를 유혹할 수는 없다.

"저에게서 만능열쇠를 찾으려는 것 같습니다. 만능열쇠는 제가 아니라 열쇠 가게로 가셔야 할 것 같은데요?"

나의 대답에 기분이 상했을 것이다. 그러나 솔직한 심정으로는 더 혼내고 싶은 것을 참으면서 했던 말이다. 말 한마디로 누군가의 직업을 바꾸게 할 수 있다고 생각한다면, 그를 무시하는 것이다. 누군가에게 지금 하고 있는 일에서 다른 직업으로 전직을 권유하기 위해서는 이유가 있어야 한다. 그의 삶 한가운데로 깊숙하게 들어갈 때 그 이유가 만들어진다. 그런 이유를 발견하지 못한 채 직업을 바꾸라고만 한다면, 그것은 권유가 아니라 '유혹'이고 '꼬드김'이다.

직업을 바꾸게 하는 것은, 상품을 파는 것과는 차원이 다른 이야기다. 어떤 상품이나 서비스는 구입한 후에 반품해도 되고, 그것이 불가능하더라도 조금 손해보고 정리하면 그만이다. 하지만 직업을 바꾸는 것은 한 사람의 인생 경로가 180도 달라지는 일이다. 그렇게 중요한 변화를 간단한 톡으로 가능하다고 생각했다면, 혼나는 것이 당연하다. 설사 그런 톡에 혹해 직업을 바꾸는 사람이 있다고 하더라도, 미안한 말이지만 리크루팅의 끝이 좋지 않을 것이다. 그런 사람이 영업에서 성과를 낼 가능성은 거의 없기 때문이다.

내가 보험 영업을 시작했던 것도, 내가 권유해서 영업을 시작했던 사람들도 다 이유가 있었다. 과거 다니던 직장에서는 직면하고 있거나, 조만간 마주하게 될 문제를 해결할 수 없었다. 한 명은 월급쟁이로는 넘어설 수 없는 장벽을 부수기 위해 주식투자를 했다가 망했고, 한 명은 결혼을 계속 미루고 있었다.

인생은 한 번의 실수로 망가지지 않는다. 누구나 실수는 하는 법이다. 주식투자가 지름길이 아니었고, 결혼을 미루는 것이 정답이 아니었듯이 말이다. 중요한 것은 그 실수를 만회하고자 더 큰 실수를 하지 않는 것이다. 그런 절박한 마음을 내가 끄집어냈고, 그 이유로 영업을 권유했다. 그들도 스스로 납득하고 동의했기에 직업을 바꿨다. 이처럼 영업직을 권유할 때는, 먼저 그 일을 할 사람의 관점에서 영업을 볼 수 있어야 한다. 영업을 보는 나의 관점은 중요한 것이 아니다. 일할 사람이 보는 관점에서 직장을 옮겨야 할 이유, 옮겨서 해결할 수 있는 중요한 과제가 있을 때 리크루팅이 가능하다.

톡이 중요한 게 아니다. 그 사람과 더 친해지고, 마음속에 있는 이야기를 할 수 있을 때까지 시간과 에너지를 쓰는 과정이 중요하다. 그 과정에서 직업을 바꿀 이유를 찾아서 제시할 수 있어야 한다.

Q 6

공감 대화법이 너무나 어렵습니다. 어떻게 해야 하나요?

"명로 형님. 저는 형님처럼 대화하는 것이 너무 어렵습니다. 아무리 해도 안 되는데, 좀 쉽게 갈 수 있는 방법이 없을까요?"

최근 7년 동안 KB라이프파트너스에서 상위 0.1퍼센트의 성적을 올리고 있는 이재상 LP가 7년 전쯤 나에게 했던 질문이다. 나의 수업을 듣고서 따라 해보려고 노력했지만, 쉽지 않았다는 것이다. 어색하기만 했고 자신의 방식으로 영업할 때보다 대화가 어려워졌다며, 혹시 자신이 잘못한 것인지에 대해서 조심스럽게 질문을 해왔다. 안타깝지만 내가 이 책에서 제시한 방법을 포함한 그 어떤 영업 방법도 모든 영업사원에게 통하지는 않는다. 이 방식이 잘 맞는 사람도 있겠지만, 이재상 LP처럼 쉽지 않은 사람도 분명 있을 것이다. 중요한 것은 자신의 스타일이다.

$y=f(x)$라는 함수방정식을 생각해보자. y는 영업사원이 갖고 있는 스타일 f를 통과한 함숫값일 뿐이다. 자기와 맞지 않는 스타일을 억지로 따라 할 필요가 없다는 말이다. 가수마다 모두 창법이 다르다. 나는 가수 이소라를 좋아한다. 다른 가수의 노래라도 이소라가 부르면 이소라의 노래처럼 들린다. 이소라만의 창법, 즉 음악 함수가 존재한다. 만약 어떤 가수가 자신의 창법 없이, 다른 가수를 따라만 하면 모창이라고 한다.

영업도 마찬가지다. 내가 강의와 책을 통해 소개하는 것의 본질은 공감 대화법이나 질문법이 아니다. 그런 방법에 함의되어 있는 인간의 심리, 납득, 공감, 이유 등을 포착할 수 있어야 한다.

"재상아. 너는 대화 시작 5분 만에 사람을 웃게 만들잖아. 그것이 공감 대화법 아닐까? 지금처럼 너만의 스타일로 신뢰를 쌓고 고객을 납득시키면 되지 않을까?"

이재상 LP의 별명은 개그맨이다. 그와 대화를 하다보면 거의 매번 빵빵 터진다. 워낙 유머 감각이 좋아서 그와 이야기하면 즐겁다. 사람을 웃길 수 있는 능력은 대단한 장점이다. 상대방을 웃기기 위해서는 당연히 공감력과 대화 능력이 있어야 한다. 가망고객이 전혀 관심 없는 주제에서 웃음이 나올 리 없다. 자신이 좋아하고 관심 있는 주제로 대화를 하면서, 예상을 뛰어넘는 이야기를 건넬 때 웃는 것이다.

인간의 본성 중 하나가 즐거운 일을 하고 싶어하는 것이다. 그런데 누군가를 만나서 웃을 수 있다면, 경계심은 일시에 풀어지게 된다. 즉 이재상 LP는 이미 유머와 웃음으로 자기만의 공감 대화를 이끌고 있었다. 자신만의 영업 함수가 있다면, 거기에 공감 대화법을 녹여내는 것이 중요하다는 말이다. 남의 스타일이 주가 되면, 속된 말로 죽도 밥도 안 될 수 있기 때문이다.

나는 독자 여러분이 아니고, 여러분도 당연히 내가 아니다. 살아온 삶의 방식이나 궤적이 다르기 때문에, 영업에서도 다른 스타일이 존재할 수밖에 없다. 그렇다면 나의 방식 그 자체를 따라 하기보다, 자신의 방법에 더해 시너지를 낼 수 있는 방법을 만들어야 한다. 아직 자신의 방법이 따로 없다고 하더라도, 자신이 잘할 수 있는 방식에 내가 말하는 핵심을 더하면 된다. 그래야 어색하지 않고 조금 더 빠르게 자신의 영업 함수를 완성할 수 있을 것이다.

Q 7

대화에만 집중하면 다른 공부는 필요 없나요?

"이 수업 내용만 완벽하게 실현할 수 있다면 다른 분야는 공부를 안 해도 보험 영업을 잘할 수 있게 될까요?"

수업을 할 때마다 가장 많이 받았던 질문 중 하나다. 보험 영업은 다양한 정보와 지식이 있어야 한다. 노래도, 연기도, 예능도 잘해야 하는 만능 연예인과 비슷하다고 할 수 있다. 판매하는 것은 보험이지만, 그것을 가입하는 가망고객과는 어떤 이야기를 통해 친해질지 모르기 때문이다. 고객이 투자에 관심이 있으면 투자 이야기를 할 수 있어야 하고, 세무나 노무 등에 대해서 알고 싶어할 때는 그에 대한 답변을 할 수 있어야 한다.

공감력을 바탕으로 한 대화로 어느 정도 친해졌는데, 고객이 알고 싶어하는 것에 대해서 모른다고 하면 더이상 진행이 안 된다. 가망고객이 알고 싶어하면서 관심이 있는 분야에 대해 같이 대화할 최소한의 지식은 있어야 한다는 말이다. 고객의 말에 내가 대응하지 못하면, 목적지에 도착하기도 전에 버스에서 내려야 할 수 있다.

당연히 공부를 해야 한다. 세무도, 회계도, 코인도, 주식투자도 심지어 노무 문제까지도 말할 수 있어야 한다. 여러 분야의 지식이 있다면, 영업에 큰 도움이 된다. 세부적으로 들어갈 때는 지인의 도움을 얻어 고객의 문제를 해결해주더라도, 초기 대화는 내가 끌어나갈 수 있어야 한다. 지식의 필요성은 보험 영업에 국한되는 것이 아니다. 어떤 영업이든 가망고객과 대화를 하다보면 다양한 주제의 이야기가 나올 수밖에 없다.

대화를 이끌어내기 가장 좋은 주제는 상대방이 잘하는 일, 관심 있는 일 또는 좋아하는 일이다. 공감 대화법은 결국 그런 대화를 끌어내기 위한 방법의 일환이라고 볼 수 있다.

대화법이 기초체력이라면, 다양한 공부는 기초체력 위에 쌓는 다양한 기술이다. 충분한 체력을 바탕으로 여러 기술을 연마하는 영업사원에게는 더 많은 기회가 기다리고 있을 것이다.

Q 8
영업에서 가장 중요한 것은 무엇입니까?

영업은 힘들다. 매일매일 자신과의 싸움을 하는 과정, 삶이 곧 영업이다. 인간의 본성인 인정욕구는 거절당할 때에 가장 많이 훼손된다. 그런데 영업을 하는 과정에서 거절은 피할 수 없는 숙명이다. 피할 수 없다는 것은, 항상 인정욕구가 훼손될 위기에 처해 있다는 말도 된다. 이를 넘어서기 위해서는 매일, 매시간, 매 순간 스스로 각오를 다져야 한다. 시간이 날 때마다 다짐하고, 결심하고, 자신을 다그쳐야 한다. 이런 과정과 노력은 오로지 자신만 안다. 남이 아닌 나만 알고 있으니, 그만하고 싶고 미루고 싶어진다.

인간의 본성은 에너지를 아끼는 쪽으로 진화해왔다. 본성을 넘어서기 위해서는 에너지가 필요하다. 그렇게 에너지를 계속해서 사용해야 하는 일이 영업이다. 그래서 영업이 어렵고 힘들다. 이렇게 고된 일을 잘해나가는 방법은, 오로지 자신의 마음가짐에 있다. 옆에서 조언을 해주고 노하우를 알려준다고 해도, 결국 스스로 해내야 한다. 외로운 직업이다. 힘들고 어려우면서 외로운 일을 잘하기 위해서, 내가 날마다 다짐했던 몇 가지를 정리해본다. 여기에 정리한 답변이 그 전부는 아니다. 앞서 본문에서 말했던 상황을 항상 긍정적으로 해석하는 자세와 좋은 동료도 필요한 것은 당연하다.

제대로 말해야 한다

"이번주에 세 건의 계약을 하지 못하면 주말을 반납하겠습니다."

영업을 하는 것은 고난의 연속이기에 다짐할 일이 자주 생긴다. 이때 혼자서 다짐하기보다 여러 사람 앞에서 공개적으로 약속하면 효과가 배가된다. 이를 감안하여 영업 조직은 주 단위로 미팅을 진행한다. 실적이 좋은 사람은 축하해주고, 그의 노하우를 이어받아 나도 잘하기 위한 에너지를 받는다.

그런 미팅에서 자주 나오는 발언이 '오늘 계약을 하지 못하면 퇴근하지 않겠다'는 식의 다짐이다. 앞의 문구도 마찬가지다. 하지만 이러한 말은 영업에 도움이 되지 않는다. 도움이 되지 않을 뿐 아니라 오히려 방해만 된다. 바꿔야 한다. 부정적인 말은 부정적인 결과를 가져온다. 계약을 못하면 퇴근하지 않겠다고 하면, 실제로 퇴근하지 못한 자신을 발견하게 된다. 그러니 이렇게 말해야 한다.

"이번주 금요일까지 세 건의 계약을 하고, 주말은 푹 쉬겠습니다."

"오늘 계약을 하고 일찍 퇴근하겠습니다."

사람은 자신이 한 말에 구속당한다. 여러 사람 앞에서 한 약속을 지키지 못하면 인정욕구가 훼손된다. 그것을 알기 때문에 미리 피해 갈 구멍을 만들어두는 경우가 많다. 계약하지 않으면 퇴근하지 않겠다는 것도 그 때문이다. 엄청난 각오를 보여주는 말 같지만, 실은 '계약을 못할 수 있다'라는 전제를 깔아둔 것이다. 이런 표현은 우리의 삶에서도 자주 등장한다. 가장 대표적인 예 두 가지를 살펴보자.

"출근 시간에 늦지 않도록 노력하겠습니다."
"다음 학기에는 좋은 성적을 받기 위해 열심히 공부하겠습니다."

이 두 가지 말도 계약을 못하면 퇴근하지 않겠다는 다짐과 다를 바가 없다. 이렇게 바꿔서 말해야 한다.

"출근 시간에 늦지 않겠습니다."
"다음 학기에는 좋은 성적을 내겠습니다."

사람은 누구나 자신이 열심히 살고 있다고 생각하고, 노력하고 있다고 말한다. 하지만 그것은 어디까지나 자신이 보는 관점이다. 중요한 것은 노력을 해서 나오는 결과다. 결과를 내지 못하면 노력하지 않은 것이 된다. 그러므로 결과를 위한 노력이 아닌 결과 자체를 두고서 다짐하는 말을 해야 한다. 이렇게 자신의 의지를 구체적이고 간결하게 밝힐 때 다짐의 효과가 나온다.

우리 삶에서도, 영업에서도 마찬가지다. 말로 자신을 구속시켜야 한다.

그렇게 해야 결과를 내는 시작점이 될 수 있다. 스스로 다짐할 때도, 가족이나 팀원들 앞에서 약속할 때도 이룰 결과를 구체적으로 선언하는 습관을 길러보자. 다짐에 '못한다면' '노력한다' 등의 조건적·주관적 표현이 포함되면, 시작부터 잘못된 결과를 예고하는 것이다. 말을 바꾸면 실제 결과도 달라질 것이다.

지속적인 공부(독서)가 필요하다

영업을 잘하기 위해서는 두 가지가 필요하다.

첫번째는 지식을 위한 공부다. 영업에서 필요한 지식은 가망고객과 이야기할 수 있는 정도에 더해 상대의 문제를 해결할 수 있는 수준의 전문성이 포함이 된다. 이를 위해 학원을 다닐 필요도 있다. 아니면 선배들에게 적극적으로 도움을 요청해도 해결할 수 있다. 또한 지식은 계속 업데이트해야 한다. 세법이 바뀌거나 노무 규정이 개정될 때마다 알고 있어야 한다. 어설프게 알고 있거나, 잘못된 지식을 전달하면 영업의 실패는 당연하고, 나아가 가망고객에게 피해를 줄 수도 있다.

두번째는 독서다. 앞의 공부도 결국 책을 통해서 얻을 수 있을 것이기에, 넓은 의미의 독서라고 말할 수 있다. 그러나 여기서 독서는 자신의 그릇을 키우는 것과 함께, 타인의 처지와 생각을 더 자세하게 아는 방법을 터득하는 것이다. 영업은 나이를 먹을수록 더 잘하게 된다. 이 말은 세월이 지나면 자연스럽게 실적이 오른다는 뜻이 아니다. 나이를 먹어간다는 것은 더 많은 경험을 하고, 만나는 사람의 숫자가 늘면서 타인의 처지에 대한 공감력이 높아진다는 의미다. 그러나 영업사원이 다양한 사람을 만나기에는 시간적·공간적 한계가 크다. 그 한계를 넘어서게 도와주는 것이 바로 독서다.

책은 지은이의 다양한 생각과 관점을 배우게 한다. 세상의 모든 책은 결국 인간에 관한 것이다. 책을 통해 접하는 상황이나 사건, 지식에 대한 다양한 시각은 타인을 만날 때 도움이 된다. 사람과의 다툼은 대부분 자신의 의견이 무조건 옳다는 생각 때문에 발생하곤 한다. 과학이나 수학적인 진실이 아닌 이상, 어떤 것을 바라보는 관점은 보는 사람의 위치와 처지 등에 따라 다르다. 다르다는 말은 틀리다는 말이 아니다. 다양한 생각 또는 나와는 다른 관점이라고 봐야 한다. 독서는 그런 다양성을 배우는 길이다.

세상의 지식은 크게 세 가지로 구분된다.

첫째는 내가 알고 있는 지식이다. 이는 전체 지식의 5퍼센트에 불과하다. 둘째는 내가 모르는 지식이다. 이 또한 약 5퍼센트 정도를 차지한다. 마지막 세번째는 내가 모른다는 사실조차 모르는 지식이다. 이것이 전체 지식의 90퍼센트를 차지한다.

독서는 내가 모르는 지식과 내가 모르는 것조차 몰랐던 지식을 알려준다. 자신이 모른다는 사실을 알면, 모른다고 말할 수 있다. 그러나 모른다는 사실조차 모르고 있을 때는 고집을 피우고 싸우게 된다. 그렇기에 독서는 영업사원의 사고를 유연하게 바꿔주는 아주 중요한 공부법이다.

스스로 격을 높여야 한다

한국에서, 아니 거의 모든 나라에서 영업사원은 '을'이 될 가능성이 크다. 고객에게 판매해야 급여가 나오는 일이기에 그럴 수밖에 없다.

하지만 중요한 것은 나의 생각이다. 영업을 잘하기 위해서는 스스로의 역할에 자존감을 가져야 한다. 문제는 가끔 영업사원들 스스로가 영업을 무의식적으로 비하하는 경향이 있다는 점이다. 자신이 하는 일을 스스로 인정하지 않는데, 어떻게 타인에게 좋은 일을 하는 사람으로 인정받을 수 있겠는가? 자신부터 자기 일에 가치를 부여할 수 있어야 한다.

"전 요즘 짤짤이 하고 다녀요. 적은 보험료로 계약을 해보려고 시도하고 있거든요."

보험 영업을 하는 사람들이 가끔 이런 표현을 쓴다. 실적이 급해서 부담되지 않는 선의 보험료로 계약을 시도할 때 쓰는 말이다. 정말 속상하다. 이렇게 말하는 후배들을 만나면 나는 따끔히 혼을 내주곤 했다.

"왜 스스로를, 자신의 일을 그런 말로 비하하니? 고객에게 계약을 한 후에 짤짤이 성공이라고 말할 수 있다면 내가 뭐라고 하지 않겠어. '짤짤이 계약을 해주셔서 고맙습니다.' 이렇게 말할 수 있어?"

안 된다. 절대 안 된다. 자신이 파는 상품이나 서비스를 그렇게 표현하면, 결국 영업을 하는 자신을 욕하는 일이다. 혹시라도 고객이 잘못되었을 때, 이 보험이 고객의 가족에게 큰 힘이 될 수 있다고, 가치 있는 일을 한 거라고 생각해야 한다. 내가 파는 상품이 가진 장점을 스스로 생각하고 믿어야 한다. 상품이 고객에게 얼마나 좋은 일을 해줄 수 있는지 장점만 생각해야 한다.

인사를 받는 가장 좋은 방법은 먼저 인사를 하는 것이다. 억지로 인사하라고 강요해서, 꼰대가 될 필요는 없다. 마찬가지로 내 일을 인정받고 싶다면, 스스로 내가 하는 일의 가치를 생각하고, 말하고, 이미지트레이닝을 해나가야 한다. 내가 먼저 인정한다는 마음을 갖지 않으면, 고객 앞에서 당당할 수 없다. 당당하지 못하면 영업사원은 영원히 '을'로 남아, 결국은 그만둘 수밖에 없다. 생각의 힘이고, 말의 힘이다.

결국은 나의 의지에 달려 있다

습관이 바뀌면 행동이 바뀌고, 행동이 바뀌면 인생이 바뀐다는 말은 이미 널리 알려져 있다. 습관을 바꾸는 좋은 방법에 대한 글이나, 습관을 바꿔야 하는 이유에 관한 글들도 이미 충분히 읽어보았을 것이다. 하지만 아무리 많은 책을 읽어도 습관은 결국 자기 의지에 달려 있다. 스스로 인생에 도움되는 습관을 만들기 위해, 부단히 다짐하고 행동해야 한다. 영업도 이와 다르지 않다. 공감 대화법을 연습하고, 영업을 잘하는 사람의 행동을 따라 하고, 새로운 지식을 공부하며 노력해야 한다.

영업을 시작할 때는 모두가 같은 마음이다. 하지만 시간이 지남에 따라, 개인마다 성과에 차이가 생긴다. 그 차이를 따라잡지 못하면 영업을 선택한 것은 실패로 결론이 난다. 이렇게 목표와 실제에 차이가 생기는 이유에는 여러 가지가 있다. 그 차이를 이끄는 가장 큰 이유가 바로 '의지'다. 한 번 해서 안 되면 두 번을, 두 번 시도해서 안 되면 세 번을 하는 것도 자신의 의지력에 달려 있다.

내가 간절히 원하는 것이 있다면 다시 책을 펴고, 녹음기를 켜고, 동료를 붙잡고 대화를 연습해야 한다. 누구나 다 원하는 바가 있기에 영업을 시작했다. 그것을 위해 끝까지 달려가는 것은 각자의 의지력에 달려 있다. 책상 앞에 목표를 적어두든 아니면 간절함을 어떻게 활용하든 중요한 것은 의지력이다. 결국 자기 자신에게 달린 셈이다.

사람이 하는 일에는 한계가 없다. 잘하는 동료도 사람이며 나도 사람이다. 그 말은 나도 의지력을 다지고 행동한다면, 할 수 있다는 말이다. 스스로를 믿자. 또 스스로를 믿게끔 의지력을 다지는 방법을 고민해보자. 의지력이 바탕이 될 때, 영업을 통해 이루고자 하는 목표에 가까워질 수 있다.

에필로그

왜 하필 영업이었을까?

"LP Life Planner(KB라이프파트너스에서 통용되는 설계사의 명칭)님께 부탁이 있어서 왔습니다. 제가 직장을 옮기고 싶은데 혹시 소개해주실 곳이 있을 까요? 아니면 다른 조언이라도 듣고 싶어 찾아왔습니다."

그는 종합병원 물리치료사로 근무중이었다. 3년 만에 연락이 와서 저녁 을 먹는데 직장을 옮기고 싶다고 했다. 내가 이직하려는 이유를 묻자 그가 이렇게 답을 했다.

"물리치료를 하는 것이 보통 힘든 일이 아닙니다. 잠깐 쉬는 시간도 없 이 환자는 계속 밀려들어오고, 하루가 어떻게 지나가는지도 모르게 흘러 갑니다. 노동강도가 너무 높아서 한 살이라도 젊을 때 다른 일을 찾아보는 편이 낫지 않을까 싶어서요."

안마를 해보면 안다. 손으로 사람의 몸을 주무르면 기가 빨리는 듯한 느낌이 든다. 물리치료도 이와 비슷하다. 요즘은 웬만한 치료는 기계를 이용하지만, 정작 중요한 시점에는 사람의 손길이 필요하다. 업무 강도가 높은데 그에 비해 급여는 낮은 편이다. 나는 그 점에 주목하고 이렇게 질문했다.

"혹시 업무 시간을 한두 시간 더 늘리는 대신, 급여를 두 배로 준다고 제안한다면 그래도 그만두려고 할까?"

"아니죠. 그만둘 이유가 없죠. 두 배까지가 아니더라도, 30~40퍼센트만 올려줘도 그냥 일할 것 같습니다."

"그래. 너의 이야기를 들어보니, 이직하려는 이유가 힘들기 때문이 아니라 적은 급여 때문이었네. 세상에 돈이 되는 일 중에 쉬운 일은 없어. 다른 일을 찾는다고 생각하지 말고, 힘들더라도 소득을 높일 수 있는 일을 찾아봐야지. 아니면 지금 하고 있는 일에서 급여를 올리는 방법을 고민하든지."

스스로에게 질문을 잘해야, 제대로 된 해법을 찾을 수 있다. 내가 지금 맞닥뜨린 문제의 본질을 바로 볼 때, 올바른 개선책을 고안해낼 수 있다. 오랜만에 찾아온 고객이 가진 진짜 문제는 '돈'이었다. 더 많이 벌고 싶었던 것이지, 쉬운 일을 찾는 것이 아니었다.

이와 종류는 다르지만, 본질은 차이가 없는 문제가 몇 년 전 후배에게 있었다. 그는 입사한 지 1년이 넘었지만, 아직 좋은 실적을 내지 못하고 있었다. 성실하고 항상 배우려는 태도를 가지고 있어, 조금만 더 노력하면 좋을 것 같다는 생각에 관심을 주던 후배였다. 그런 후배가 언제부터인지 저녁시간에는 사무실에서 보이지 않아 연락해보니 매번 집에 있었다. 일찍 퇴근해서 아이들을 챙기고 집안일을 하고 있었다. 그래서 갑자기 무슨 일이 있었던 것은 아닌지 물었더니 이런 답이 돌아왔다.

"아내가 낮에 마트에서 일하는데 퇴근 후 설거지 등 집안일까지 하는 것이 안쓰러워서, 일찍 퇴근하고 있습니다."

자신이 열심히 했지만 실적이 나오지 않았고 이에 받는 돈이 부족해지자, 후배의 아내는 동네 마트에서 일을 시작했다고 한다. 원래도 체력이 약했는데 다섯 시간 넘게 서서 일하다보니, 감기나 몸살에 자주 걸렸더랬다. 일찍 퇴근해서 아내를 도와주기 시작한 지가 벌써 한 달이 넘었다고 했다. 안타까웠다. 후배의 마음이 어떨지도 눈에 선했다. 하지만 공감하며 위로하지 않았다. 반대로 야단을 쳤다.

"한심한 놈. 본질을 해결할 생각은 안 하고, 엉뚱하게 스스로를 포장하고 있구나. 당장은 곶감이 맛있고 달겠지. 하지만 진짜 중요한 것은, 네가 더 영업을 잘하는 거야. 네가 영업을 못했기 때문에 아내가 마트에서 일하는 거라고 생각해야지. 그게 너무 미안해서 일주일에 하루이틀 도와주는 거라면, 네가 잘하고 있다고 말할 수 있겠지. 하지만 언제까지 그렇게 빠져나갈 수 있을까? 네가 지금 해야 할 일은 설거지가 아니라, 영업을 더 잘하는 거 아니니? 더 잘해서 소득을 높여야 제수씨가 마트에 나갈 일도 없는 거 아니니? 차라리 네가 마트에서 일을 해라, 이놈아."

가장의 무게는 말로 표현할 수 없다. 특히 자녀가 있는 가장이라면 경제적인 문제는 정말 중요한 일이다. 그것을 잘해내고 싶어 영업을 선택했던 것이다. 후배가 당면해야 할 문제는 마트에서 알바를 하는 아내가 아니라, 영업 실적을 내지 못하는 자신이었다. 그것을 바로 보지 못하면 해법이 나올 수 없다. 문제를 해결하고 싶다면 본질을 직시해야 한다.

좋은 가장은 성실하고 다정하며 가정에도 충실해 자녀들에게도 잘한다.

이때 가장 중요한 바탕은 경제적인 문제다. 곳간에서 인심이 나온다. 경제적으로 힘들어지면, 여러 가지 문제가 생긴다. 배고프면 쉽게 짜증이 나고 인내심이 약해지는 것처럼, 경제적으로 어려워지면 평상시에는 별거 아니었던 일들도 안 좋은 문제를 야기한다. 그 상황을 회피하지 않기 위해 영업사원이 될 결심을 한 것이다. 지금 영업이 힘들고 어렵다고 생각하는 독자들에게 당부한다. 자신에게 이렇게 물어보자.

'그 많은 일들 중에 왜 하필 영업이었을까?'

영업을 해보겠다고 결정한 것은 용기가 있었기 때문이다. 용기가 없었다면 시작할 수도 없었고, 진즉에 다른 일을 찾았을 것이다. 어렵고 힘들다는 걸 알면서도, 목표를 이루고자 영업사원이 되기로 했을 것이다. 박수받을 일이다. 그렇게 용기 있는 결정을 했다면 이미 성과를 낼 가능성이 높은 것이다. 한 발만 더 내딛으면 된다. 에너지를 써야 한다.

'학습'은 배우고 익힌다는 뜻이다. 배웠으면 익혀야 한다. 될 때까지 연습하고, 자연스러워질 때까지 시간을 투입해서 내 것으로 만들어야 한다. 시간과 에너지를 투자하고, 자신이 영업을 선택한 이유를 다시 한번 상기해본다면 여러분도 영업을 통해 경제적인 목표를 달성할 수 있을 것이다. 내가 했다면 여러분도 가능하다. 왜? 같은 사람이기 때문이다.

영업의 신

ⓒ 이명로(상승미소) 2023

1판 1쇄 2023년 4월 17일 | 1판 5쇄 2024년 4월 10일

지은이 이명로(상승미소)
책임편집 신기철 | **편집** 고아라 김봉곤
디자인 강혜림 최미영 | **저작권** 박지영 형소진 최은진 서연주 오서영
마케팅 정민호 서지화 한민아 이민경 안남영 왕지경 정경주 김수인 김혜원 김하연 김예진
브랜딩 함유지 함근아 고보미 박민재 김희숙 박다솔 조다현 정승민 배진성
제작 강신은 김동욱 이순호 | **제작처** 영신사

펴낸곳 (주)문학동네 | **펴낸이** 김소영
출판등록 1993년 10월 22일 제2003-000045호
주소 10881 경기도 파주시 회동길 210
전자우편 editor@munhak.com
대표전화 031) 955-8888 | **팩스** 031) 955-8855
문의전화 031) 955-3579(마케팅) 031) 955-1905(편집)
문학동네카페 http://cafe.naver.com/mhdn
인스타그램 @munhakdongne | **트위터** @munhakdongne
북클럽문학동네 http://bookclubmunhak.com

ISBN 978-89-546-9205-2 03320

* 이 책의 판권은 지은이와 문학동네에 있습니다.
  이 책 내용의 전부 또는 일부를 재사용하려면 반드시 양측의 서면 동의를 받아야 합니다.
* 잘못된 책은 구입하신 서점에서 교환해드립니다.
  기타 교환 문의 031) 955-2661, 3580

www.munhak.com